外國地方政府
支出責任與地方稅收：
實踐與啟示

李建軍 等 著

序 言

　　科學合理、規範穩定的地方政府支出責任和地方稅收體系是現代政府間財政關係的重要內容，也是地方治理現代化的重要基礎。不同層級政府的事權、支出責任與稅收的劃分都是複雜的系統工程，需要基於嚴謹的理論分析和實證檢驗，更需要立足於紛繁的現實和具體的實踐。世界主要國家的地方政府支出責任和稅收劃分與理論狀態並不一致，國與國之間存在著顯著差異，系統梳理和分析國外地方政府支出責任、稅收劃分和地方稅收，放眼世界，汲取世界地方稅收實踐經驗，對於更好地理解和運用稅收理論研究成果、立足實踐改革和完善政府間財政關係、健全地方稅體系，具有非凡的價值和意義。

　　全書由七章組成。第一章為「美國地方政府的支出責任與地方稅收：實踐與啟示」，由李建軍完成；第二章為「日本地方政府的支出責任與地方稅收：實踐與

啟示」，由李建軍和餘秋瑩完成；第三章為「英國地方政府的支出責任與地方稅收：實踐與啟示」，由李建軍和楊天樂完成；第四章為「澳大利亞地方政府的支出責任與地方稅收：實踐與啟示」，由李建軍和徐菲完成；第五章為「德國地方政府的支出責任與地方稅收：實踐與啟示」，由李建軍和宋亞香完成；第六章為「印度地方政府的支出責任與地方稅收：實踐與啟示」，由李建軍和梁遠川完成；第七章為「韓國地方政府的支出責任與地方稅收：實踐與啟示」，由章孟迪完成。

在本書寫作過程中，作者盡量收集整理相關國家可得的最新一手資料，並受益於國內外諸多著述者的相關研究，雖盡心盡力，但因水準所限，難免有不當甚至謬誤之處，敬請批評指正。

李建軍

目　錄

第一章　美國地方政府的支出責任與地方稅收：實踐與啟示　/ 001

一、美國政府間支出配置和地方事權與支出責任　/ 001

（一）政府結構及支出概述　/ 001

（二）聯邦、州和地方政府的支出　/ 002

（三）州和地方政府的事權與支出責任　/ 005

二、美國政府間財政收入和稅收劃分　/ 010

（一）聯邦、州和地方政府的財政收入概述　/ 010

（二）聯邦、州和地方政府的財政收入構成　/ 012

（三）聯邦、州和地方政府的稅權劃分　/ 015

三、美國州與地方政府的主要稅種　/ 017

（一）銷售稅　/ 017

（二）財產稅　/ 019

（三）消費稅　/ 021

（四）社會保障稅（聯邦和州）　/ 022

（五）個人所得稅　/ 025

（六）公司所得稅　/ 028

四、結論與啟示　/ 030

第二章　日本地方政府的支出責任與地方稅收：實踐與啟示　/ 034

一、日本政府的事權與支出責任　/ 034

（一）中央與地方政府的事權劃分　／034

　　（二）中央與地方政府的財政支出　／037

　　（三）地方政府的支出責任　／039

二、日本的地方稅收　／041

　　（一）政府間收入與地方收入結構　／041

　　（二）地方稅收與稅收分權　／043

　　（三）地方主要稅種　／047

三、結論與啟示　／049

第三章　英國地方政府的支出責任與地方稅收：實踐與啟示　／053

一、英國中央與地方政府的支出規模及事權與支出責任　／053

　　（一）中央政府與地方政府的支出規模　／053

　　（二）中央政府與地方政府的事權與支出責任　／055

二、英國中央與地方政府的財政收入與稅收劃分　／057

　　（一）中央與地方財政收入　／057

　　（二）中央政府稅收　／058

　　（三）地方政府稅收　／058

三、英國地方政府的主要稅種　／061

　　（一）地方議會稅　／061

　　（二）非住宅房產稅　／064

四、結論與啟示　／066

第四章　澳大利亞地方政府的支出責任與地方稅收：實踐與啟示　／069

一、澳大利亞政府間支出結構及地方政府支出責任　／069

　　（一）政府結構　／069

　　（二）政府支出規模　／070

　　（三）聯邦、州和地方政府的支出結構　／070

（四）聯邦、州和地方政府的事權和支出責任劃分　／073

二、澳大利亞政府間財政收入和稅收劃分　／079

　（一）地方政府的財政收入概述　／079

　（二）聯邦、州和地方政府的財政收入構成及稅權劃分　／081

　（三）州與地方政府的主要稅種　／086

三、結論與啟示　／100

第五章　德國地方政府的支出責任與地方稅收：實踐與啟示　／104

一、德國政府間事權與支出責任配置　／104

　（一）德國財政體制概述　／104

　（二）各級政府的事權與支出責任　／105

　（三）各級政府的財政支出情況　／106

二、德國政府間財政收入與稅收劃分　／110

　（一）聯邦、州和地方政府的財政收入概述　／110

　（二）聯邦、州和地方政府的稅收劃分　／113

　（三）州與地方政府的稅收　／115

　（四）地方財政的平衡機制：轉移支付　／117

三、結論與啟示　／118

第六章　印度地方政府的支出責任與地方稅收：實踐與啟示　／121

一、印度政府的事權與支出責任　／121

　（一）聯邦政府與邦政府的事權劃分　／121

　（二）印度政府的支出規模　／123

　（三）聯邦與邦政府的支出狀況　／124

二、印度的稅收劃分與地方稅收　／129

　（一）印度的政府收入　／129

　（二）聯邦政府與邦政府的稅權劃分與稅收收入　／131

（三）邦的主要稅種　　／134

　三、結論與啟示　　／136

第七章　韓國地方政府的支出責任與地方稅收：實踐與啟示　　／139

　一、韓國政府與財政概況　　／139

　　（一）政府結構　　／139

　　（二）政府財政收支規模　　／141

　二、韓國政府的事權與支出責任　　／142

　　（一）中央政府與地方政府的事權　　／142

　　（二）中央政府與地方政府的支出責任　　／145

　三、韓國的地方稅收　　／159

　　（一）中央政府與地方政府的財政收入　　／159

　　（二）中央政府的財政收入構成　　／161

　　（三）地方政府的財政收入構成　　／162

　　（四）中央政府與地方政府的稅權劃分　　／167

　　（五）不同層級地方政府的主要稅種　　／169

　　（六）主要地方稅種概述　　／175

　四、結論與啟示　　／183

參考文獻　　／188

第一章　美國地方政府的支出責任與地方稅收:實踐與啟示

本章提要: 本章著眼於美國地方政府的支出責任和地方稅收,對美國聯邦、州和地方政府間財政支出的配置、州和地方政府的事權及支出責任、政府間財政收入和稅收劃分、州和地方政府的主要稅種等進行了比較全面系統的梳理。美國的政府間財政關係、地方政府支出責任及地方稅建設實踐對中國地方支出責任劃分和地方稅體系建設、政府間財政關係的改革完善具有參考價值和啟示作用。

一、美國政府間支出配置和地方事權與支出責任

(一) 政府結構及支出概述

1. 政府結構

美國是典型的聯邦制國家,分權和制衡是政府組織的基本原則,也是指導政府間財政關係的重要思想。美國聯邦制政府分為聯邦、州和地方政府三級。美國共有50個州政府、1個特區(即華盛頓哥倫比亞特區)。按照聯邦政府的界定,2012年美國有89,055個地方政府。美國地方政府的形式多樣,其中包括縣郡、鄉鎮、自治市、特別區等。美國憲法對州政府的權力有規定,各州政府又有各自的憲法。美國聯邦政府是由州授權形成的,聯邦政府和地方政府的權力是各州政府讓渡的結果。聯邦政府和州政府之間是一種平等關係,而地方政府行為和職權由州憲法規定,各州的州政府和地方政府之間是上下級關係。

美國地方政府(不含州)主要有兩種類型:一類是通用型地方政府,包括縣郡、市、鎮或村,這類政府通常提供多種公共服務,如治安、交通、市政建設、垃圾處理等;另一類是提供特定公共服務、滿足不同利益群體共同需求的特

別服務區政府，如向公眾提供學校、消防、公園、供水等單一服務的政府。特別服務區政府是基於功能和特定公共服務的提供而設置的，其管轄區域通常與其他形式的地方政府行政管轄區域交叉重疊。特別服務區的轄區與受益範圍具有一致性，符合轄區設置的財政等價原則，可以使公共服務的受益和成本相匹配，使外部效應內部化，消除「搭便車」問題，並發揮特定公共服務提供的規模效應；但這同時使地方政府太多、太雜，增加了公共服務的提供成本。縣郡政府和市級政府（或鎮政府、學區政府、特別服務區政府）等各種類型的地方政府之間是平級關係。

2. 政府支出規模

從歷史來看，隨著經濟和社會的發展，美國政府的事權和支出範圍也不斷擴展。1930—1931 財年，美國政府支出與 GDP 之比為 12.93%。此後，由於社會福利政策、公共設施建設等應對經濟危機的「新政」使政府支出範圍和規模迅速擴大。20 世紀 30 年代末，政府支出與 GDP 之比達到 20% 以上。第二次世界大戰中，美國參戰後軍費開支急遽增加，政府支出規模在 1945 年占 GDP 的 51.79%，成為歷史最高。第二次世界大戰後，由於社會福利的發展、政府活動範圍的擴張，政府支出占 GDP 的比重整體呈上升趨勢。2008 年全球金融危機爆發後，美國反危機政策的實施，使政府支出占 GDP 的比重在 2009—2010 財年[①]達到 41.27%。其後，隨著經濟的復甦，政府支出占 GDP 的比重又有一定幅度的下降，2014—2015 財年政府支出為 GDP 的 34%（參見圖 1-1）。

（二）聯邦、州和地方政府的支出

美國聯邦、州和地方三級政府有各自的事權和支出責任。在三級政府中，聯邦政府的事權和支出責任更大，同時對州和地方政府給予轉移支付，以支持各地方公共服務的供給及政府職能願景的實現。表 1-1 和表 1-2 分別列舉了美國聯邦、州和地方政府的財政支出情況以及美國各級政府支出所占比重。從財政支出看，2014—2015 財年，聯邦政府直接支出為 3.51 萬億美元，占政府總支出的 53.18%；州政府直接支出為 1.51 萬億美元，占政府總支出的 22.88%；地方政府直接支出為 1.58 萬億美元，占政府總支出的 23.94%；州和地方政府直接支出

---

① 美國的財政年度為每年 10 月 1 日至次年 9 月 30 日。

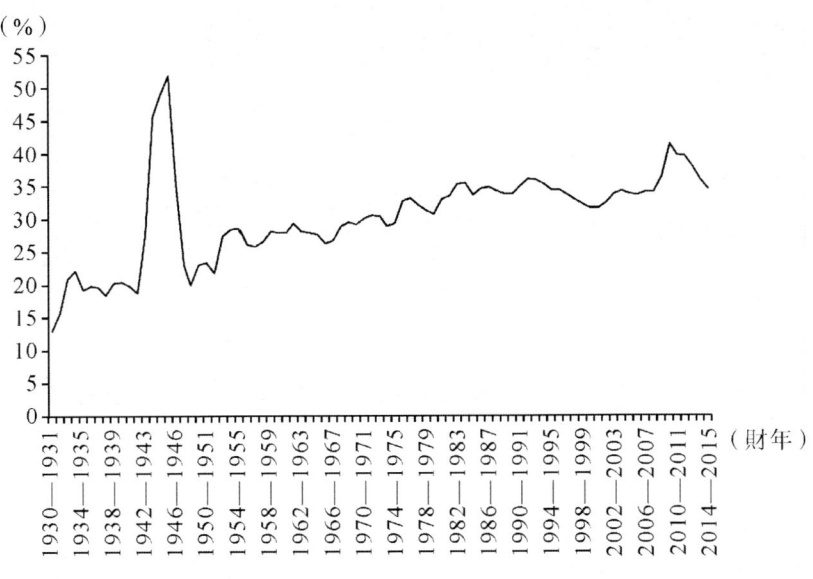

圖 1-1　1930—2015 財年美國財政支出與 GDP 之比

數據來源：根據美國政府支出網（http://www.usgovernmentspending.com/）的數據計算整理。

約占政府總支出的 56.82%。而在 2002—2003 財年，聯邦政府直接支出占政府總支出的比重為 49.51%，州和地方政府支出占政府總支出的比重為 50.49%。比較而言，州和地方政府的事權和支出責任有所縮減，聯邦政府的事權和支出責任卻在擴大。

州和地方政府相對於聯邦政府更直接面對居民，理論上由州及以下地方政府提供公共服務更符合居民的偏好，在公共服務供給上更為有效。事實上，美國作為典型的分權型政府，聯邦政府的公共支出與州及以下地方政府的公共支出規模大致相當，聯邦政府仍承擔著相對較大的事權和支出責任。聯邦政府在國防、養老、醫療、社會福利、公共管理事務、公共安全、交通運輸、農林牧漁、生態保護、社區發展、基礎研究、經濟事務等方面產生大量的支出。

表 1-1　　　2002—2015 财年美国联邦、州和地方政府的财政支出情况

财政年度	联邦总支出 金额（万亿美元）	与 GDP 的比重（%）	政府间转移支付 金额（万亿美元）	与 GDP 的比重（%）	州直接支出 金额（万亿美元）	与 GDP 的比重（%）	地方直接支出 金额（万亿美元）	与 GDP 的比重（%）	总计 金额（万亿美元）	与 GDP 的比重（%）
2002—2003	2.01	18.32	-0.36	-3.31	0.92	8.36	1.13	10.29	3.69	33.66
2003—2004	2.16	18.76	-0.40	-3.51	0.98	8.49	1.19	10.32	3.92	34.06
2004—2005	2.29	18.68	-0.42	-3.42	1.02	8.28	1.25	10.15	4.13	33.68
2005—2006	2.47	18.88	-0.45	-3.42	1.07	8.15	1.30	9.91	4.39	33.51
2006—2007	2.66	19.16	-0.45	-3.29	1.12	8.10	1.37	9.91	4.70	33.89
2007—2008	2.73	18.85	-0.46	-3.21	1.17	8.11	1.48	10.25	4.92	34.01
2008—2009	2.98	20.26	-0.48	-3.26	1.26	8.56	1.58	10.70	5.34	36.26
2009—2010	3.52	24.40	-0.56	-3.85	1.34	9.31	1.65	11.42	5.95	41.27
2010—2011	3.46	23.10	-0.63	-4.19	1.46	9.74	1.65	11.05	5.94	39.70
2011—2012	3.60	23.22	-0.63	-4.04	1.51	9.72	1.65	10.61	6.13	39.51
2012—2013	3.54	21.88	-0.56	-3.49	1.50	9.28	1.65	10.19	6.12	37.86
2013—2014	3.45	20.60	-0.56	-3.36	1.52	9.05	1.60	9.55	6.01	35.84
2014—2015	3.51	20.13	-0.59	-3.39	1.51	8.67	1.58	9.07	6.01	34.48

数据来源：美国政府支出网（http://www.usgovernmentspending.com/）。

表 1-2　　　2002—2015 财年美国各级政府财政支出占总支出的比重

财政年度	联邦政府（%）	州政府（%）	地方政府（%）
2002—2003	49.51	22.66	27.83
2003—2004	49.88	22.63	27.48
2004—2005	50.22	22.37	27.41
2005—2006	51.03	22.11	26.86
2006—2007	51.65	21.75	26.60
2007—2008	50.74	21.75	27.51
2008—2009	51.20	21.65	27.15
2009—2010	54.07	20.58	25.35
2010—2011	52.66	22.22	25.11
2011—2012	53.25	22.34	24.41

表1-2(續)

財政年度	聯邦政府(%)	州政府(%)	地方政府(%)
2012—2013	52.91	22.42	24.66
2013—2014	52.51	23.14	24.35
2014—2015	53.18	22.88	23.94

註：各級政府財政支出為直接支出，不計政府間轉移支付。
數據來源：根據美國政府支出網（http://www.usgovernmentspending.com/）的數據計算整理。

(三) 州和地方政府的事權與支出責任

政府的支出結構和支出項目是政府事權與支出責任的直接體現。美國聯邦、州和地方政府在事權與支出責任上具有共通性，經常共同負責提供大量公共服務。2012—2013財年美國各級政府的財政支出項目及2012—2013財年美國各級政府主要支出項目的支出金額占總支出的比重分別如表1-3和表1-4所示。

表1-3　　2012—2013財年美國各級政府的財政支出項目　　單位：十億美元

支出項目	聯邦政府	聯邦轉移支付	州政府	地方政府	總支出
養老（Pensions）	819.5	—	201.2	42.9	1,063.6
其中：疾病與殘障	146.4	—	10.9	—	157.3
老年人支出	673.1	—	190.3	42.9	906.3
醫療衛生（Health Care）	818.5	−269.4	476.5	138.0	1,163.6
其中：老年人醫療服務	471.8	—	—	—	471.8
醫療服務	—	−18.8	107.5	132.6	221.3
供應商付款	308.2	−250.5	369.0	5.4	432.1
教育（Education）	103.3	−63.4	271.5	609.1	920.5
其中：初等和中等教育	47.5	—	6.8	558.6	612.9
高等教育	12.1	—	220.3	39.5	271.9
國防（Defense）	849.6	0.0	0.8	0.0	850.4
福利事業（Welfare）	411.2	−135.6	181.6	90.2	547.4
其中：家庭和小孩	269.5	−100.1	64.3	46.9	280.6
失業	93.8	−7.3	107.2	0.3	194.0
住房	47.9	−28.3	10.1	43.1	72.8

表1-3(續)

支出項目	聯邦政府	聯邦轉移支付	州政府	地方政府	總支出
公共安全（Protection）	35.7	-7.2	67.7	157.8	254.0
其中：警察服務	29.0	-4.7	12.8	84.1	121.2
消防	-	-	-	42.4	42.4
監獄和社會矯正	6.8	-	46.0	26.6	79.4
其他公共秩序與安全	-	-2.5	8.8	4.7	11.0
交通運輸（Transportation）	93.0	-60.7	114.0	133.7	280.0
其中：交通運輸	93.0	-47.8	101.0	84.4	230.6
公交	-	-13.0	13.0	49.3	49.3
一般公共管理服務（General Government）	50.6	-4.1	51.0	72.9	170.4
其中：行政與立法機關	18.8	-	29.9	50.9	99.6
法院	20.5	-	21.1	22.0	63.6
一般服務	11.2	-4.1	-	-	7.1
其他支出（Other Spending）	135.1	-24.6	88.4	340.9	539.8
其中：基礎研究	16.6	-	-	-	16.6
農林牧漁	24.6	-13.9	18.9	10.2	39.8
燃料和能源	8.3	-0.9	10.4	73.1	90.9
廢物管理	-	-	3.3	72.7	76.0
污染治理	10.8	-5.6	-	-	5.2
保護生物和景觀	11.1	-	-	-	11.1
社區發展	25.1	-	-	1.9	27.0
供水系統	9.2	-	0.4	60.8	70.4
休閒與體育服務	3.8	-	4.6	32.8	41.2
經濟事務	26.4	-	2.5	2.5	31.4
利息支出（Interest）	220.4	0.0	47.3	61.8	329.5
總支出（Total Spending）	3,537.0	-564.8	1,500.1	1,647.4	6,119.7
聯邦赤字（Federal Deficit）	1,087.0	0.0	0.0	0.0	1,087.0
公債（Gross Public Debt）	16,050.9	0.0	1,145.6	1,796.7	18,993.2

註：聯邦轉移支付為聯邦政府對州和地方政府的轉移支付或補助。

數據來源：美國政府支出網（http://www.usgovernmentspending.com/）。

表 1-4　2012—2013 財年美國各級政府主要支出項目的支出金額占總支出的比重

支出項目	聯邦政府（%）	聯邦轉移支付（%）	州政府（%）	地方政府（%）
養老（Pensions）	77.05	0.00	18.92	4.03
醫療衛生（Health）	70.34	-23.15	40.95	11.86
教育（Education）	11.22	-6.89	29.49	66.16
國防（Defense）	99.89	0.00	0.09	0.00
福利事業（Welfare）	75.12	-24.77	33.18	16.48
公共安全（Protection）	14.05	-2.83	26.64	62.10
交通運輸（Transportation）	33.21	-21.68	40.71	47.75
一般公共管理服務（General Government）	29.69	-2.41	29.93	42.78
其他支出（Other Spending）	25.03	-4.56	16.38	63.15

數據來源：美國政府支出網（http://www.usgovernmentspending.com/）。

州政府的主要事權和支出責任主要有醫療衛生、高等教育、養老、福利事業、高速公路的營運和建設、公共安全、州公共行政事務等。2012—2013 財年美國州政府財政支出結構如圖 1-2 所示。①醫療衛生。醫療衛生支出是州政府的第一大支出。2012—2013 財年，該項支出占州政府總支出的 31.76%，主要用於醫療服務（包括公共衛生服務和醫院營運、建設及其他資本性支出）和對私人部門提供的公共醫療服務項目的支付。②教育。2012—2013 財年，教育支出占州政府總支出的 18.1%，是州政府的第二大支出項目。州政府的教育支出主要花費在高等教育；此外，也有州獎助學金、對特定教育培訓的項目支出（如殘障教育、成年教育、職業教育等）、在初等和中等教育上的少量支出。③養老。2012—2013 財年，養老支出占州政府總支出的 13.41%，是州政府的第三大支出項目。州養老支出主要用於公共部門就業人員退休金支付，以及對符合州強制意外傷害保險計劃的職工進行的支付。④福利事業。2012—2013 財年，福利支出占州政府總支出的 12.11%，是州政府的第四大支出項目。該項支出主要用於對失業人員的失業補償、對居民家庭和小孩的收入性支持、住房和社區發展。⑤交通運輸。州政府的交通運輸支出主要花在高速公路的營運和建設、公交事業上。2012—2013 財年，該項支出占州政府支出的 7.6%。⑥公共安全。州政府的公共

安全支出主要用於監獄、警察服務和其他一些公共秩序及安全事項。2012—2013 財年,該項支出占州政府支出的 4.51%。⑦一般公共管理服務。州的一般公共管理服務支出是州立法機關、行政機關和法院的支出。2012—2013 財年,該項支出占州政府支出的 3.4%。⑧其他。州政府在自然資源事務、能源和燃料等方面也承擔有部分事權與支出責任。2012—2013 財年,該項支出占州政府支出的 5.89%。

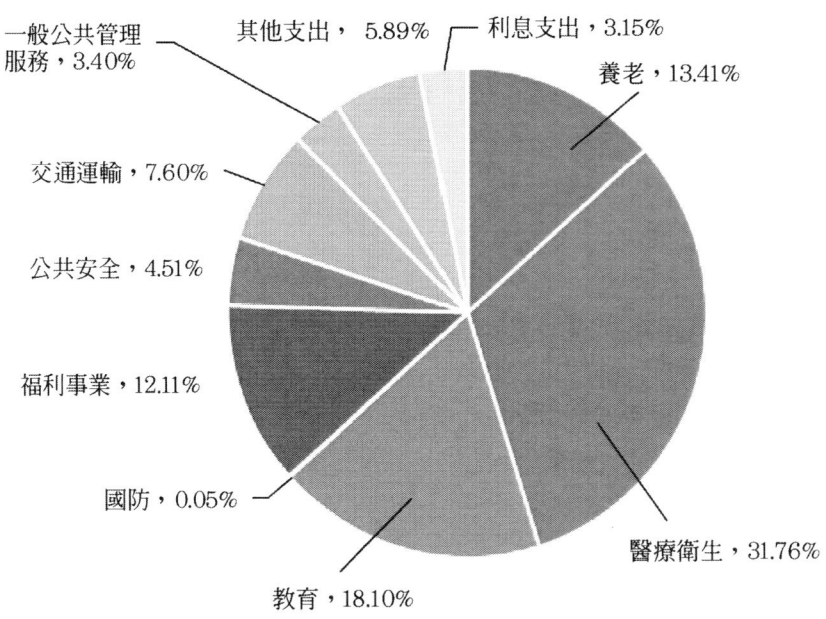

圖 1-2 2012—2013 財年美國州政府財政支出結構

數據來源:根據美國政府支出網(http://www.usgovernmentspending.com/)的數據計算整理。

美國地方政府主要承擔受益範圍和需求具有地方性的公共服務,如基礎教育、消防、治安、道路和公交的建設和營運、醫療、娛樂和體育、供水等。2012—2013 財年,美國地方政府財政支出結構如圖 1-3 所示。①教育。教育支出是地方政府的第一大支出。2012—2013 財年,教育支出占地方政府總支出的 36.9%,主要用於初等和中等教育、高等教育、圖書館建設等,其中初等和中等教育支出占地方教育支出的 90% 以上。②公共安全。地方政府的安全事務主要包括消防、犯罪矯正等。2012—2013 財年,該項支出占地方政府總支出的 9.58%。

③醫療衛生。地方政府的醫療衛生支出主要用於轄區公共衛生服務和醫院營運、建設及其他資本性支出，以及少量對私人部門提供的公共醫療服務項目的支付。2012—2013財年，該項支出占地方政府總支出的8.38%。④交通運輸。地方政府的交通運輸支出主要用於轄區內高速公路、公交、機場等的建設和營運。2012—2013財年，該項支出占地方政府總支出的8.12%。⑤福利事業。2012—2013財年，地方政府社會福利性支出占地方政府總支出的5.48%，主要包括對居民家庭和小孩的收入性支持、住房和社區的發展支出。⑥地方一般公共管理服務。該項支出主要指地方行政和立法機關、法院的公共事務支出。2012—2013財年，該項支出占地方政府總支出的4.43%。⑦養老。地方養老支出主要用於對公共部門就業人員的退休補助。2012—2013財年，該項支出占地方政府總支出的2.6%。⑧其他地方事務。地方政府在垃圾清理、排污及污水處理、自來水供給、娛樂和體育、能源供應、自然資源及其他地方事務中承擔著大量事權和支出責任。該部分支出占地方政府總支出的20.69%。

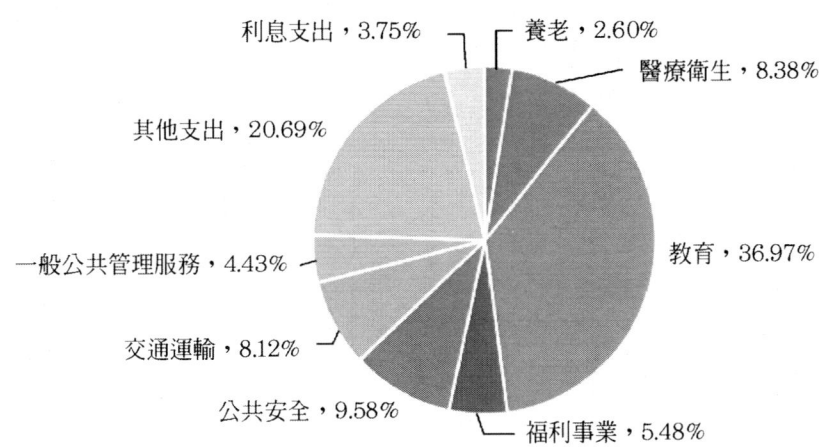

圖1-3　2012—2013財年美國地方政府財政支出結構

數據來源：根據美國政府支出網（http://www.usgovernmentspending.com/）的數據計算整理。

二、美國政府間財政收入和稅收劃分

（一）聯邦、州和地方政府的財政收入概述

公共服務的提供和財政支出的實現需要有政府財力保證。美國聯邦、州和地方政府的直接財政收入情況見表1-5。與龐大的財政支出相對應，美國政府財政收入規模巨大。由表1-5可知，2002—2003財年，美國財政總收入為3.3萬億美元，財政收入占GDP的29.97%；2014—2015財年，美國財政總收入達到5.82萬億美元，占GDP的33.41%。從財政收入占GDP的比例來看，美國財政收入規模低於大多數發達國家，但是從財政收入的絕對規模來看，美國政府是世界上財力最雄厚的政府。

在聯邦、州和地方三級政府中，聯邦直接財政收入約占總收入的一半，州和地方政府收入合計占總收入的近一半。美國各級政府直接財政收入占總收入的比重見表1-6。由表1-6可知，2014—2015財年，聯邦、州和地方政府直接財政收入分別占總收入的51.89%、28.52%和19.59%，這樣的財政收入分配格局和聯邦、州和地方的支出責任是相一致的。2014—2015財年，聯邦政府和州政府的財政支出分別占總支出的48.6%和25.12%，聯邦和州財政收入比重略高於其財政支出占比的財政收入份額，可以使聯邦和州在履行本級政府事權和支出責任的同時，對下級政府進行轉移支付，以實現公共服務均等化和其他特定政策目標。2012—2015財年，聯邦對州和地方的轉移支付占聯邦財政支出的15.97%，聯邦轉移支付約占州和地方政府財政總支出的18%，對醫療衛生、福利事業、交通運輸和教育的轉移支付是轉移支付的主要方向，占聯邦轉移支付的較大比重。

表1-5 2002—2015財年美國聯邦、州和地方政府的直接財政收入情況

財政年度	聯邦政府（萬億美元）	州政府（萬億美元）	地方政府（萬億美元）	總收入（萬億美元）	總收入占GDP的比重（%）
2002—2003	1.85	0.76	0.68	3.29	29.97
2003—2004	1.78	0.93	0.74	3.45	29.97
2004—2005	1.88	1.19	0.82	3.89	31.69

表1-5(續)

財政年度	聯邦政府（萬億美元）	州政府（萬億美元）	地方政府（萬億美元）	總收入（萬億美元）	總收入占GDP的比重（%）
2005—2006	2.15	1.23	0.86	4.24	32.38
2006—2007	2.41	1.36	0.93	4.70	33.92
2007—2008	2.57	1.57	1.03	5.17	35.71
2008—2009	2.52	1.14	1.01	4.67	31.73
2009—2010	2.10	0.64	0.92	3.66	25.38
2010—2011	2.16	1.46	1.09	4.71	31.47
2011—2012	2.30	1.68	1.12	5.10	32.87
2012—2013	2.45	1.37	1.08	4.90	30.32
2013—2014	2.78	1.66	1.12	5.56	33.16
2014—2015	3.02	1.66	1.14	5.82	33.41

數據來源：根據美國政府收入網（http://www.usgovernmentrevenue.com/）的資料整理。

表1-6　2002—2015財年美國各級政府直接財政收入占總收入的比重

財政年度	聯邦政府（%）	州政府（%）	地方政府（%）
2002—2003	56.06	23.03	20.61
2003—2004	51.59	26.96	21.45
2004—2005	48.33	30.59	21.08
2005—2006	50.71	29.01	20.28
2006—2007	51.28	28.94	19.79
2007—2008	49.71	30.37	19.92
2008—2009	53.96	24.41	21.63
2009—2010	57.38	17.49	25.14
2010—2011	45.86	30.99	23.14
2011—2012	45.10	32.94	21.96
2012—2013	50.00	27.96	22.04
2013—2014	50.00	29.86	20.14
2014—2015	51.89	28.52	19.59

數據來源：根據美國政府收入網（http://www.usgovernmentrevenue.com/）的資料整理。

（二）聯邦、州和地方政府的財政收入構成

美國聯邦政府的直接收入主要包括稅收、商業及其他收入。此外，債務收入也是聯邦政府收入的重要來源。個人所得稅、社會保障稅（養老、醫療、殘障等）、公司所得稅和從價稅（消費稅、運輸稅等）是聯邦政府的重要稅收來源。2014—2015 財年，美國各級政府的財政收入項目如表 1-7 所示。其中，2014—2015 財年，個人所得稅占聯邦財政直接收入的 46.16%，社會保障稅占聯邦政府直接收入的 33.87%，公司所得稅占聯邦政府直接收入的 10.61%，消費稅、運輸稅及其他從價稅約占聯邦政府直接收入的 6%（如圖 1-4 所示）。

州政府的直接收入主要包括稅收、收費、商業及其他收入。此外，還有債務和轉移支付收入。州政府的稅收主要有社會保障稅（退休、失業等）、銷售稅、個人所得稅、公司所得稅、運輸稅等。2014—2015 財年，在州政府直接收入中，社會保障稅收入占 27.17%，銷售稅收入占 20.82%，個人所得稅收入占 18.65%，公司所得稅收入占 2.75%，運輸稅收入占 4.02%，消費稅收入占 2.82%（如圖 1-5 所示）。

地方政府的直接收入類型和州政府類似，主要包括稅收、收費、商業及其他收入。除直接收入外，還有債務和轉移支付收入。地方政府的稅收主要有財產稅、銷售稅、社會保障稅（退休、失業等）等。2014—2015 財年，在州政府直接收入中，財產稅收入占 37.98%、銷售稅收入占 8.96%、社會保障稅收入占 4.41%、個人所得稅收入占 2.57%（如圖 1-6 所示）。

表 1-7　　　　2014—2015 財年美國各級政府的財政收入項目　　單位：十億美元

收入項目	聯邦政府	州政府	地方政府	總收入
所得稅（Income Tax）	1,715.3	354.9	37.2	2,107.4
個人所得稅（Individual Income Tax）	1,394.6	309.3	29.4	1,733.3
公司所得稅（Corporate Income Tax）	320.7	45.6	7.9	374.2
社會保障稅（Social Insurance Tax）	1,023.5	450.6	50.4	1,524.5
老年保險（Old Age Survivors Insurance）	628.8	–	–	628.8
殘障保險（Disability Insurance）	106.8	–	–	106.8
醫療保險（Hospital Insurance）	224.1	–	–	224.1

表1-7(續)

收入項目	聯邦政府	州政府	地方政府	總收入
失業保險（Unemployment Insurance）	55.0	85.8	0.2	141.0
退休保險（Employee Retirement Insurance）	3.5	364.8	50.2	418.5
鐵路職工退休險（Railroad Retirement Insurance）	5.4	0.0	0.0	5.4
從價稅（Ad valorem Tax）	183.5	508.4	564.5	1,256.4
消費稅（Excise Tax）	40.8	46.8	5.8	93.4
銷售稅（Sales Tax）	–	341.7	102.4	444.1
財產稅（Property Tax）	–	13.1	434.1	447.2
運輸稅（Transportation）	52.6	66.7	3.2	122.5
許可證（License）	–	32.8	14.2	47.0
其他（Other）	90.1	7.2	4.7	102.0
收費（Fees and Charges）	–	190.9	265.2	456.1
教育（Education）	–	98.6	23.3	121.9
衛生（Health）	–	56.2	83.5	139.7
運輸（Transportation）	–	12.4	32.3	44.7
自然資源（Natural Resources）	–	2.8	8.6	11.4
公共設施（Utilities）	–	1.0	61.1	62.1
其他（Other）	–	19.9	56.5	76.4
商業和其他收入（Business and Other Revenue）	99.2	153.7	225.6	478.6
設施和酒專營（Utility and Liquor Store）	–	21.5	144.2	165.7
其他（Other）	99.2	132.2	81.5	312.9
直接總收入（Total Direct Revenue）	3,021.5	1,658.6	1,143.0	5,823.1
公債總額（Gross Public Debt）	17,794.4	1,140.2	1,867.2	20,801.8

數據來源：根據美國政府收入網（http://www.usgovernmentrevenue.com/）的資料整理.

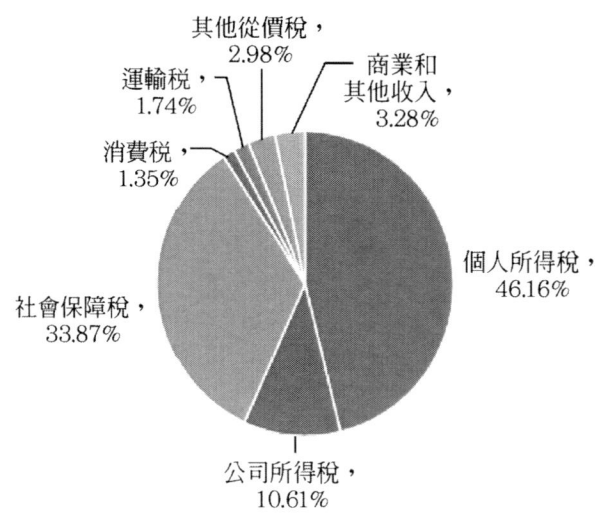

圖 1-4　2014—2015 財年美國聯邦政府直接收入結構

數據來源：根據美國政府收入網（http://www.usgovernmentrevenue.com/）的數據計算整理。

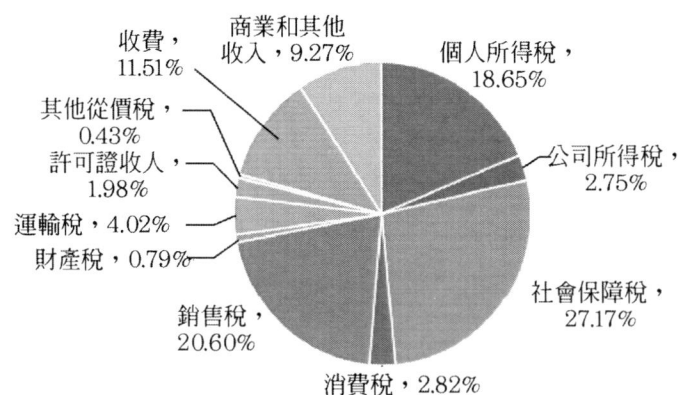

圖 1-5　2014—2015 財年美國州政府直接收入結構

數據來源：根據美國政府收入網（http://www.usgovernmentrevenue.com/）的數據計算整理。

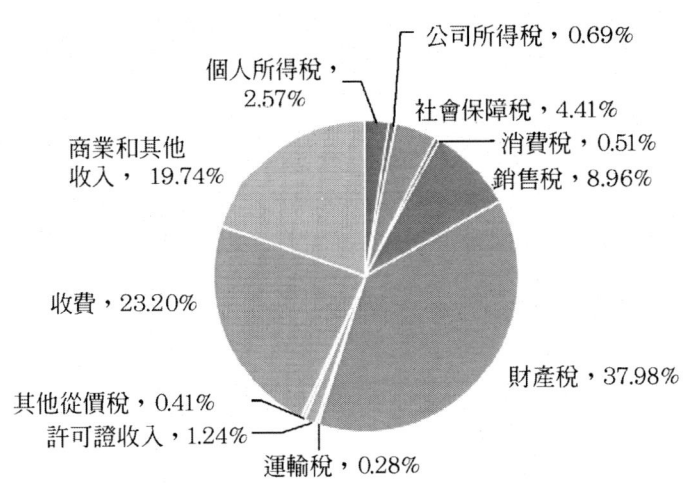

图 1-6 2014—2015 财年美国地方政府直接收入结构

数据来源：根据美国政府支出网（http://www.usgovernmentspending.com/）的数据计算整理。

（三）联邦、州和地方政府的税收划分

美国宪法对各级政府的税收没有过多的限制，但联邦宪法有「对于从任何一州输入的货物不得征收直接税或间接税」「任何贸易条例或税收条例不得给予一州港口以优于另一州港口的特惠，开往或来自一州的船舶不得强令其在另一州入港、出港或交纳关税」「无论何州，未经国会同意，不得对进出口货物征收进口税或间接税」「无论何州，未经国会同意，不得征收船舶吨位税」等规定。这些规定对州和地方的征税权产生约束，主要目的在于防止州与州之间的税收影响全国市场的统一。州宪法对州的课税权有一定限制，但这些规定不能与联邦宪法相衝突。州以下地方政府的税收权限由州法律赋予。在联邦和州宪法规定的范围内，地方政府可以制定本地的税收法规，并行使税收管理权。

美国的税收分配制度主要为税基在联邦、州和地方三级政府之间共享。各级政府都有多种税收资源，每级政府的重点税种各有不同，体现了基于税种本身的特点、税种的激励结构和税收征管效率进行税收分配和分权的理念。联邦政府税收以个人所得税、公司所得税和社会保障税为主，辅之以消费税等。州政府税收以销售税为主，辅之以社会保障税和个人所得税等。地方政府以财产税为主，辅之以销售税等。2014—2015 财年，美国联邦、州和地方政府各项收入占该项收

入總金額的比重如表 1-8 所示。

表 1-8　　　　　2014—2015 財年美國聯邦、州和地方政府
各項收入占該項收入總金額的比重　　　　單位:%

收入項目	聯邦政府	州政府	地方政府
所得稅（Income Tax）	81.39	16.84	1.77
個人所得稅（Individual Income Tax）	80.46	17.84	1.70
公司所得稅（Corporate Income Tax）	85.70	12.19	2.11
社會保障稅（Social Insurance Tax）	67.14	29.56	3.31
老年保險（Old Age Survivors Insurance）	100.00	–	–
殘障保險（Disability Insurance）	100.00	–	–
醫療保險（Hospital Insurance）	100.00	–	–
失業保險（Unemployment Insurance）	39.01	60.85	0.14
退休保險（Employee Retirement Insurance）	0.84	87.17	12.00
鐵路職工退休險（Railroad Retirement Insurance）	100.00	–	0.00
從價稅（Ad valorem Tax）	14.61	40.46	44.93
消費稅（Excise Tax）	43.68	50.11	6.21
銷售稅（Sales Tax）	–	76.94	23.06
財產稅（Property Tax）	–	2.93	97.05
運輸稅（Transportation）	42.94	54.45	2.61
許可證（License）	0.00	69.64	30.15
其他（Other）	88.25	7.05	4.60
收費（Fees and Charges）	–	41.85	58.15
教育 Education	–	80.95	19.13
衛生 Health	–	40.23	59.77
運輸 Transportation	–	27.74	72.26
自然資源 Natural Resources	–	24.56	75.44
公共設施 Utilities	–	1.61	98.39

表1-8(續)

收入項目	聯邦政府	州政府	地方政府
其他 Other	-	26.05	73.95
商業和其他收入（Business and Other Revenue）	20.73	32.11	47.14
設施和酒專營（Utility and Liquor Store）	-	12.98	87.02
其他（Other）	31.70	42.25	26.05
直接總收入（Total Direct Revenue）	51.89	28.48	19.63
公債總額（Gross Public Debt）	85.54	5.48	8.98

數據來源：根據美國政府收入網（http://www.usgovernmentrevenue.com/）的數據整理.

三、美國州與地方政府的主要稅種

（一）銷售稅

銷售稅是美國州政府的主體稅種，也是縣市等地方政府的重要稅收來源。2014—2015財年，美國銷售稅收入共計4,441億美元。其中，州政府銷售稅收入為3,417億美元，占銷售稅總收入的76.94%；地方政府銷售稅收入為1,024億美元，占銷售稅總收入的23.06%。州銷售稅收入占州總直接收入的20.6%，地方銷售稅收入占地方總直接收入的8.96%。州和地方政府對銷售（或租賃）商品或服務徵收銷售稅。美國的45個州、華盛頓哥倫比亞特區、波多黎各和關島都徵收一般性銷售稅，州政府也對特定商品及服務的銷售或租賃徵收選擇性銷售稅。

阿拉斯加州、特拉華州、蒙大拿州、新罕布什爾州和俄勒岡州5個州政府不徵收銷售稅，加利福尼亞州的銷售稅稅率為7.5%，在各州銷售稅中稅率最高（見表1-9）。除州政府徵收的銷售稅外，州內的各縣及市地方政府銷售稅的徵收情況也大相徑庭。

例如，加利福尼亞州索諾馬縣（Sonoma County）銷售稅稅率為0.75%，該縣的聖羅莎市（Santa Rosa）政府又徵收0.5%的銷售稅；加利福尼亞州的阿拉米達縣（Alameda County）銷售稅稅率為2%，該縣的奧克蘭市（Oakland）政府不

徵收銷售稅；而加利福尼亞州的克恩縣（Kern County）、文圖拉縣（Ventura County）都不徵收銷售稅，克恩縣的貝克爾斯菲市（Bakersfield）政府不徵銷售稅，文拉圖縣的奧克斯那德市（Oxnard）徵收0.5%的銷售稅。在阿肯色州的一些地方，州、縣和市的銷售稅稅率最高達到11.625%，其中州銷售稅稅率為6.5%。該州斯科特縣（Scott County）的銷售稅稅率為2.625%，斯科特縣的曼斯菲爾德市（Mansfield）政府徵收2.5%的銷售稅。

銷售稅由銷售方在零售時徵收，但不對批發環節和中間產品的銷售徵稅。應納稅額為商品或服務買價（淨售價）與稅率的乘積。各州對零售的界定和應稅商品和服務範圍的規定不同，沒有州是對所有商品徵稅的，幾乎所有的地區都規定了大量的免稅商品和服務。對食品（飯店銷售除外）、處方藥、農業物資等，各州一般都免稅。大多數州都對一些服務徵收銷售稅，但是對服務徵稅是例外而不是規律。

包括地方政府徵收的銷售稅在內，銷售稅一般由州政府徵收和管理。州政府可以向零售商徵收，也可以向零售買家徵收、由零售商在銷售時具體收集稅款。一般情況下，零售商在銷售時必須同時向州內購買者收取銷售稅稅款。若零售商或零售買家在購買屬於本州應納銷售稅的商品和服務時沒有納稅，比如在其他州購買該商品未納稅，在本州使用時應繳納使用稅（use tax）。一些州允許零售商或零售買家在繳納使用稅時扣除在其他州購買該商品時繳納的銷售稅。

表1-9　　　　　　　2015年美國州與地方政府的銷售稅稅率　　　　　　單位:%

州	州稅率	地方稅率（含州）	州	州稅率	地方稅率（含州）
亞拉巴馬州	4.00	4.000~11.000	蒙大拿州	0.00	0.00
阿拉斯加州	0.00	0.000~7.500	內布拉斯加州	5.50	5.500~7.500
亞利桑那州	5.60	5.850~10.900	內華達州	6.85	6.850~8.100
阿肯色州	6.50	6.500~11.625	新罕布什爾州	0.00	0.00
加利福尼亞州	7.50	7.500~10.000	新澤西州	7.00	7.00
科羅拉多州	2.90	2.900~10.400	新墨西哥州	5.13	5.125~8.688
康涅狄格州	6.35	6.35	紐約州	4.00	4.000~8.875
特拉華州	0.00	0.00	北卡羅來納州	4.75	6.750~7.500

表1-9(續)

州	州稅率	地方稅率（含州）	州	州稅率	地方稅率（含州）
佛羅里達州	6.00	6.000~7.500	北達科他州	5.00	5.000~8.500
喬治亞州	4.00	4.000~8.000	俄亥俄州	5.75	6.500~8.000
夏威夷州	4.00	4.000~4.500	俄克拉荷馬州	4.50	4.500~11.000
愛達荷州	6.00	6.000~8.500	俄勒岡州	0.00	0.00
伊利諾伊州	6.25	6.250~10.000	賓夕法尼亞州	6.00	6.000~8.000
印第安納州	7.00	7.00	羅得島州	7.00	7.00
愛荷華州	6.00	6.000~7.000	南卡羅來納州	6.00	6.000~8.500
堪薩斯州	6.50	6.500~10.500	南達科他州	4.00	4.000~6.000
肯塔基州	6.00	6.00	田納西州	7.00	8.500~9.750
路易斯安那州	4.00	4.000~11.000	得克薩斯州	6.25	6.250~8.250
緬因州	5.50	5.50	猶他州	5.95	5.950~8.350
馬里蘭州	6.00	6.00	佛蒙特州	6.00	6.000~7.000
馬薩諸塞州	6.25	6.25	弗吉尼亞州	4.30	5.300~6.000
密歇根州	6.00	6.00	華盛頓州	6.50	7.000~9.600
明尼蘇達州	6.88	6.875~8.375	西弗吉尼亞州	6.00	6.000~7.000
密西西比州	7.00	7.000~8.000	威斯康星州	5.00	5.000~5.600
密蘇里州	4.23	4.225~9.350	懷俄明州	4.00	4.000~6.000
華盛頓哥倫比亞特區	5.75	0.00			

資料來源：美國銷售稅網站（http://www.sale-tax.com/）。

（二）財產稅

財產稅是美國地方政府的主要收入來源。財產稅為地方消防、法律執行、公共教育、道路建設和其他公共服務提供了資金。財產稅由地方政府徵管，但由於縣、市、鎮、學區、公共服務區等轄區的交叉，很多財產可能有超過一個地方政府對其徵稅，因此許多州政府對地方政府財產稅的徵收行為進行了規範，如一些

州規定了財產價值的確定方式，使各地方以相同評估值為基礎對同一特定房產或財產徵稅。

財產稅主要對房地產和個人財產徵收，包括土地、建築物及其固定裝置等不動產、商業用的其他財產。財產稅應納稅額為財產公允市場價值與評估比率之積再乘以稅率。不同地區的評估比率和稅率不同，同一轄區內評估比率和稅率也因財產類型或使用狀況而不同，評估比率和稅率一般由地方立法機構決定。各地方在州法律約束下自行確定本轄區財產稅稅率。一些地區對財產分類，如居民房產、商業房產、工業房產、空置房產、破舊房產等，並基於不同的公共政策目的設定不同的稅率。稅率可根據地方預算支出需要經法定程序每年調整，如華盛頓哥倫比亞特區對不同類別房產以不同稅率徵稅，對居民用房產按評估值徵收0.85%的房產稅，對空置的房產按評估值徵收5%的房產稅，以鼓勵房產的充分利用和資源的優化配置。2015年華盛頓哥倫比亞特區的財產稅稅率如表1-10所示。

表1-10　　　　　　　2015年華盛頓哥倫比亞特區的財產稅稅率

房產類別	描述	稅率（%）
Class 1	居民用房產，包括多戶家庭使用的房產	0.85
Class 2	商業和工業房產，評估值小於等於300萬美元的部分	1.65
	商業和工業房產，評估值大於300萬美元的部分	1.85
Class 3	空置的房產（含商業用和居民用房產）	5
Class 4	破損的房產	10

註：①華盛頓哥倫比亞特區的《2011財年預算支持法案》設置了Class 3和Class 4財產稅稅率。②對於滿足規定的特定條件的空置房產可依程序適用Class 1和Class 2的稅率。

財產或房產價值的確定是房產稅徵收的重要方面，直接影回應納稅收的數量。有多種技術方法用於價值評估。除房產最近時期的售價外，價值確定具有一定的主觀因素。許多州要求徵稅地方每3~4年對房產或財產價值進行再評估。房產價值通常由評估日（valuation date）房產實際使用情況而非潛在使用情況決定。房產價值由徵稅機關的估稅員（tax assessor）確定。對於非最近銷售的房產，估稅員可以使用多種方法來確定房產價值。可比售價法、成本法、收入法是三個常用方法。大多數房產的估價可以採取可比售價法。可比售價法採用相似房

產的最近銷售價格，並在考慮房產（或財產）性質、地點、大小、用途、附屬設施、外部環境和限制因素等的差異的基礎上對價值進行調整。在可比售價法難以運用時，可採用成本法。成本法是以財產或房產的原始成本或重置成本為依據進行估價。評估原始成本時，要根據通貨膨脹和建造成本結構變化對原始成本進行調整；而重置成本以預計建造成本來確定。收入法是以房產或財產未來預計產生的收入流的現值為依據進行估計。在該方法使用時，選擇合理的貼現率至關重要。雖然在一些地區，財產稅的徵管由一個共同的管理機構負責，但在一般情況下財產稅還是由各地方政府分別徵管，通常是由具有稅收管轄權的地方行政部門（如市政廳）進行徵管，具體形式和組織往往會因地區而不同。

（三）消費稅

美國的消費稅是對特定商品和行為徵收的間接稅，聯邦、州和地方政府都徵收消費稅。美國憲法要求聯邦政府徵收的消費稅全國統一，而州和地方政府徵收的消費稅不需要統一。2014—2015財年，美國聯邦、州和地方政府分別徵收消費稅408億美元、468億美元和58億美元，總計約934億美元；聯邦、州和地方政府的消費稅收入分別占消費稅總額的43.68%、50.11%和6.21%。消費稅主要歸州和聯邦政府所有。聯邦、州和地方政府的消費稅收入占本級政府總直接收入的比例分別為1.35%、2.82%和0.51%。消費稅在三級政府的收入中所占比重很小，是三級政府收入的補充。

美國消費稅通常對汽油、柴油、啤酒、白酒、紅酒、菸草、運輸票、輪胎、卡車、移動電話等徵收。對汽油、汽車（以費的形式）、運輸票、移動電話等徵收的消費稅主要是為政府高速公路和基礎設施的建設提供資金。包括酒、香菸在內的其他稅目，除了為政府提供收入外，主要是通過徵稅來抑制特定消費行為。該類消費稅也被稱為罪惡稅（sin tax）。所有的州都對酒和香菸徵收所謂的罪惡稅（消費稅），也有許多州對購買高油耗車、槍支、娛樂門票、蘇打水、不健康食品（俗稱「肥胖稅」）和日曬美容沙龍等徵收消費稅。消費稅通常包含在商品和服務的價格之中，沒有將稅額與價格分別列出。為方便徵收，消費稅一般採取從量計徵。消費稅由生產商或零售商向國內收入局、州或地方稅務部門繳納，而不是由消費者直接支付，但稅收負擔往往通過轉嫁的方式由產品和服務的最終消費者承擔。

例如，2015 年，聯邦政府對汽油和柴油分別按照每加侖 18.4 美分和 24.4 美分徵收消費稅，各州政府對汽油和柴油徵收的消費稅各不相同。就州政府汽油消費來看，阿拉斯加州最低，每加侖徵 12.25 美分；賓夕法尼亞州最高，每加侖徵 51.46 美分；美國州政府徵收的汽油消費稅平均為每加侖 30.48 美分。

（四）社會保障稅（聯邦和州）

1935 年 8 月 14 日，美國總統富蘭克林·羅斯福簽署了《社會保障法案》（Social Security Act），美國的社會保障制度開始建立。美國聯邦社會保障項目主要有老年、遺屬和殘障保險（Old-Age, Survivors, and Disability Insurance, OASDI），醫療保險以及鐵路職工退休保險。

1. 社會保險稅和醫療保險稅

聯邦社會保障資金是通過聯邦社會保險捐助法（FICA）或自雇捐助法（SECA），對工薪收入徵收的工薪稅（payroll tax）的籌集。以工薪稅收形式籌集的聯邦社會保障稅主要是為老年、遺屬和殘障保險籌資的社會保險稅（OASDI tax）和為醫療保險籌資的醫療保險稅（medicare tax）。這兩種稅收都是以支付或領取的工薪為對象向雇主和雇員徵收，雇主和雇員各支付一半，自雇業者則要交雙份。2015 年，雇主和雇員繳納社會保險稅的稅率都是 6.2%，醫療保險稅都是 1.45%；對雇主和雇員徵收的社會保險稅和醫療保險稅的綜合稅率分別為 12.4% 和 2.9%。社會保險稅的應稅收入（taxable income）有一個上限，2015 年是 118,500 美元，超過上限的收入是不徵收社會保險稅的，醫療保險稅沒有這個上限（見表 1-11）。聯邦社會保障稅或聯邦工薪稅由國內收入局（Internal Revenue Service, IRS）負責徵收，籌集的資金納入預算，進入聯邦老年和遺屬信託基金（Federal Old-Age and Survivors Insurance Trust Fund）、聯邦殘障保險信託基金（Federal Disability Insurance Trust Fund）、聯邦醫院保險基金（Federal Hospital Insurance Trust Fund）或聯邦補充醫療保險信託基金（Federal Supplementary Medical Insurance Trust Fund），整體構成社會保障信託基金，以信託基金的方式管理。社會保障支出由社會保障署（Social Security Administration, SSA）提出預算並經國會批准後，從信託基金中給付。

表 1-11　　　　　　　　　　美國聯邦社會保險稅稅率

年份	聯邦社會保險稅最大徵稅收入（美元）	聯邦社會保險稅稅率（%）	聯邦醫療保險稅稅率（%）
1937	3,000	2	-
1966	6,600	7.7	0.7
1975	14,100	9.9	1.8
1985	39,600	11.4	2.7
1995	61,200	12.4	2.9
2005	90,000	12.4	2.9
2011	106,800	10.4	2.9
2012	110,100	10.4	2.9
2013	113,700	12.4	2.9
2014	117,000	12.4	2.9
2015	118,500	12.4	2.9

資料來源：美國稅收政策中心網站（http://www.taxpolicycenter.org/）。

2. 退休保險稅（公共部門雇員退休保險）

美國聯邦、州和地方政府預算中的退休保險金是公共部門工作人員的保險金收入。2014—2015 財年，美國聯邦、州和地方公共部門的退休保險金收入分別為 35 億美元、3,648 億美元和 502 億美元，合計是 4,185 億美元。其中，2014—2015 財年的州公共部門退休保險金收入中有 101 億美元是由州雇員繳納的，287 億美元是由地方雇員繳納的，373 億美元是由其他政府雇員繳納的，除此之外的 2,887 億美元是州退休保險金的投資收益所得①。

1986 年 6 月，美國通過了新的適用於美國公共部門雇員的聯邦雇員退休制度（Federal Employees Retirement System，FERS），替代了 1920 年實行的公務員退休制度（Civil Service Retirement System，CSRS）②，以使聯邦退休保障與私人部門大致一致。該制度由強制參與的社會養老保險（social security）、固定收益的聯

---

① 根據美國政府收入網（http://www.usgovernmentrevenue.com/）的數據整理。
② 採取「老人老辦法」，1984 年 1 月 1 日之前的仍適用《公務員退休制度》。

邦雇員退休年金（FERS annuity，Basic benefit plan）和固定繳費的節儉儲蓄計劃（Thrift Savings Plan，TSP）三部分組成，三個養老計劃都有各自的籌資方式。

美國的所有的州都至少有一個針對其雇員的退休保險制度。例如，加利福尼亞州公共部門養老保障制度是以加州公共雇員退休金（California Public Employees' Retirement System，簡稱CalPERS）為核心，覆蓋了加州州政府雇員、學校雇員、地方公共部門工作人員三大類。加州公共雇員退休基金的運作管理由州憲法、法律和法規規範，是美國最大的公共養老基金，2015年7月總資產為3,023.5億美元。加州公共雇員退休金的資金來源主要有雇員繳費、雇主繳費和投資收益。雇員繳費是指雇員按其工薪的一定比例依法繳費。繳費比例因個人類別和福利類型而不同。雇主繳費是指學校和其他公共機構按照工資的12.7%為其雇員繳費。此外，雇主的繳費也是變化的，當投資回報高時，雇主繳費率下降，反之則上升。再如，伊利諾伊州公共雇員退休制度包括五個方面：州雇員退休制度（SERS）、教師退休制度（TRS）、州立大學退休制度（SURS）、法官退休制度（JRS）和議會退休制度（GARS）。雇員繳費、雇主繳費和投資收益是伊利諾伊州各公共雇員退休金的主要資金來源，以上五項退休基金的參加者應分別以年工薪收入的8%、9.4%、4%、11.5%和11%繳費。

3. 失業保險稅

美國建立的失業保險基金是聯邦和州政府共同參與的一個社會保險項目。不同州的失業保險補助和失業保險稅差異很大。雇主向聯邦和州同時繳納失業保險稅（unemployment insurance tax），為失業保險基金提供資金。根據雇主裁員歷史（經驗評估）的不同，雇主的稅率也不同。

目前，聯邦失業保險稅率為6%，稅基為每個受保雇員年應稅工資中最初的7,000美元。如果州失業保險稅符合聯邦法的基本要求，對於該州已繳納了州失業保險稅的雇主，可以準予抵扣掉聯邦稅率的90%，這樣聯邦政府的淨稅率為0.6%。聯邦失業保險稅用以支持失業保險項目的管理費，在高失業率時期支付一半的延長期失業保險，必要時借貸州政府，用以支付州失業保險。州政府應為借貸支付利息。

各州對雇主徵收失業保險稅，形成州失業保險基金，主要用於支付失業保險金及緊急狀態下延長期的另一半失業保險金。各州法律可自主決定本州失業保險稅的稅率。各州的稅率和稅基大都不同，基本上所有州的應稅工資基數（taxable wages base）或稅基都在聯邦政府的稅基之上。例如，2015年亞里桑那州、佛羅里達州的應稅工資基數最低，為7,000美元，夏威夷州的應稅工資基數最高，為40,900美元。在公曆年度內，這些州的雇主應對每個雇員在限額內計算並支付州失業保險稅。另外，大多數州還在州法律中設置了本州應稅工資基數的自動調整機制。還有一些州建立了彈性稅基，基於以前年份的工資按一定方法對計稅工資進行自動調整，如伊利諾伊州、密蘇里州、內華達州、新墨西哥州等23個州。州失業保險稅稅率（最高稅率和最低稅率）的高低依賴於州失業保險基金的平衡狀況和州法律規定的其他因素。在大多數州，當其失業保險基金平衡度低時，稅率就高，反之亦然。

美國聯邦國稅局和州政府稅務局分別負責徵收聯邦失業保險稅和州失業保險稅。根據美國的《聯邦保險稅法》（Federal Unemployment Tax Act）的規定，各州徵收的失業保險稅要統一上繳聯邦財政部設立的各州的失業保險稅專戶，當各州需要支付失業保險金時，由勞工部通知財政部統一撥付使用。

（五）個人所得稅

美國聯邦、州和一些地方政府分別對個人收入徵收個人所得稅。目前，美國聯邦個人所得稅採用7級超額累進稅，實行綜合課徵模式[①]，根據納稅人及其申報方式的不同適用不同的扣除方式和標準進行費用扣除，核算應稅所得稅，最後根據對應的稅率計算應納稅額，計算比較複雜。2015年美國聯邦個人所得稅稅率表如表1-12所示。

美國大多數州都有州個人所得稅。在聯邦制下，州政府有較大的稅收自主權，不同州的個人所得稅差異較大。其中，阿拉斯加州、佛羅里達州、內華達州、南達科他州、得克薩斯州、華盛頓州與懷俄明州7個州不徵收個人所得稅；新罕布什爾州和田納西州2個州只對個人的股息和利息收入徵稅，稅率分別為5%和6%；科羅拉多州（4.63%）、伊利諾伊州（3.75%）、印第安納州（3.3%）、馬薩諸塞州（5.15%）、密歇根州（4.25%）、北卡羅來納州（5.75%）、賓夕法尼亞州（3.07%）7個州的個人所得稅實行單一稅率；其餘的

[①] 在美國的綜合課徵模式下，雇員的聯邦個人所得稅可以在雇主支付工資時代扣稅金，也可以每個季度末由納稅人自己向稅務機關申報納稅。對於自雇納稅人或者支付方沒有代扣稅款的，納稅人必須每年向國內收入局分四次申報納稅。

34個州和華盛頓哥倫比亞特區採用綜合課稅方式，實行不同的累進稅率，如夏威夷州實行從1.4%~11%的十二級累進稅率，堪薩斯州則採用2.7%和4.6%的二級累進稅率。實施累進稅制及綜合課徵模式的州個人所得稅的費用扣除方式、計徵方法與聯邦個人所得稅類似。2015年美國各州個人所得稅稅率表如表1-13所示。

大多數美國的城市和縣地方政府都沒有徵收地方個人所得稅，2011年只有17個州中的4,943個地方行政單位徵收了地方個人所得稅，其中印第安納州和馬里蘭州的所有縣、俄亥俄州的593個自治市和181個學區、賓夕法尼亞州的2,469個自治市和469個學區、愛荷華州和密歇根州的部分城市與學區等徵收了地方個人所得稅。美國地方個人所得稅以多種不同形式在地方出現，如工資稅（wage taxes）、所得稅（income taxes）、工薪稅（payroll taxes）、地方服務稅（local services taxes）、職業稅（occupational privilege taxes）等。一般情況下，地方個人所得稅由個人負擔，雇主代扣代繳；有些地方個人所得稅按個人工資或薪金的一定比例徵收；有些地方以個人繳納的聯邦或州個人所得稅的一定比例徵收；還有的地方按一定時期對個人徵收定額地方個人所得稅。大多數地方所得稅稅率為工薪收入的1%~3%，對於非居民採用比居民更低的稅率。

表1-12　　　　　　　2015年美國聯邦個人所得稅稅率表

邊際稅率（%）	單身應稅收入（美元）	已婚聯合申報或鰥寡者應稅收入（美元）	已婚分別申報應稅收入（美元）	戶主申報應稅收入（美元）
10	0~9,225	0~18,450	0~9,225	0~13,150
15	9,226~37,450	18,451~74,900	9,226~37,450	13,151~50,200
25	37,451~90,750	74,901~151,200	37,451~75,600	50,201~129,600
28	90,751~189,300	151,201~230,450	75,601~115,225	129,601~209,850
33	189,301~411,500	230,451~411,500	115,226~205,750	209,851~411,500
35	411,501~413,200	411,501~464,850	205,751~232,425	411,501~439,000
39.6	413,201以上	464,851以上	232,426以上	439,001以上

資料來源：美國國內收入局（Internal Revenue Service, IRS）網站。

表 1-13　　　　　　　　　2015 年美國各州個人所得稅稅率表

州或特區	稅率級次	最低稅率（%）	最高稅率（%）	州	稅率級次	最低稅率（%）	最高稅率（%）
亞拉巴馬州	3	2.0	5.0	蒙大拿州	7	1.0	6.9
阿拉斯加州	無州個人所得稅			內布拉斯加州	4	2.46	6.84
亞利桑那州	5	2.59	4.54	內華達州	無州個人所得稅		
阿肯色州	6	0.9	6.9	新罕布什爾州	僅對股息和利息徵 5%		
加利福尼亞州	9	1.0	12.3	新澤西州	6	1.4	8.97
科羅拉多州	1	單一稅率 4.63		新墨西哥州	4	1.7	4.9
康涅狄格州	6	3.0	6.7	紐約州	8	4.0	8.82
特拉華州	7	0.0	6.6	北卡羅來納州	1	單一稅率 5.75	
佛羅里達州	無州個人所得稅			北達科他州	5	1.22	3.22
喬治亞州	6	1.0	6.0	俄亥俄州	9	0.528	5.333
夏威夷州	12	1.4	11.00	俄克拉荷馬州	7	0.5	5.25
愛達荷州	7	1.6	7.4	俄勒岡州	4	5.0	9.9
伊利諾伊州	1	單一稅率 3.75		賓夕法尼亞州	1	單一稅率 3.07	
印第安納州	1	單一稅率 3.3		羅得島州	3	3.75	5.99
愛荷華州	9	0.36	8.98	南卡羅來納州	6	0.0	7.0
堪薩斯州	2	2.7	4.6	南達科他州	無州個人所得稅		
肯塔基州	6	2.0	6.0	田納西州	僅對股息和利息徵 6%		
路易斯安那州	3	2.0	6.0	得克薩斯州	無州個人所得稅		
緬因州	3	0.0	7.95	猶他州	1	5.0	
馬里蘭州	8	2.0	5.75	佛蒙特州	5	3.55	8.95
馬薩諸塞州	1	單一稅率 5.15		弗吉尼亞州	4	2.0	5.75
密歇根州	1	單一稅率 4.25		華盛頓州	無州個人所得稅		
明尼蘇達州	4	5.35	9.85	西弗吉尼亞州	5	3.0	6.5
密西西比州	3	3.0	5.0	威斯康星州	4	4.0	7.65

表1-13(續)

州或特區	稅率級次	最低稅率(%)	最高稅率(%)	州	稅率級次	最低稅率(%)	最高稅率(%)
密蘇里州	10	1.5	6.0	懷俄明州	無州個人所得稅		
華盛頓哥倫比亞特區	4	4.0	8.95				

資料來源：美國稅收管理員聯盟網（http://www.taxadmin.org/）。

（六）公司所得稅

美國聯邦、大多數州和一些地方政府都徵收公司所得稅，聯邦公司所得稅實行15%～35%的八級超額累進稅制，其稅率水準在世界範圍屬於相對比較高的。由於在計算聯邦公司所得稅時，州和地方公司所得稅屬於可扣除費用項目，因此各州的企業所得稅有效稅率（effective tax rate）並不是將聯邦、州和地方的公司所得稅稅率簡單相加。但綜合考慮聯邦、州和地方的公司所得稅稅負，美國的公司所得稅仍是世界最高的之一。2015年美國聯邦公司所得稅稅率表如表1-14所示。

表1-14　　　　　2015年美國聯邦公司所得稅稅率表

應稅收入額（美元）	稅率(%)	其他
0～50,000	15	①個人服務公司不論收入多少採用單一稅率35%；②對個人控股公司的未分配收益額外再徵收20%；③除一般的公司所得稅，對累積應稅收入超過250,000美元的企業（個人服務公司為150,000美元），另徵20%的稅（accumulated earnings tax，累積收益稅）。
50,000～75,000	25	
75,000～100,000	34	
100,000～335,000	39	
335,000～10,000,000	34	
10,000,000～15,000,000	35	
15,000,000～18,333,333	38	
18,333,333以上	35	

資料來源：美國小企業稅收與管理網（http://www.smbiz.com/）。

美國有44個州和華盛頓哥倫比亞特區徵收州公司所得稅；內華達州、南達

科他州、華盛頓州、懷俄明州4個州不徵收州所得稅；得克薩斯州對公司徵收營業特許稅（franchise tax），也稱利潤稅（margin tax）；俄勒岡州對一般公司徵收商業活動稅（commercial activity tax，CAT）、對銀行徵收營業特許稅。州徵收的公司所得稅在州直接收入中占的比例比較低，2014—2015財年，州公司所得稅為456億美元，占州直接財政收入的2.75%。在徵收州公司所得稅的州中，阿拉斯加州、阿肯色州、夏威夷州、愛荷華州、肯塔基州、路易斯安那州、緬因州、密西西比州、內布拉斯加州、新墨西哥州、北達科他州、俄勒岡州、福蒙特州13個州採用二級到十級不等的累進稅率制。其中，阿拉斯加州稅率級次多達十級，最高邊際稅率為9.4%；愛荷華州的邊際稅率高達12%；內布拉斯加州和俄勒岡州的稅率級次為二級。亞拉巴馬州、蒙大拿州等31個州和華盛頓哥倫比亞特區的公司所得稅採用的是單一稅率制（見表1-15）。在徵收公司所得稅的州，金融企業和金融機構的稅制大多是一致的，有一些州對金融機構採用了比非金融企業高的稅率，如加利福尼亞州、印第安納州、夏威夷州、馬薩諸塞州、北卡羅來納州、北達科他州、馬薩諸塞州、密蘇里州等，而愛荷華州、堪薩斯州、緬因州、南達科他州等州的金融機構的稅率又低於一般的公司所得稅稅率。

表1-15　　　　　　　　2015年美國各州公司所得稅稅率表

州或特區	稅率（%）	稅收級距 最低與最高（美元）	級次	州	稅率（%）	稅收級距 最低與最高（美元）	級次
亞拉巴馬州	6.5	單一稅率	1	蒙大拿州	6.75	單一稅率	1
阿拉斯加州	0~9.4	25,000, 222,000	10	內布拉斯加州	5.58~7.81	100,000	2
亞利桑那州	6.0	單一稅率	1	內華達州	—	無公司所得稅	
阿肯色州	1.0~6.5	3,000, 100,001	6	新罕布什爾州	8.5	單一稅率	1
加利福尼亞州	8.84	單一稅率	1	新澤西州	9.0	單一稅率	1
科羅拉多州	4.63	單一稅率	1	新墨西哥州	4.8~6.9	500,000, 1,000,000	3
康涅狄格州	7.5	單一稅率	1	紐約州	7.1	單一稅率	1
特拉華州	8.7	單一稅率	1	北卡羅來納州	5.0	單一稅率	1
佛羅里達州	5.5	單一稅率	1	北達科他州	1.48~4.53	25,000, 50,001	3
喬治亞州	6.0	單一稅率	1	俄亥俄州	—	其他稅種	
夏威夷州	4.4~6.4	25,000, 100,001	3	俄克拉荷馬州	6.0	單一稅率	1
愛達荷州	7.4	單一稅率	1	俄勒岡州	6.6~7.6	1,000,000	2
伊利諾伊州	7.75	單一稅率	1	賓夕法尼亞州	9.99	單一稅率	1
印第安納州	7.0	單一稅率	1	羅得島州	7.0 (c)	單一稅率	1

表1-15(續)

州或特區	稅率(%)	稅收級距 最低與最高（美元）	級次	州	稅率(%)	稅收級距 最低與最高（美元）	級次
愛荷華州	6.0~12.0	25,000, 250,001	4	南卡羅來納州	5.0	單一稅率	1
堪薩斯州	4.0	單一稅率	1	南達科他州	-	無公司所得稅	
肯塔基州	4.0~6.0	50,000, 250,001	3	田納西州	6.5	單一稅率	1
路易斯安那州	4.0~8.0	25,000, 200,001	5	得克薩斯州	-	其他稅種	
緬因州	3.5~8.93	25,000, 250,000	4	猶他州	5.0（c）	單一稅率	
馬里蘭州	8.25	單一稅率	1	佛蒙特州	6.0~8.5	10,000, 25,000	3
馬薩諸塞州	8.0	單一稅率	1	弗吉尼亞州	6.0	單一稅率	1
密歇根州	6.0	單一稅率	1	華盛頓州	-	無公司所得稅	
明尼蘇達州	9.8	單一稅率	1	西弗吉尼亞州	6.5	單一稅率	1
密西西比州	3.0~5.0	5,000, 10,001	3	威斯康星州	7.9	單一稅率	1
密蘇里州	6.25	單一稅率	1	懷俄明州	-	無公司所得稅	
哥倫比亞特區	9.4	單一稅率	1				

資料來源：美國稅收管理員聯盟網（http://www.taxadmin.org/）。

2014年和2015年，一些州實施了降低州公司所得稅的稅制改革。根據改革方案，伊利諾伊州將稅率由原來的9.5%降到了目前的7.75%；亞利桑那州計劃到2018年把州所得稅稅率降到4.9%；新墨西哥州已把最高稅率從7.3%降至6.9%，並計劃到2018年將最高稅率降至5.9%。

四、結論與啟示

美國是世界上最發達的國家，縱觀其政府間事權和支出安排、政府間財政收入結構、州和地方政府事權和支出、州和地方政府的稅收等，其制度實踐有很多做法和經驗值得我們關注。美國的政府間財政關係、地方政府支出責任和地方稅建設實踐對中國的政府間財政事權及支出責任劃分和地方稅體系構建具有一定的啟示作用。

第一，中央政府在政府間財政收支配置中處於重要地位，發揮重要作用。對美國三級政府間收支劃分進行匯總後，可知，聯邦政府佔有比較高的比重。2014—2015財年，聯邦政府直接財政收入占總收入的53.18%，州和地方政府占

46.82%。一方面，聯邦政府的財政收入占總收入的比重略高於其財政支出占比，而財政收入相對財政支出的適當集中，使聯邦政府通過轉移支付來促進公共服務的相對均等化供給和特定公共政策的實施；另一方面，聯邦政府在國防、養老、醫療、社會福利等方面承擔著重要的事權和支出責任，聯邦政府財政收支佔有相對較高的比例，也是與這一事權和支出責任劃分一致的。從美國財政史看，聯邦政府的財政收支占比總體是逐步上升的，而公共服務提供的規模經濟特性、公共產品的外部效應、公共服務提供相關技術和條件的改進（如交通條件、信息技術）等使得聯邦政府具備提供越來越多的公共服務，承擔更多事權和支出責任的客觀必要和現實可能。換言之，聯邦政府財政收支比重的上升，是與政府事權的擴展和公共服務及其特徵屬性、技術和條件的進步相關的。聯邦政府財政收支佔有相對較高的比例，促進了公共服務的有效供給，同時還在保障聯邦制下州和地方政府的自主性和獨立性的基礎上，促進了全國的穩定統一。

就中國而言，2014年，在全國一般預算收入中，中央與地方一般預算收入比大約為46：54，中央與地方財政支出比大約為15：85。從支出來看，中央財政支出比重過低，一些本應由中央承擔的事權和公共服務支出責任反而由地方政府負責，中央政府應有的經濟社會調節和監管作用沒有充分發揮。這不僅降低了公共服務提供的效率（如生產規模效應不能發揮、外溢性公共服務供給不足），也加劇了地區間基本公共服務的非均等化，阻礙了資源在地區間的自由流動和全國統一市場的建立。與中國的中央財政支出相比，中國的中央財政收入相對較高，但相較於美國，並不高。從事權和支出責任調整、全國性公共服務迴歸中央政府、中央政府的責任歸位，以及加強中央的宏觀調控和協調發展能力來看，在現有的中央與地方財力分配格局基礎上，中央財政收入、稅收收入占比還可以適度上升。

第二，中央政府負責重要的全國性公共服務，地方政府負責地方性公共服務。公共服務按受益範圍分為全國性公共服務、跨區域公共服務和地方性公共服務。根據公共服務的受益範圍、公共服務生產效率原則和基本公共服務均等化的公平供給要求，在政府間進行公共服務事權劃分是政府間事權劃分的重要思路。遵循這樣的思路，聯邦政府承擔著較大的事權和支出責任，在國防、養老、醫療、社會福利、公共管理事務、公共安全、交通運輸、農林牧漁、生態保護、社區發展、基礎研究、經濟事務等方面發生大量的支出。州政府的主要事權和支出

責任主要有醫療衛生、高等教育、養老、公共福利事業、高速公路、公共安全、州公共行政事務等。地方政府主要承擔受益範圍和需求具有地方性的公共服務，如基礎教育、消防、治安、道路和公交、醫療、家庭和小孩服務、廢物管理、娛樂和體育、供水等。

在中國，政府間事權和支出責任劃分不夠合理。比如：社會保險作為重要的全國性公共服務，主要由省以下政府承擔；地方政府還承擔部分的國防事務和支出；高等教育具有很強的全國性公共服務特徵，但中央政府承擔責任明顯不夠。省以下政府事權關係不明確，事權和支出總體層層下移，中央和省級政府事權和支出責任不夠，事權和支出責任的錯配和不規範，造成公共服務供給不足和供給過度並存、財政支出效率低、地區間公共服務差異大。政府的公共責任沒能有效履行，也降低了社會福利水準和社會滿意度。因此，應基於公共服務的特徵屬性、信息和技術約束、激勵相容、基本公共服務均等化等原則，並借鑑包括美國在內的國外經驗，規範和明確政府間事權和支出責任，將國防、基本社會保險、全國性公共設施等全國性公共服務確定為中央事權和支出責任。此外，中央政府承擔更多的高等教育支出責任。特殊教育、職業教育和普通中等教育、省域公共基礎設施、醫療衛生等事權和支出責任更多地由省級政府承擔，市縣政府則更多地承擔初等教育、幼兒教育、市政建設、警察、社會救助、消防等地方性公共服務。

第三，建立了包括地方稅、共享稅的地方稅收收入體系。美國聯邦政府稅收以個人所得稅、公司所得稅和社會保障稅為主，以少量從價稅（如消費稅、運輸稅）等為輔；州政府稅收以銷售稅、個人所得稅、社會保障稅為主，以少量的公司所得稅、消費稅、運輸稅等為輔；地方政府以財產稅為主，以銷售稅、社會保障稅和個人所得稅等為輔。與聯邦、州和地方三級架構的聯邦制相適應，美國建立了分級立法、劃分稅種、稅源共享的稅收分權模式。

中國是地區發展不均衡的單一制國家，政府層級多、稅種相對有限、地區間稅源稅基分佈很不均衡，與此相適應，立法集中、稅種劃分和稅收共享是相對可行的稅收分權模式。立法權主要集中於中央，地方則具有一定範圍內的稅收調整自主權。劃分稅種使中央和地方有各自的專屬稅種（中央稅、地方稅）。同時，收入分成的共享稅仍應為不同層級政府稅收收入的主要來源。在合理確定地方稅收在地方政府收入中的地位的情況下，基於稅種屬性、稅收劃分的激勵效應、稅

收能力、稅收徵管及改革變動的稅制等，以法治的方式科學合理地進行稅收分權，並設置地方稅、共享稅及其分成方式。考慮將增值稅劃為中央稅並適當降低稅率；改消費稅為消費環節徵收並擴大徵收範圍，將其劃為地方稅；構建包括「消費稅+房地產稅」兩大地方主體稅種、「企業所得稅+個人所得稅」兩大共享稅收入，以及其他多個小稅種在內的地方稅收體系。

第四，重視轉移支付和地方債等地方收入源建設。在美國州和地方政府的收入中，稅收收入是主體。除稅收外，收費、商業及其他收入、債務和轉移支付收入等也是地方的重要收入來源。在地方政府收入中，稅收收入占比高，是地方政府財力穩定、收入規範的體現，但是地方稅收收入不是地方政府收入的全部，轉移支付、債務收入、收費等其他收入都是地方政府事權和支出責任實現的重要收入來源。在現行財政體制下，中國地方政府收入也是多樣化的，主要包括稅收、轉移支付、非稅收入、基金收入和債務收入等。在一個以經濟社會政治的統一、社會公平穩定為價值追求，地區經濟社會發展不平衡的國家，地方事權和支出責任不可能完全依靠地方稅收收入支撐。應保障中央在稅收分配中占據優勢，以發揮中央對經濟社會的調節和管理作用，同時，建立科學規範的轉移支付制度、地方政府債制度，形成包括稅收、轉移支付、地方債等的穩定、可持續的地方政府收入結構。就轉移支付而言，提高一般性轉移支付比例、降低專項轉移支付比例是當前轉移支付制度研究和改革的主流思想，但需要注意的是，決定轉移支付的規模以及一般性轉移支付與專項轉移支付結構的應該是基於中央與地方事權和支出責任的總體劃分、各項具體事權及支出責任的劃分、財力和稅收的分配等。轉移支付的規模、結構和方式都應與此相適而審慎設計。

第二章　日本地方政府的支出責任與地方稅收：實踐與啟示

本章提要：日本在其地方政府支出責任和地方稅建設上累積了豐富的經驗。本章比較系統地梳理了日本政府的事權與支出責任、財政收支結構與地方稅體系。日本經驗對中國政府間財政關係改革的啟示在於：以法律規範政府間財政關係，合理確定中央與地方政府間的財政收支比例和公共服務供給責任，構建以稅收收入為主、轉移支付與地方債為輔的地方政府收入結構；稅收立法權相對集中；按稅種特點合理設置地方稅。

一、日本政府的事權與支出責任

（一）中央與地方政府的事權劃分

自1949年「夏普勸告」提出以來，日本先後出抬了很多有關推動地方分權改革的方案，如《地方分權推進法》（1995）、《地方分權一覽法》（1999）、《地方分權改革推進法》（2006）等，以法律形式推進分權改革。

日本事權劃分的基本原則和基本理念是，明確中央與地方政府的不同作用，提高地方政府的自主性和自立性，力求建設充滿個性與活力的地區社會。地方分權改革的基本目標是構建分權型社會。地方分權改革應當實現兩種轉變：一是中央與地方的關係由過去的「上下、主從」轉變為「對等、協作」，二是行政體系由過去中央主導的單一形式向由居民主導的綜合行政體系轉變。以此為宗旨，中央政府在對地方政府進行干預時，應當盡可能尊重地方政府的自主性，並且這種干預應當是必要性的。中央政府對地方政府的干預主要通過立法機關、司法機關、行政機關進行。

日本在進行事權劃分時，主要遵循一個基本原則：與人民日常生活相關的事務盡可能由地方自治團體負責，地方自治團體不能承擔的再由中央政府承擔。日本中央政府主要負責全國性事務，主要包括外交、國防、司法、刑罰、國家運輸、通信、郵政、國立教育、國立醫院、氣象等。與人民生活密切相關的事務主要由地方自治團體與中央政府共同承擔，而具體實施主要由地方自治團體負責。

日本的《地方自治法》對地方自治團體之間的事權劃分進行了規範：一方面，都道府縣政府主要負責處理跨區域的事務，與市町村有關的協調事務以及超過市町村處理範圍的事務；另一方面，市町村政府一般處理都道府縣管轄範圍外的事務。事實上，各級政府事權的劃分並非簡單基於各個事務領域，而是將同一事務領域在各層級政府間進行劃分，發揮各層級政府的職能作用。按日本《地方自治法》的規定，地方政府的行政事務分為「法定委託事務」和「自治事務」。所謂「法定委託事務」，是指法律或政令規定由地方政府履行的本應屬於中央政府或都道府縣政府職能範圍內的事務，具體包括護照的簽發、國道的管理、國家指定統計事務等。「自治事務」指的是除「法定委託事務」以外的地方政府的行政事務。

在市場經濟條件下，政府事權主要有外交、國防、安全、土地利用、交通、基礎設施建設、經濟活動、福利、環境、教育與體育文化等。這些事權在各級政府之間的劃分體現在各級政府之間的分工上，不僅關係到社會公平問題，也關係到行政效率問題。根據日本經驗，在政府職能的劃分上，資源配置以基層政府為主，收入分配以上級政府為主，穩定經濟以中央政府為主。①國家安全與社會治安。國家安全屬於中央政府的事務，而社會治安主要屬於地方自治團體。②土地利用。以日本的河流的管理為例，日本政府根據日本河流對國民經濟不同的作用與地位對其進行劃分。不同層級的河流由不同層級的政府進行管理。一級河流由中央政府負責管理，二級河流由都道府縣首長進行管理，準用河流由市町村政府按規定進行管理。城市下水道的維修管理由市町村政府負責，而河流下水道的設置和維護由都道府縣政府負責。③基礎設施建設。以日本的道路為例，不同層級的政府根據道路的歸屬對其進行管理。國道主要由中央政府負責，都道府縣知事配合補充；都道府縣的道路由都道府縣政府負責；市町村的道路由市町村政府負責。城市規劃屬於都道府縣政府的職能，而實施工作原則上由市町村政府負責。④經濟活動。中央政府為發展國民經濟、穩定經濟而進行計劃、指導並提供資

金，具體實施主要由地方自治團體負責。⑤社會福利。中央政府負責整個社會福利的計劃與指導以及標準的制定工作，同時也承擔部分社會福利事務。其餘主要由都道府縣與市町村設立的福利機構負責。⑥醫療衛生。中央政府主要負責相關的國家考試、執照發放、醫藥特殊事務許可，並對全國醫療衛生工作進行全面計劃與指導。與國民生活直接相關的衛生行政和公共衛生相關事務的具體實施主要由地方自治團體負責。都道府縣政府和市町村政府在公共衛生事務上分工比較明確：都道府縣政府負責衛生防疫工作；市町村政府主要負責公共環境衛生。就公共醫療機構而言，中央和地方都創辦有醫院，地方政府設立的醫院要多於中央政府。⑦教育。義務教育由各級政府分工負責。學校設置、綜合管理等由市町村政府負責，教職工任命與工資等由都道府縣政府負責，而中央政府通過轉移支付承擔50%的教職工工資經費。中央政府對高中教育不具有直接管理權。在高中學校中，由都道府縣政府設置的學校占多數。公立學校由教育委員會負責管理，而都道府縣政府對私立學校具有監管權。日本的大學教育有國立大學、地方公立大學和私立大學。中央政府具有大學設立的批准權和對私立大學的監管權，但不能幹涉教育內容等學校管理事務。殘疾人教育主要由都道府縣政府負責管理。日本中央、都道府縣和市町村三級政府之間的事權劃分情況如表2-1所示。

表2-1　　　　　　　　　日本各級政府間的事權劃分情況

政府層級	公共基礎設施	教育	福利、衛生	其他
中央	*高速公路 *國道（指定區間） *一級河川	*大學 *支援私立大學	*社會保險 *醫師等執照 *醫藥品等許可執照	*防衛 *外交 *貨幣
都道府縣	*國道（其他） *都、道、府、縣道 *一級河川（指定區間） *二級河川 *港灣 *公營住宅 *決定市中心街區，調整區域	*高中、特殊教育學校 *小學、初中教師的工資、人事 *私立學校（幼兒園—高中） *公立大學（特定的縣）	*生活保障（町村區域） *兒童福利 *保健所	*警察 *消防（特別區由都管理） *護照

表2-1(續)

政府層級	公共基礎設施	教育	福利、衛生	其他
市町村	*城市規劃等 *市、町、村道 *準用河川 *港灣 *公營住宅 *下水道	*小學、初中 *幼兒園、保育園	*生活保障（市的區域） *兒童福利 *國民健康保險 *護理保險 *上水道 *垃圾、糞尿處理 *保健所（特定市）	*消防 *戶籍 *居民基本臺帳 *外國人登記

資料來源：日本財政部網站（http://tfs.mof.gov.cn/）的《日本財稅及相關經濟制度研修報告（四）》。

（二）中央與地方政府的財政支出

與事權相對應的是各級政府的支出，表2-2給出的是1990—2015年日本中央政府和地方政府財政支出的基本情況。日本中央總支出中有約三分之一的支出是通過地方交付稅交付金、地方特別交付金、國庫支出金、國有資產所在市町村交付金等形式的對地方政府的轉移支付。扣除中央政府對地方政府的轉移支付後的支出為中央純支出。另外，地方政府對中央政府也有少量的上交，扣除地方政府對中央上交支出後的支出為地方政府純支出。由表2-2可見，日本中央財政支出比重持續上升，而地方政府財政支出不斷下降。中央財政支出佔財政總支出的比重從1990年的34.7%，上升到2015年的44.09%，中央財政支出佔比提高了約10個百分點；相反，地方財政支出佔財政總支出的比重由1990年的65.26%，下降到2015年的55.91%。從中央、都道府縣和市町村三級政府財政支出結構來看，中央財政支出佔財政總支出的比重提高、地方財政支出佔財政總支出的比重下降。地方財政支出所佔比重降低主要在於都道府縣級政府支出降低（如表2-3所示）。

表 2-2　　　　　　　　1990—2015 年日本政府財政支出的情況

年份	中央支出（十億日元）	中央對地方轉移支付（十億日元）	中央純支出（十億日元）	地方總支出（十億日元）	地方對中央支付（十億日元）	地方純支出（十億日元）	全國純支出（十億日元）	中央純支出占財政總支出的比重（%）	地方純支出占財政總支出的比重（%）
1990	69,269	27,548	41,721	78,473	87	78,386	120,107	34.74	65.26
1995	75,939	27,391	48,548	98,945	94	98,851	147,398	32.94	67.06
2000	89,321	29,770	59,551	97,616	50	97,566	157,118	37.90	62.10
2005	85,520	29,088	56,432	90,697	32	90,665	147,096	38.36	61.64
2010	95,312	32,097	63,215	94,775	149	94,626	157,841	40.05	59.95
2012	97,087	32,845	64,242	96,419	153	96,266	160,508	40.02	59.98
2013	100,189	33,176	67,013	97,412	116	97,296	164,308	40.78	59.22
2014	95,882	29,752	66,130	83,361	591	82,770	148,901	44.41	55.59
2015	96,342	29,555	66,787	85,271	572	84,699	151,486	44.09	55.91

資料來源：根據日本總務省統計局網站（http://www.stat.go.jp/data/nihon/05.htm）的數據整理。

表 2-3　　　　　　日本各級政府財政支出占總支出的比重

年份	中央政府（%）	都道府縣政府（%）	市町村政府（%）
2005	38.36	28.28	33.35
2010	40.05	26.93	33.02
2012	40.02	26.22	33.75
2013	40.78	25.83	33.39

資料來源：根據日本總務省統計局網站（http://www.stat.go.jp/data/nihon/05.htm）的數據整理。

近些年，日本開始推動分權化改革。從表面上看，中央與地方財政支出相對比例的變化趨勢與分權改革相悖。其中的主要原因在於，日本近年的分權改革主要措施是一方面重新劃分稅權，增加地方自有財力和地方自主性；另一方面減少中央對地方的事權干預，減少地方受託事務，中央政府承擔更多的事權。日本的分權改革增強了地方政府的財力和自主性，但總體上並沒有增加事權，與此同時，中央的事權和支出責任卻在增加。日本中央財政支出比重上升主要在於日本中央政府的社會保險補貼支出和長期執行經濟刺激政策帶來的國債支出的增加。2013 年，日本中央財政支出結構圖如圖 2-1 所示。

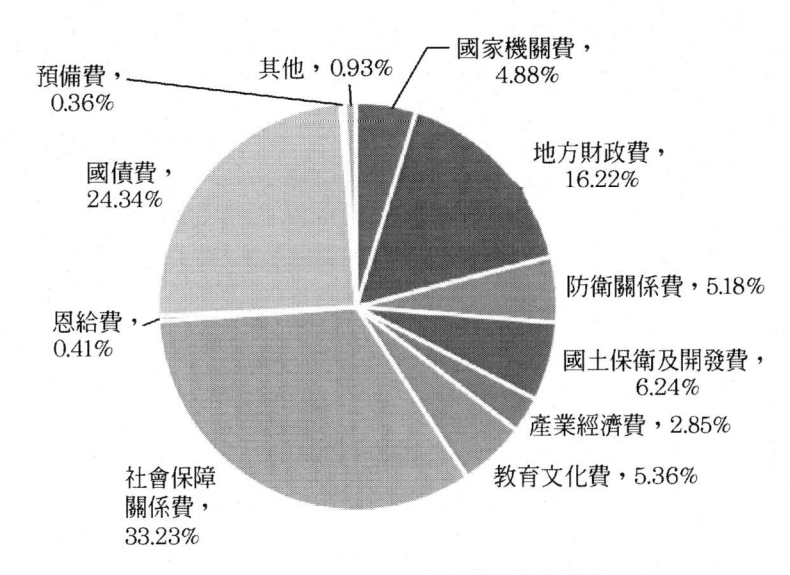

图 2-1　2015 年日本中央财政支出结构

资料来源：根据日本总务省统计局网站（http://www.stat.go.jp/data/nihon/05.htm）的数据整理。

（三）地方政府的支出责任

日本都道府县和市町村政府的财政支出包括 12 类：议会费、总务费、民生费、卫生费、农林水产费、商工费、土木费、消防费、警察费、教育费和公债费等。其中，议会费为地方权力机关的运行支出；总务费是地方一般管理服务支出；民生费为福利支出，包括社会福利、老人福利、小孩福利、生活保障、灾害救助等支出；卫生费包括公共卫生、保健机构、环境清扫等支出；农林水产费为地方对农、林、牧、渔等产业的支出；商工费是地方在商业和制造业上的支出；土木费为地方政府用在道路、桥梁、河川海岸、港湾、下水道、公园、街道、市政设施、住宅、空港等方面的支出；教育费是地方政府用在小学、初中、高中、大学、社会教育、教育管理、学校保健、体育设施等方面的支出。

除公债支出和公共管理支出外，都道府县政府的财政支出主要用于教育、社会福利、基础设施和市政项目、警察、工商和农业事业。2013 年，日本都道府县财政支出中教育费占 22.7%，民生费占 16.11%，商工费占 8.76%，土木费占 12.09%，农林水产费 5.6%，警察费占 6.63%，卫生费占 3.72%，具体如图 2-2 所示。

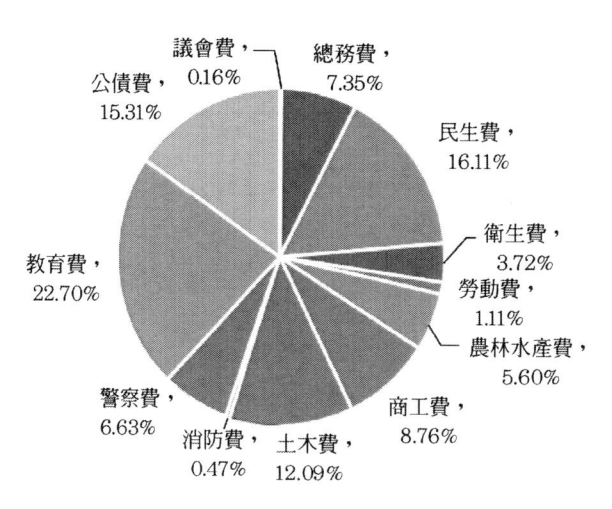

图 2-2　2013 年日本都道府縣財政支出結構

資料來源：根據日本總務省統計局網站（http://www.stat.go.jp/data/nihon/05.htm）的數據整理。

除公債支出和公共管理支出外，市町村政府的財政支出主要用於社會福利、基礎設施和市政項目、教育、衛生、工商和農業事業、消費等。2013 年，在日本市町村財政支出中，民生費占 34.66%、土木費占 12.3%、教育費占 10.27%，衛生費占 8.15%，農林水產費和商工費共占 5.86%，消防費占 3.42%，具體如圖 2-3 所示。

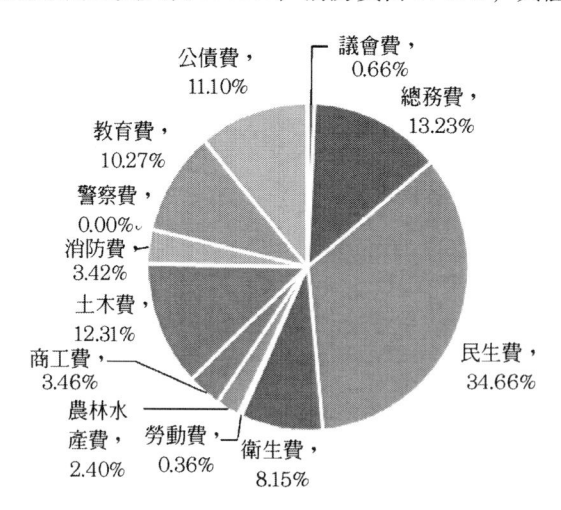

图 2-3　日本市町村財政支出結構

資料來源：根據日本總務省統計局網站（http://www.stat.go.jp/data/nihon/05.htm）的數據整理。

二、日本的地方稅收

（一）政府間收入與地方收入結構

在中央、都道府縣和市町村三級政府中，中央政府的一般會計收入約占總收入的一半，都道府縣政府和市町村政府的收入合計占總收入的近一半。2013年，中央和地方政府的一般會計收入分別占總收入的60.96%和39.04%（見表2-4）。對照日本中央與地方政府的支出來看，2013年日本中央、都道府縣和市町村三級政府財政支出（一般會計支出）占總支出的比重分別為40.78%、25.83%和33.39%，中央的財政收入比重高於其財政支出占比，中央政府在履行其本級事權和公共服務提供責任的同時，對下級政府進行轉移支付，以實現中央的宏觀經濟社會調控、公共服務均等化及其他特定政策目標。日本這一政府間財政收入分配結構是與其單一制國家結構相適應的，同時這也是世界大國財政治理的一般做法。

表2-4　　　　日本各級政府財政收入規模和所占比重

年份	一般會計收入規模（十億日元）				一般會計收入所占比重（%）	
	中央政府	地方純收入	都道府縣政府	市町村政府	中央政府	地方政府
2005	89,000	92,936	48,695	50,479	58.23	41.77
2010	100,535	97,512	50,066	53,854	60.58	39.42
2011	109,980	100,070	52,146	54,776	62.90	37.10
2012	107,762	99,843	50,937	56,145	61.66	38.34
2013	106,045	101,100	51,573	57,029	60.96	39.04

註：①地方純收入、都道府縣及市町村收入包括了中央對地方的轉移支付。②地方純收入去除了都道府縣和市町村交叉部分後的都道府縣與市町村收入合計。在地方收入比重計算時，地方收入去除了中央對地方的轉移支付。

資料來源：根據日本總務省統計局網站的《日本統計年鑒2016》的數據整理。

與世界其他國家地方財政收入結構類似，日本地方政府的財政收入的來源形

式多樣，主要包括稅收收入、轉移支付收入、收費和債務收入等收入類別。在地方政府收入中，地方稅收入約占三分之一，如 2013 年，都道府縣和市町村地方政府的地方稅收入分別占其總收入的 32.59% 和 32.55%。就地方整體而言，地方稅收入占地方總收入的 34.99%（如表 2-5 所示）。

2013 年，包括地方交付稅、國庫支出金、地方讓與稅在內的轉移支付收入約占地方總收入的 36%。其中，都道府縣轉移支付收入占其總收入的 35% 以上，市町村轉移支付收入占其總收入的 37% 以上。在都道府縣，地方債收入占政府總收入的 13.15%；在市町村，地方債收入占政府總收入的 9.69%；整體而言，地方債收入占地方總收入的 12.15%。

由於日本財政收入在中央和地方的分配比例為 60∶40，財政支出在中央與地方之間的分配比例為 40∶60，為解決中央與地方之間收入和支出的不匹配，日本中央政府對地方政府有大量的轉移支付，以彌補地方收支缺口，平衡地區間財力。日本中央政府對地方的轉移支付最主要是地方交付稅（local allocation tax）和國庫支出金（treasury disbursements）。此外，日本的轉移支付項目還有地方讓與稅（local transferred tax）、地方特例交付金（specail grants to local governments）、都道府縣支出金（prefectural disbursements）等。

表 2-5　　　　　　　　　2013 年日本地方政府財政收入結構

收入項目	地方整體 規模（十億日元）	地方整體 占比（%）	都道府縣政府 規模（十億日元）	都道府縣政府 占比（%）	市町村政府 規模（十億日元）	市町村政府 占比（%）
地方稅	35,374	34.99	16,809	32.59	18,565	32.55
地方讓與稅	2,559	2.53	2,137	4.14	422	0.74
地方特例交付金	126	0.12	50	0.10	75	0.13
地方交付稅	17,595	17.40	8,849	17.16	8,747	15.34
分擔金及負擔金	609	0.60	284	0.55	677	1.19
使用料	1,442	1.43	435	0.84	1,007	1.77
國庫支出金	16,412	16.23	7,342	14.24	9,070	15.90
都道府縣支出金	–	–	–	–	3,515	6.16

表2-5（續）

收入項目	地方整體 規模（十億日元）	地方整體 占比（%）	都道府縣政府 規模（十億日元）	都道府縣政府 占比（%）	市町村政府 規模（十億日元）	市町村政府 占比（%）
財產收入	615	0.61	242	0.47	373	0.65
寄附金	116	0.11	46	0.09	69	0.12
繰入金	3,531	3.49	1,976	3.83	1,556	2.73
繰越金	3,190	3.16	1,434	2.78	1,756	3.08
地方債	12,285	12.15	6,781	13.15	5,526	9.69
總計	101,100	100	51,573	100	57,029	100

註：部分收入項目未列入，比例合計非100%。

資料來源：根據日本總務省統計局網站的《日本の統計2016》的數據整理。

（二）地方稅收與稅收分權

1. 地方稅收規模

在日本，中央和地方政府都有大量的稅種，但收入規模大、穩定的稅種如所得稅、法人稅、消費稅等都為中央稅，因此，就稅收收入來看，地方與中央政府的稅收收入比基本上是「四六開」。表2-6為2000—2013年日本中央與地方政府的稅收收入情況表。由表2-6可知，2013年，地方稅收收入占稅收總收入的41.67%，中央稅收收入占稅收總收入的58.33%，而在2000年，地方稅收收入和中央稅收收入占比分別為40.27%和59.73%。在十多年內，地方和中央的總體稅收分配格局基本穩定。

就地方來看，2000年，都道府縣政府的稅收收入占稅收總收入17.66%，市町村政府的稅收收入占稅收總收入22.61%；2013年，都道府縣和市町村政府的稅收收入占稅收總收入的比重分別為17.4%和24.27%。在地方稅的分配中，市町村政府的稅收收入相對較高，都道府縣政府的稅收收入占比低於市町村政府的稅收收入的占比。這主要是由於市町村政府作為基礎行政單位，承擔著與居民關係密切的一般事務和公共服務供給職責，相對於都道府縣政府，其公共支出責任更大。

表 2-6　　　　　2000—2013 年日本中央與地方政府的稅收收入情況

年份	中央稅收 金額（十億日元）	占稅收總收入的比重（%）	地方稅收 金額（十億日元）	占稅收總收入的比重（%）	都道府縣稅收 金額（十億日元）	占稅收總收入的比重（%）	市町村稅收 金額（十億日元）	占稅收總收入的比重（%）
2000	52,721	59.73	35,546	40.27	15,585	17.66	19,961	22.61
2005	52,291	60.04	34,804	39.96	15,227	17.48	19,577	22.48
2010	43,707	56.02	34,316	43.98	14,026	17.98	20,290	26.01
2011	45,175	56.93	34,171	43.07	13,794	17.38	20,377	25.68
2012	47,049	57.72	34,461	42.28	14,146	17.35	20,315	24.92
2013	49,516	58.33	35,374	41.67	14,774	17.40	20,600	24.27

資料來源：根據《日本統計年鑒 2016》和日本的《地方財政統計年報》的數據整理。

2. 地方稅種及結構

依據日本的《財政法》《地方財政法》等法律的規定，日本實行的是中央地方兼顧型稅制。租稅分為國稅和地方稅，由中央、地方政府分級課徵。國稅即中央稅，地方稅包括都道府縣稅及市町村稅（見表 2-7）。國稅由財務省負責管理，地方稅由總務省負責。稅收立法權集中於國會，所有稅法都須經國會批准。主要稅種的管轄權在中央政府，地方政府有對部分地方稅的解釋或減免權。日本地方稅法主要包括兩個層次：①《地方稅法》。該法是規範地方稅的統一法律，對各地方的稅種做了統一規定。②地方政府根據《地方稅法》的規定，並結合本地情況制定的有關地方稅條例。這些條例對課稅客體、稅率等進行了具體規定。

都道府縣稅主要包括道府縣民稅（prefectural inhabitant tax）、事業稅（business tax）、地方消費稅（local consumption tax）、機動車稅（motor vehicle tax）、輕油交易稅（gas oil delivery tax）、不動產取得稅（real estate acquisition tax）、機動車取得稅（automobile acquisition tax）、高爾夫場地利用稅、道府縣菸草稅、固定資產稅（fixed assets tax）、狩獵稅等。日本都道府縣政府的主要稅收來自道府縣民稅、事業稅、地方消費稅、機動車稅和輕油交易稅。由表 2-8 可知，2013 年，五項稅收占都道府縣稅收收入的 94.53%，其中，道府縣民稅占 40.23%、事業稅占 19.33%、地方消費稅占 17.93%、機動車稅占 10.66%、輕油交易稅占 6.38%。由此可見，在日本的稅收分權結構中，所得稅（含個人和公司）、消費稅（含一般消費稅和特別消費稅）和財產稅（如機動車稅）等為都道

府縣政府的主體稅種。

市町村稅主要包括市町村民稅（city, town and village inhabitant tax）、固定資產稅（fixed assets tax）、市町村菸草稅（municipal tobacco tax）、都市規劃稅（city planning tax）、事業所稅（establishment tax）、輕機動車稅（light motor vehicle tax）、入湯稅（bathing tax）、礦產稅、法外目的稅、法外普通稅等。日本市町村的稅收主要來自市町村民稅、固定資產稅、都市規劃稅、市町村菸草稅、事業所稅等。由表2-9可知，2013年，五項稅收占市町村稅收收入的98.93%，其中，市町村民稅占44.52%、固定資產稅占42%、都市規劃稅占5.95%、市町村菸草稅占4.77%、事業所稅占1.69%。由此可知，在日本的稅收分權結構中，所得稅（含個人和公司）和財產稅（固定資產稅、都市規劃稅、事業所稅等）等是市町村政府的主體稅種。

中央政府的稅收來源包括直接稅和間接稅。直接稅收入主要有所得稅（income tax）、法人稅（corporation tax）、遺產稅（inheritance tax）、地價稅（tax on residential land）、地方法人特別稅（special tax on local）、復興特別所得稅（special income tax for recovery）、復興特別法人稅（special corporation tax for recovery）。間接稅收入主要有消費稅（consumption tax）[①]、酒稅（liquor tax）、汽油稅（gasoline tax）、關稅（customs duties）、印花稅（stamp duties）、菸草稅（tobacco tax）、石油煤炭稅、汽車重量稅、特別菸草稅、地方道路稅（地方汽油稅）、電力開發促進稅、航空燃料稅、石油氣稅、噸稅等。在日本，中央政府以所得稅（含個人和公司）、一般消費稅和特別消費稅（汽油稅、酒稅、菸草稅等）、關稅、印花稅等稅種為主要收入來源。

表2-7　　　　　　　　　　　日本中央與地方的主要稅種

稅種	中央稅（國稅）	都道府縣稅	市町村稅
所得稅	所得稅、法人稅、地方法人特別稅、復興特別所得稅、復興特別法人稅	道府縣民稅、事業稅	市町村民稅

[①] 日本消費稅是對商品和勞務的增值額課徵的一種稅，屬於多階段增值型課稅。從稅制設計看，它屬於增值稅。

表2-7(續)

稅種	中央稅（國稅）	都道府縣稅	市町村稅
商品稅	消費稅、酒稅、汽油稅、關稅、菸草稅、石油煤炭稅、地方道路稅（地方汽油稅）、航空燃料稅、石油氣稅、特別菸草稅、電力開發促進稅	地方消費稅、高爾夫場地利用稅、輕油交易稅、道府縣菸草稅	市町村菸草稅
財產稅		機動車稅、固定資產稅（特例）	固定資產稅、都市規劃稅、事業所稅、輕機動車稅
遺贈稅	遺產稅		
其他稅	汽車重量稅、印花稅、噸稅	機動車取得稅、不動產取得稅、狩獵稅	入湯稅、礦產稅、法外目的稅、法外普通稅

資料來源：日本總務省統計局網站（http://www.stat.go.jp/data/nihon/05.htm）。

表 2-8　　　　　2013 年日本都道府縣稅的收入結構

稅種	各稅種的收入（十億日元）	占都道府縣總稅收收入的比重（%）
道府縣民稅	5,943	40.23
事業稅	2,855	19.33
地方消費稅	2,650	17.93
機動車稅	1,574	10.66
輕油交易稅	943	6.38
不動產取得稅	357	2.42
道府縣菸草稅	173	1.17
高爾夫球場利用稅	49	0.33
機動車取得稅	193	1.31
礦區稅	0.3	0.00
固定資產稅（特例）	1.7	0.01
法外普通稅	24	0.16

表2-8(續)

稅種	各稅種的收入（十億日元）	占都道府縣總稅收收入的比重（%）
狩獵稅	1.6	0.01
法外目的稅	8.1	0.05
總計	14,772.7	100

資料來源：日本總務省的《地方財政統計年報》。

表2-9　　　　　　　　2013年日本市町村稅的收入結構

稅種	各稅種的收入（十億日元）	占市町村總稅收收入的比重（%）
市町村民稅	9,172	44.52
固定資產稅	8,653	42.00
都市規劃稅	1,227	5.95
市町村菸草稅	983	4.77
事業所稅	348	1.69
輕機動車稅	189	0.92
礦產稅	1.9	0.01
特別土地保有稅	1.1	0.01
法定外普通稅	1.9	0.01
入湯稅	22	0.11
水利地益稅	0.0	0.00
法定外目的稅	1.3	0.01
總計	20,600	100

資料來源：日本總務省的《地方財政統計年報》。

（三）地方主要稅種

1. 道府縣民稅和市町村民稅

道府縣民稅和市町村民稅一般被稱之為居民稅（inhabitants' tax）。根據納稅人不同，又分為對個人居民稅和對法人居民稅。對有住所及生活在當地的人，按

收入課徵比例稅，並徵收人頭定額稅；對在當地只有辦公場所或房子的人，只按人頭徵收定額稅。都道府縣和市町村對法人徵收的居民稅，從總體來講，對在轄區內從事營利活動且有商業住所的公司和非政府組織按照其向中央繳納的法人稅的一定比例繳納居民稅；對公益性組織、非政府組織、非營利組織、一般社會團體等，根據其資本規模徵收定額稅。此外，道府縣民稅和市町村民稅還包括對轄區內個人（或公司）的利息、紅利和股票資本收益徵收的稅收。

2. 事業稅

事業稅屬於都道府縣稅，包括對個人和公司法人的營業所得的課稅。個人事業稅是對個人所有的商業組織的所得徵稅，以應稅所得額為稅基，對法律規定的不同行業採用不同的稅率。法人事業稅的納稅人為在都、道、府、縣內設有營業場所從事營業活動的法人，一般都是以法人的所得為課稅對象。

3. 地方消費稅

地方消費稅屬於都道府縣稅。個人或公司在國內銷售（或者進口）商品和服務時，要同時繳納中央消費稅和地方消費稅。地方消費稅按照納稅人繳納的中央消費稅的一定比例計徵。對於國內交易，中央消費稅的計稅方式分為一般計稅方式和簡易計稅方式兩種。一般計稅方式按銷項稅減去可以抵扣的進項稅的差額徵稅，簡易計稅方式以應稅銷售收入與稅率的乘積計稅。進口環節的中央消費稅是以關稅完稅價格與關稅之和乘以稅率計徵的。日本中央和地方消費稅是一般消費稅，名稱為「消費稅」，但從徵稅對象和計徵方式看屬於增值稅。

4. 固定資產稅

固定資產稅屬於市町村稅，對土地、房屋及其他折舊資產課稅。主要的折舊固定資產包括構築物（如變電站、馬路、花園，室外的門、牆、籬笆和綠化設施，宣傳牌等）、機器和設備、船舶、飛機、汽車及其他機動車、工具、家電和器械裝置等。固定資產稅對折舊固定資產按評估價值的 1.4% 徵稅，低於免徵額的不徵稅。對土地和房屋徵稅的稅基是徵稅對象在應稅土地清冊上註明的評估價值，稅率根據房地產的地理位置確定，幅度從 1.4%～2.1%，並根據住房供給政策，對房屋提供稅收減免。

5. 城市規劃稅

城市規劃稅是市町村為城市維護和發展提供資金的特定目的稅與財產稅。與固定資產稅類似，城市規劃稅對土地和房屋的所有者課稅，原則上在城市規劃區

域內以城區土地、房屋的評估值為徵稅標準,稅率由各市町村自定,但最高不得超過 0.3%。

6. 機動車稅

機動車稅是都道府縣政府所有的一種財產稅,它對機動車(如汽車,不含兩輪摩托車)所有者徵收。通過徵收機動車稅,使用道路的機動車所有者分擔了道路維護成本,體現了使用者負稅的原則。機動車稅可區分為汽車類型(如乘用車、客貨運車、卡車)和使用者類型(個人、商業)等,並根據發動機容量和載重,按年分別適用不同的定額稅。

三、結論與啟示

縱觀日本的政府間事權和支出安排,政府間財政收入結構,都道府縣和市町村地方政府的事權和支出,地方政府的稅收和主要稅種等,其制度實踐有很多做法和經驗值得我們關注。中國和日本兩國文化習慣相近,也都是政治上相對集中的單一制國家,日本的實踐對中國的政府間財政關係改革和地方稅體系構建有一定的啟示作用。

第一,以法律規範政府間財政關係。政府間財政關係的法治化是日本財政體制的基本特徵,也是日本財政制度穩定和中央與地方財政關係良性互動的保障。除憲法外,日本制定了《財政法》《會計法》《國有資產法》等財政基本法,在財政基本法的基礎上頒布了《地方自治法》《地方財政法》《地方稅法》《地方交付稅法》等一系列的法律,對政府間事權和支出責任、稅收劃分和轉移支付等政府間財政關係事項做出了比較明確的規定,通過權力機關立法穩定和規範了政府間財政關係。除憲法外,在中國,缺乏對政府間財政關係基本原則、框架和制度進行基本規範的財政憲法性法律,對政府間事權劃分的相關規定散見於各種法律法規及政府文件中,規範性、確定性和一致性低;對政府間財權及稅權所劃分的立法層級低,省以下財稅收入劃分的穩定性和規範性不夠。為此,中國應加強政府間財政關係的立法進程,結合實際制定基本法和具體法,積極穩妥、有所作為,以立法推進改革,以立法保障改革成果。

第二,地方財政收入少於中央財政收入,地方財政支出大於中央財政支出。

中央與地方財政收支比反應了一國支出責任和財力在中央和地方間配置的整體格局。在日本，財政支出在中央與地方之間的比例大約是40：60，財政收入在中央與地方間的分配結構大為是60：40，稅收收入在中央和地方間的分配比例大約也是60：40。大多數公共服務受益範圍的有限性（區域性）、地方政府的信息優勢、地方政府的可問責性和回應性使得地方政府（非中央政府）提供公共服務更為有效。與公共服務的提供對應，地方政府在整體財政支出中應占大頭。此外，由於地區間經濟發展的非均衡性以及稅收徵收管理的局限，地區間的稅收及財力差距明顯，因而中央政府應在財稅收入分配中占更大的比重，以保證中央政府的宏觀調控能力，實現全國基本公共服務大致均等和全國市場統一，促進經濟社會的穩定發展。

　　反觀中國，2014年，全國一般預算財政支出為151,785.56億元。其中，中央支出為22,570.07億元，地方支出為129,215.49億元，中央與地方財政支出比大約為15：85。2014年，全國一般預算收入為140,370.03億元。其中，中央收入為64,493.45億元，地方收入為75,876.58億元，中央與地方一般預算收入比大約為46：54。2014年，全國稅收收入為119,175.31億元，中央和地方稅收收入分別為60,035.4億元和59,139.91億元，中央與地方稅收收入比大致為50：50。從支出來看，中央財政支出比重過低，一些本屬於中央的事權和公共服務支出責任反而由地方政府承擔，不僅降低了公共服務提供的效率（如生產的規模效應不能發揮、外部性導致供給不足），也加劇了地區間基本公共服務非均等化、阻礙了資源在地區間的自由流動和全國統一市場的建立，沒有充分發揮中央政府應有的宏觀調控和協調的作用。從財政和稅收收入看，中央稅收收入占比為50%，中央財政收入占比為46%，中央收入的比重並不高。從事權和支出責任調整、全國性公共服務迴歸中央、中央政府的政府責任歸位，以及加強中央的宏觀調控和協調發展能力來看，在現有的中央與地方財力分配格局基礎上，中央財政收入、稅收收入占比還可以適度上升。

　　第三，中央政府承擔重要的全國性公共服務，地方政府負責地方性公共服務。公共服務按受益範圍分為全國性公共服務、跨區域公共服務和地方性公共服務。根據公共服務的受益範圍、公共服務生產效率原則和基本公共服務均等化的公平供給要求，在政府間進行公共服務事權劃分是政府間事權劃分的重要思路。遵循這樣的思路，在日本，中央政府除承擔國防和外交事務外，主要負責社會保

險、大學教育、全國性道路和河川基礎設施等公共事務；都道府縣政府主要承擔轄區公共基礎設施、高中及特殊教育、對初等教育的支持、社會福利事業、警察等事務；市町村政府主要負責市政公共設施、幼兒教育和初級教育、公共衛生、消防等事務。

在中國，政府間事權和支出責任劃分不夠合理。比如：社會保險作為重要的全國性公共服務，卻主要由省以下政府承擔；地方政府還承擔部分的國防事務和支出；高等教育具有很強的全國性公共服務特徵，但中央政府承擔責任明顯不夠。此外，省以下政府的事權關係不明確，本屬於中央的社會保障事務由地方政府承擔。這表現在高等教育主要由省級政府承擔，高中教育、警察和秩序主要由市縣政府承擔，醫療衛生服務主要由基層地方政府提供。事權和支出責任總體層層下移，中央和省級政府事權和支出責任不夠。事權和支出責任的錯配和不規範，造成公共服務供給不足和過度並存、財政支出效率低、地區間公共服務差異大。同時，政府的公共責任沒能有效履行，降低了社會福利水準和社會滿意度。因此，應基於公共服務的特徵屬性、信息和技術約束、激勵相容、基本公共服務均等化等原則，並借鑑包括日本在內的國外經驗，規範和明確政府間事權和支出責任，將國防、基本社會保險、全國性公共設施等全國性公共服務確定為中央事權和支出責任。中央政府應承擔更多的高等教育支出責任，省級政府應承擔更多的特殊教育、職業教育和普通中等教育、省域公共基礎設施、醫療衛生等事權和支出責任，市縣政府應承擔更多的初等教育、幼兒教育、市政建設、警察、社會救助、消防等地方性公共服務。

第四，地方稅是地方政府收入的主體，轉移支付和地方債等也是地方政府收入的重要來源。在日本，地方政府收入中的稅收收入占比高。這是地方政府財力穩定、收入規範的體現。但是地方稅收入並不是地方政府收入的全部，轉移支付、債務收入、收費等其他收入也是地方政府事權和支出責任實現的重要收入來源。2013年，在日本地方政府收入中，地方稅收入約占35%、轉移支付收入約占36%、地方債收入約占12%、其他收入（收費、資產收益等）約占17%。在現行財政體制下，中國地方政府收入也是多樣化的，主要包括稅收收入、轉移支付收入、非稅收入、地方政府基金收入（含土地出讓金）和債務收入。在一個以經濟社會政治的統一、社會公平穩定為價值追求，但地區經濟社會發展不平衡的國家，地方事權和支出責任不可能完全依靠地方稅收收入。因而，應保障中央

在稅收分配中占據優勢，以發揮中央對經濟社會的宏觀調控和協調能力，同時，建立科學規範的轉移支付制度、地方政府債制度，形成包括稅收、轉移支付、地方債等在內的穩定、可持續的地方政府收入結構。

第五，稅收立法權相對集中，按稅種特點合理設置地方稅。日本稅收立法權集中於國會，所有稅法都須經國會批准。主要稅種的管轄權在中央政府，地方政府有對部分地方稅的解釋或減免權。中央政府制定的《地方稅法》，對各地方稅種做了統一規定。地方政府根據《地方稅法》規定，並結合本地情況制定了有關地方稅條例。這些條例對課稅客體、稅目、課稅標準、稅率等予以具體規定。日本的總務省對地方政府的地方稅進行指導。中國為單一制國家，為保障全國市場統一和社會穩定均衡，應在堅持全國統一立法的基礎上，賦予地方一定的自主權。

在日本，稅收穩定充足、對經濟社會影響大、涉及面廣。具有順週期性的所得稅（如個人所得稅、法人稅）、一般消費稅（消費稅）和特別消費稅（汽油稅、酒稅、菸草稅等）、關稅等歸中央政府所有。都道府縣政府主要以所得稅（含個人和公司）、地方消費稅和財產稅為主體稅種；市町村政府主要以所得稅（含個人和公司）和財產稅等為主體稅種。地方稅設置遵循穩定性原則、受益性原則、居民普遍共擔原則。由於不同稅種的稅源稅基、對地方政府的激勵結構、經濟社會效應等存在著差異，中國的稅收分權及地方稅收體系建設應考慮稅種特定、稅種屬性和不同稅收分權對政府和微觀經濟主體的激勵效應，並在此基礎上進行合理配置。

第三章　英國地方政府的支出責任與地方稅收：實踐與啟示

本章提要：本章較為系統地梳理了英國地方政府事權與財政支出責任、中央與地方的財稅收入、地方稅等。英國的做法對中國政府間財政關係改革的啟示在於：清晰合理劃分中央與地方的事權和財政支出責任；適當提高中央財稅收入比重，增強中央均衡地方財力和發展的能力；構建合理的地方稅收體系；加強推進政府間財政關係法律化。

一、英國中央與地方政府的支出規模及事權與支出責任

科學合理劃分各級政府的事權和支出責任是現代政府間財政關係的客觀要求。按照英國的基本法規定，中央財政職能包括資源配置職能、穩定經濟職能和提供公共服務職能。地方政府雖然對某些事項有一定的自由裁決權，但總體上要受中央政府的監控，服從中央政府的統一領導。地方政府的財政職能主要包括從事公共建設事業、維護公共安全、發展社會福利、改良社會設施。

（一）中央政府與地方政府的支出規模

英國中央政府與地方政府有各自的事權和支出責任。中央政府的事權和支出責任更大，同時對地方政府給予轉移支付，以支持各地方政府公共服務的供給和政府職能的實現。由表 3-1 和表 3-2 可知：2014—2015 財年[①]，中央政府直接支出約為 5,690 億英鎊，占政府總支出的 76.92%，地方政府總支出約為 1,707 億

[①] 英國的財政年度為每年 4 月 1 日至次年 3 月 31 日。

英鎊，占政府總支出的23.08%；而在2003—2004財年，中央政府直接支出占政府總支出的比重為73.52%，地方政府總支出占政府總支出的比重為26.48%。從整體來看，地方政府支出比重呈逐年下降趨勢，而中央政府的事權和支出責任卻在擴大。自20世紀90年代以來，英國中央政府一直試圖推動權力下放到地方政府，但地方自治進程並不順利。2011年，英國政府推出「地方主義法案」，提出擴大地方政府和社區的權力和資源，真正發揮地方政府民選機構的作用，但長久以來的「中央集權主義」文化使得中央政府對地方政府能力存疑，且大多數稅收都掌握在中央手中，地方財權受到限制與約束，使得這種地方政府分權改革受到阻礙，中央政府成為事權和支出責任的主要承擔者。

表3-1　　2003—2014財年英國中央和地方政府的財政支出情況

財政年度	中央政府支出 金額（百萬英鎊）	占GDP的比重（%）	政府間轉移支付 金額（百萬英鎊）	占GDP的比重（%）	地方政府支出 金額（百萬英鎊）	占GDP的比重（%）	總計 金額（百萬英鎊）	占GDP的比重（%）
2003—2004	331,923	27.45	92,469	7.65	119,573	9.89	451,496	37.34
2004—2005	355,562	28.01	100,512	7.92	132,200	10.41	487,762	38.42
2005—2006	361,406	26.77	107,243	7.94	140,751	10.43	502,157	37.20
2006—2007	397,440	27.90	112,597	7.91	146,227	10.27	543,667	38.17
2007—2008	420,198	28.04	119,746	7.99	155,217	10.36	575,415	38.40
2008—2009	467,128	31.09	124,552	8.29	164,189	10.93	631,317	42.02
2009—2010	481,800	32.08	133,723	8.90	180,600	12.03	662,400	44.11
2010—2011	526,446	33.40	139,829	8.87	178,893	11.35	705,339	44.75
2011—2012	534,255	32.81	131,423	8.07	173,685	10.67	707,940	43.47
2012—2013	555,373	33.38	126,139	7.58	169,949	10.21	725,322	43.59
2013—2014	557,986	32.22	125,858	7.27	169,541	9.79	727,527	42.01
2014—2015	568,958	31.46	124,913	6.91	170,681	9.44	739,639	40.89

註：中央政府支出中不包括政府間轉移支付。
數據來源：根據英國政府網（https://www.gov.uk/）的數據計算整理。

表3-2　　2003—2014財年英國各級政府的財政支出占總支出的比重

財政年度	中央政府（%）	地方政府（%）
2003—2004	73.52	26.48

表3-2(續)

財政年度	中央政府（%）	地方政府（%）
2004—2005	72.90	27.10
2005—2006	71.97	28.03
2006—2007	73.10	26.90
2007—2008	73.03	26.97
2008—2009	73.99	26.01
2009—2010	72.74	27.26
2010—2011	74.64	25.36
2011—2012	75.47	24.53
2012—2013	76.57	23.43
2013—2014	76.70	23.30
2014—2015	76.92	23.08

數據來源：根據英國政府網（https://www.gov.uk/）的數據計算整理。

（二）中央政府與地方政府的事權與支出責任

政府的支出結構和支出項目是政府事權與支出責任的直接體現，英國中央政府與地方政府在支出責任上具有共通性。在中央政府與地方政府的事權劃分上，中央財政支出主要用於國防、外交、高等教育、社會保障、國民健康和醫療、中央債務還本付息、對歐盟的轉移支付以及對地方的補助；地方政府的預算支出主要用於中小學教育、住房與社區設施維護、地方治安、消防、公路維護、環境保護以及少量投資等。

英國中央政府主要提供受益範圍和需求具有全國性的公共服務。它主要包括以下幾個方面：①社會保障。中央政府第一大支出就是社會保障。2013—2014財年，該項支出占中央政府財政支出的35.18%，主要用於疾病和殘障補助、老年補助、失業補助、對家庭及收入的支持、住房及其他社會支持等。②醫療。2013—2014財年，醫療支出占中央政府財政支出的22.70%，成為中央政府的第二大支出項目，主要用於醫療服務和醫學研究等。③一般公共服務。一般公共服務包括行政、立法、財政事務及外部事務，對外經濟援助以及中央政府債務利息

支付等。其中的債務利息在一般公共服務支出中占相當大比例。這和英國政府的高債務不無關係，2013—2014 財年，英國政府的債務占 GDP 比重接近 90%。2013—2014 財年，一般公共服務支出占中央政府財政支出的 11.74%，排到了第三位。④教育。教育作為中央政府支出的第四大項目，在 2013—2014 財年占中央政府財政支出的 7.77%，主要用於中等教育、高等教育、基礎教育以及其他教育培訓等。其中，中等教育和高等教育占比最高。⑤國防。國防支出主要用於軍事防禦、外國軍事援助、防禦研究、民防等方面，2013—2014 財年在中央政府財政支出中占比為 6.50%。⑥經濟事務。經濟事務支出主要用於道路交通、農林牧漁、商業、研發等，在 2013—2014 財年占中央政府財政支出的 4.96%。⑦剩下的較小支出項目依次為公共秩序安全（2.72%），娛樂、文化與宗教（1.20%），歐盟交易（0.90%），環保（0.84%），住房和社區設施（0.35%）。

地方政府則承擔受益範圍和需求具有地方性的公共服務。這裡以英格蘭地方政府的支出結構為例進行說明。它主要包括以下幾個方面：①社會保障。和中央政府類似，英格蘭政府支出最大的項目為社會保障。2013—2014 財年，該項目的支出占當地政府財政支出的 32.18%。②教育。地方政府主要負責基礎教育建設。2013—2014 財年，教育項目支出占當地政府財政支出的 27.02%。③公共秩序安全。2013—2014 財年，公共秩序安全支出占當地政府財政支出的 8.47%。這部分支出主要用於警察服務、消防服務等。④經濟事務。經濟事務支出主要用於對工業、農業、商業及交通的支持，在 2013—2014 年占比為 5.51%。⑤環保。地方政府在環境保護上承擔著重要責任，包括污染治理、生物多樣性保護以及其他環保事務。2013—2014 財年，該項目的支出占比為 3.71%。⑥剩下的支出項目依次為一般公共事務（3.03%），娛樂、文化與宗教（2.80%），住房和社區設施（2.70%），醫療（1.51%）與國防（0.03%）。2013—2014 財年，英國中央和英格蘭政府主要支出項目的支出金額占總支出的比重如表 3-3 所示。

表 3-3　　　　　2013—2014 財年英國中央和英格蘭政府
主要支出項目的支出金額占總支出的比重

支出項目	中央政府（%）	英格蘭政府（%）
一般公共服務	11.74	3.03
國防	6.50	0.03

表3-3(續)

支出項目	中央政府（%）	英格蘭政府（%）
公共秩序安全	2.72	8.47
經濟事務	4.96	5.51
環保	0.84	3.71
住房和社區設施	0.35	2.70
醫療	22.70	1.51
娛樂、文化與宗教	1.20	2.80
教育	7.77	27.02
社會保障	35.18	32.18
歐盟交易	0.90	—
其他	5.11	13.02

數據來源：根據英國政府網（https://www.gov.uk/）的數據整理。

二、英國中央與地方政府的財政收入與稅收劃分

（一）中央與地方的財政收入

政府事權和支出責任的實現離不開政府財力的保證。由表3-4可知，2001—2002財年英國實現財政總收入3,918億英鎊，占GDP的38.35%；2015—2016財年，英國財政總收入達到6,659億英鎊，占GDP的36.34%。由此可知，英國財政總收入占GDP的比重有所下降，但總體保持穩定。

英國實行高度集中的財政管理體制及財政收入分配制度，對比中央政府和地方政府的直接財政收入可以發現，英國政府財力縱向分配高度集中，中央政府財政收入占總財政收入的95%左右，而地方政府僅占到5%左右。例如，2015—2016財年，中央直接財政收入與地方直接財政收入之比約為94∶6。

中央和地方的財政收入完全按稅種劃分，不設共享稅。稅收也分別由中央和地方各自的稅務機關負責徵收。稅收管理權高度集中於中央政府，不僅主要稅源或稅種掌握在中央政府手中，而且絕大部分稅收收入也都歸中央政府支配和使

用。地方稅收收入通常只佔到整個稅收收入的 10% 左右，地方支出佔總支出的 25% 左右，地方財政主要財源來自中央對地方的財政補助。地方雖然對某些事項有一定自由裁決權，但總體上要受到中央政府的監控，服從中央政府的統一領導。地方政府有地方稅的徵收權並且相應的收入歸地方所有，但地方稅種的開徵、稅率的提高和徵稅範圍的擴大等必須由中央政府決定並通過相應的立法程序進行。

表 3-4 1996—2016 財年英國中央和地方政府的直接財政收入占 GDP 的比重

財政年度	中央政府（%）	地方政府（%）	總收入（%）
1996—1997	34.63	1.72	36.35
2001—2002	36.60	1.76	38.36
2005—2006	35.25	1.91	37.16
2010—2011	33.66	2.07	35.73
2011—2012	34.56	2.04	36.60
2012—2013	34.84	1.94	36.78
2013—2014	34.72	2.05	36.77
2014—2015	34.63	2.05	36.68
2015—2016	34.28	2.05	36.33

數據來源：英國公共支出網（http://www.ukpublicrevenue.co.uk/）。

（二）中央政府稅收

英國中央政府的直接財政收入主要包括所得稅（含個人所得稅和公司所得稅）、資本稅、間接稅（含增值稅、消費稅、燃料稅等）、國民保險稅以及其他商業收入等。就 2015—2016 財年而言，中央政府直接財政收入中個人所得稅收入佔 26.9%、增值稅收入佔 23.8%、強制社會保險交款（國民保險稅）收入佔 17.6%、公司所得稅收入佔 6.8%、消費稅收入佔 4.5%、商業及其他收入佔 8.9%（如表 3-5 所示）。

（三）地方政府稅收

英國地方政府的直接財政收入主要包括財產稅（議會稅或市政稅，council

tax）和商業及其他收入等。在 2015—2016 財年，地方政府直接財政收入中財產稅占 71.4%、商業及其他收入占 26.5%，另外還有少量的增值稅收入，僅占 1.6%（如表 3-5 所示）。此外，英國地方政府的主要財源來自中央對地方的財政補助。

由表 3-6 可知，2013—2014 財年，英格蘭政府財政收入中 57.75% 來自中央補助，剩下的 42.25% 來自地方資金收入。在 2013—2014 財年，英格蘭來自中央的補助收入中有一項非住宅財產稅，而在 2014—2015 財年，該項目的收入變為零，且地方資金收入中增加了一項非住宅財產稅保留計劃。這是因為從 2013 年 4 月起中央政府開始實行「非住宅財產稅保留計劃」，允許地方政府自留一部分非住宅財產稅，以激勵地方發展，也即由以前的先匯繳給中央再由中央按一定比例以補助形式返還，變成地方政府先按比例自留一部分再將大部分上繳中央。在地方資金收入中，議會稅是地方政府最重要的稅種，且在財政收入占了較大比重，在 2014—2015 財年達 14.83%。另外，各項收費、市政租金、利息收入等也是英格蘭地方財政收入的重要項目。

表 3-5　2015—2016 財年英國中央和地方政府的直接財政收入項目

收入項目	中央政府 金額（十億英鎊）	占比（%）	地方政府 金額（十億英鎊）	占比（%）	總收入 金額（十億英鎊）	占比（%）
所得稅和資本稅	216.5	34.5	–	–	216.5	32.5
所得稅	212.2	33.8	–	–	212.2	31.9
個人所得稅	169.2	26.9	–	–	169.2	25.4
公司所得稅	43.0	6.8	–	–	43.0	6.5
資本稅	4.3	0.7	–	–	4.3	0.6
國民保險稅（National Insurance）	110.3	17.6	–	–	110.3	16.6
間接稅	237.0	37.7	27.5	72.9	264.5	39.7
消費稅（Excise Taxes）	28.5	4.5	–	–	28.5	4.3
增值稅	149.8	23.8	0.6	1.6	150.4	22.6
財產稅	–	0.0	26.9	71.4	26.9	4.0
燃料稅（Fuel duties）	27.2	4.3	–	–	27.2	4.1

表3-5(續)

收入項目	中央政府 金額(十億英鎊)	中央政府 占比(%)	地方政府 金額(十億英鎊)	地方政府 占比(%)	總收入 金額(十億英鎊)	總收入 占比(%)
印花稅(Stamp duty land tax)	10.9	1.7	—	—	10.9	1.6
其他	20.7	3.3	—	—	20.7	3.1
收費	—	0.0	—	—	—	—
商業和其他收入	55.8	8.9	10.0	26.5	65.8	9.9
平衡項	8.7	1.4	0.1	0.3	8.8	1.3
合計	628.3	100.0	37.7	100.0	665.9	100.0

數據來源：根據英國政府網（https：//www.gov.uk/）的數據整理。

表3-6　　2012—2014財年英格蘭政府的財政收入項目　　單位：百萬英鎊

收入項目	財政年度 2012—2013	財政年度 2013—2014
補助收入	97,692	90,982
非住宅財產稅	23,129	—
其他	74,563	90,982
地方資金收入	48,771	57,319
議會稅	26,714	23,371
非住宅財產稅保留計劃	—	10,719
外部利息收入	815	839
資本收益	2,124	2,481
收費	12,201	12,695
市政租金	6,916	7,215
其他收入	8,842	9,253
總計	155,306	157,554

數據來源：根據英國政府網（http：//www.gov.uk/）的數據整理。

三、英國地方政府的主要稅種

英國的地方稅可追溯到1601年伊麗莎白時期的《貧困救濟法案》(Poor Law Act)中開徵的強制性地方財產稅。現行的地方稅為1993年依據《地方政府金融法案》(Local Government Finance Act)實施的地方議會稅(council tax),又稱家庭房產稅(domestic rates)。從2000年開始,某些地方政府陸續開始開徵一些小稅種,形成輔助地方稅系(supplementary local rates),但這些稅種的收入規模有限,在英國地方稅體系中無足輕重。

英格蘭、蘇格蘭和威爾士的地方主體稅種為地方議會稅,其中英格蘭和威爾士的稅收制度基本相同。北愛爾蘭仍採用1990年前的營業房產稅。某些地方政府還陸續開徵了一些地方稅,2000年左右形成了包括地方車輛消費稅、地方銷售稅、地方印花稅、旅遊稅、環境稅等諸多小稅種的輔助地方稅系。由於輔助地方稅在地方財政收入中占比非常小,下面主要對地方議會稅進行介紹。此外,由於非住宅房產稅會按照一定比例返還給地方政府,地方政府擁有一定自主權,因此本書也對該稅種進行簡要介紹。

(一) 地方議會稅

地方議會稅是對年滿18週歲的住房所有者或承租者徵收的財產稅,以房屋評估價值為基礎,由地方政府確定稅率,在當地徵收。

地方議會稅的徵稅對象是應稅住所(chargeable dwellings),包括自用住宅和租用住宅。應稅住所通常是指人們能夠居住的財產,如房子(house)、公寓(flat)、船宅(houseboat)、房車(caravan)等,但不包括庭院、花園、戶外厕所或其他屬於居住處所的附屬物(other appurtenance),私人車庫以及私人貨倉。私人車庫的地表面積不應超過25平方米或者全部或主要用於存放私人機動車。私人貨倉應完全或主要用於存儲家庭用物品。

地方議會稅基於房產的評估價值進行計算,並根據房產價值劃分成不同的等級。當地政府再根據不同等級指定不同的繳稅金額和比例。英格蘭和威爾士的房產估值機構是國稅與海關局(HMRC)下屬的評估辦公室(Valuation Office Agency,

VOA），蘇格蘭的房產估值機構是蘇格蘭陪審員協會（Scottish Assessors Association，SAA）。目前，英格蘭和蘇格蘭依據的房產價值是按照 1991 年 4 月 1 日住宅的市場價值評估的，威爾士依據的是 2003 年 4 月 1 日的相應市值。英國各地區的居住性房產的估值等級表見表 3-7。

表 3-7　　　　　　　　　英國各地區居住性房產的估值等級

分級	英格蘭	威爾士	蘇格蘭
A	不超過 40,000 英鎊	不超過 44,000 英鎊	不超過 27,000 英鎊
B	大於 40,000 英鎊且小於等於 52,000 英鎊	大於 44,000 英鎊且小於等於 65,000 英鎊	大於 27,000 英鎊且小於等於 35,000 英鎊
C	大於 52,000 英鎊且小於等於 68,000 英鎊	大於 65,000 英鎊且小於等於 91,000 英鎊	大於 35,000 英鎊且小於等於 45,000 英鎊
D	大於 68,000 英鎊且小於等於 88,000 英鎊	大於 91,000 英鎊且小於等於 123,000 英鎊	大於 45,000 英鎊且小於等於 58,000 英鎊
E	大於 88,000 英鎊且小於等於 120,000 英鎊	大於 123,000 英鎊且小於等於 162,000 英鎊	大於 58,000 英鎊且小於等於 80,000 英鎊
F	大於 120,000 英鎊且小於等於 160,000 英鎊	大於 162,000 英鎊且小於等於 223,000 英鎊	大於 80,000 英鎊且小於等於 106,000 英鎊
G	大於 160,000 英鎊且小於等於 320,000 英鎊	大於 223,000 英鎊且小於等於 324,000 英鎊	大於 106,000 英鎊且小於等於 212,000 英鎊
H	超過 320,000 英鎊	大於 324,000 英鎊且小於等於 424,000 英鎊	超過 212,000 英鎊
I		超過 424,000 英鎊	

數據來源：根據《英國地方政府財政統計 2015》整理。

地方議會稅的稅率由英國地方政府自行確定。英國各地方政府主要根據其收支情況和應稅住宅數來決定稅率。對同一地區同一價值等級內的住宅，地方政府課徵相同的稅額。地方政府首先確定其各項支出的總額，然後減去中央政府按一定標準計算確定的轉移支付金額、營業房產稅返還金額以及地方收費的預計金額，得出的差額就是應通過地方議會稅徵收的稅額；再將轄區內所有住宅依其價值進行分類，統計出各價值等級內應稅住宅的數量。根據規定，在英格蘭和蘇格蘭同一計稅地區的應稅住所按房產價值劃分為 A 至 H 八個等級，各級別房產的議會稅應納稅額比為 6：7：8：9：11：13：15：18，威爾士分為 A 至 I 九個等

級，各級別房產的議會稅應納稅額比為6∶7∶8∶9∶11∶13∶15∶18∶21。地方政府以D級住宅為課稅標準設置年度稅率，其他等級即可按比例換算出來，如A級的稅額就是D級稅額的6/9倍。

如果你一個人居住或在你家除了你之外沒有成年人，你可以獲得25%的扣除；如果你們家包括你在內都不是成年人，那麼你可以獲得50%的折扣；如果你們家全部人包括你在內都是全日制學生，那麼你將不用支付任何議會稅。其中，不算作成年人的規定：未滿十八歲的孩子，參與學徒計劃的人，18、19歲接受全日制教育的人，全日制學院和大學的學生，等等。同時，對殘障個人和家庭有稅收優惠減免規定。

如果你有第二居所，當地議會可以給予第二居所或度假屋高達50%的議會稅折扣。對於你的空置房屋，你仍然需要支付議會稅，但當地議會可以視情況給予一定抵扣，如果房屋空置兩年以上，你可以爭取到最高50%的扣除。此外，入獄者、搬進養老院的人等則無須繳納議會稅。

議會稅由地方稅務機構徵收。該機構被稱為政府徵收機構（collecting authority），可能由多個單位組成。該機構將徵收權再分配給其他的機構——政府管理機構（precepting authority）。徵收機構是英格蘭地區、威爾士主要地區以及蘇格蘭地區的議會。管理機構是地方政府的其他級別的議會，如郡縣或教區議會。在沒有郡縣議會的都市郡，聯合委員會是管理機構。此外，可能有基於特殊目的建立的管理機構，覆蓋區域小到僅幾條街或者大到整個郡縣。在徵收時，首先需要納稅人向地方稅務機關申報，並提供與住宅有關的資料；然後稅務機關根據住宅的評估價值及其對應的價值等級，在每年的4月1日向納稅人發出稅單，通知納稅人應繳納的稅額。

地方議會稅主要用作市政支出，但也有一部分單獨分給地方警察局或教區。地方議會稅（或市政稅）的使用範圍包括警察、消防服務、垃圾收集/移除、休閒理事會中心、公園及轉乘計劃、維護公園和開放空間、街道清潔、公共補貼交通、旅遊、博物館、環境、健康和食品安全、規劃服務、支持志願團體、社會關愛、兒童遊樂中心、體育設施設備、防洪等。

以英格蘭地區的議會稅為例，資料顯示每年英格蘭地方政府62%以上的收入基本來自中央政府（包括營業房產稅的返還、財政收入和補助），如2012—2013財年來自中央政府的收入達62.9%，剩下的17.20%來自地方議會稅，14.20%來

自地方收費、租金和資本收入，還有5.7%來自其他調整收入等。根據表3-8，我們可以看到議會稅在地方本級收入中的比重超過了50%，在地方財政總收入的比重也在16%左右，是地方籌措資金的重要來源。

表3-8　　2008—2013財年英格蘭議會稅在地方財政各項收入中的比重　　單位:%

財政年度	2008—2009	2009—2010	2010—2011	2011—2012	2012—2013
在地方本級收入中的比重	52.87	54.51	55.47	55.22	54.77
在地方財政總收入中的比重	16.10	15.80	15.89	16.56	17.20

數據來源：根據《英國地方政府財政統計2015》整理。

自1993年開始實施地方議會稅以來，英格蘭地區的D級住宅的應納稅額呈逐年增長的態勢，且增長率一直高於物價指數增長率和平均工資增長率，尤其是2003—2004財年，D級住宅稅收標準的增長率最高達到12.9%，遠遠高於當時的通貨膨脹率和平均工資增長率。2010年，政府宣布凍結議會稅（council tax freeze），英格蘭地區的議會稅增長率直線下降，2013—2014財年住宅平均議會稅增長率為負，D級住宅的納稅標準增長率僅為0.8%。2010—2014財年英格蘭議會稅稅收標準及增長率見表3-9。

表3-9　　2010—2014財年英格蘭議會稅稅收標準及增長率

財政年度	D級住宅議會稅（2人標準）每個住宅的稅收（英鎊）	增長率（%）	住宅平均議會稅 平均每個住宅的稅收（英鎊）	增長率（%）	零售物價增長率（%）	平均工資增長率（%）
2010—2011	1,439	1.8	1,195	1.7	5.3	1.4
2011—2012	1,439	0	1,196	0.08	5.2	2.2
2012—2013	1,444	0.3	1,201	0.04	3.5	1.7
2013—2014	1,456	0.8	1,045	−0.13	2.9	1.4

數據來源：根據《英國地方政府財政統計2015》整理。

（二）非住宅房產稅

非住宅房產稅又稱營業稅（business rates），雖然由地方政府徵收，但實際上屬於中央稅，權限在中央政府。其徵稅對象為非居民（或工商業）房產，如商

店、辦公樓、酒吧、倉庫、工廠或其他非住宅性的房地產。對農場建築及土地、漁場、宗教禮拜場所及為殘疾人提供服務的特定房產等免徵營業稅。

根據規定，英國估價部門每五年會對非住宅房產的應稅價值進行重新評估，並更新納稅名單。納稅依據為房屋租金收益。非住宅房產稅的應稅價值是指應稅房產在規定日期被出租的合理市場租金。稅率由中央政府（在蘇格蘭由首席部長）每年根據通貨膨脹率及上一年的稅率來確定全國標準，在4月1日頒布，並在全國範圍內徵收。如表3-10所示，2014—2015財年，中央制定的標準稅率為48.2%。

對於小型房產，政府有相應的稅收優惠，對6,000英鎊以下的免稅，6,001~12,000英鎊部分減免，12,001~18,000英鎊以上（倫敦為12,001~25,500英鎊）不減免但按照小型房產稅率（如表3-10所示）繳納。用作慈善團體辦公及業餘運動俱樂部的房產可以申請最多80%的減免。針對人口低於3,000人的農村地區，商業用房可享受規定的減免，非住宅用房閒置三個月以內也可以免除營業稅。

表3-10　　　　2010—2015財年英國非住宅房產稅稅率表　　　　單位:%

標準＼財政年度	2010—2011	2011—2012	2012—2013	2013—2014	2014—2015
小型房產標準	40.7	42.6	45.0	46.2	47.1
國家標準	41.4	43.3	45.8	47.1	48.2

數據來源：根據英國政府網（http://www.gov.uk/）的數據整理。

2013年以前，非住宅房產稅由地方政府徵收後，收入上繳中央，再由中央政府在全國範圍內按人數重新分配給地方政府，形成地方政府收入來源中「重分配的非住宅房產稅」（redistributed non-domestic rates）。返還後的非住宅房產稅收入約占中央向地方補助資金的25%，在地方財政收入中的比重也占到15%左右。2013年以後，收入先由地方政府自留一部分，即地方政府收入來源中的「非住宅財產稅保留計劃」（Retained income from Rate Retention Scheme），再將剩餘部分上繳給中央政府。2013—2014財年的數據顯示，在實施新計劃後地方政府分得的非住宅房產稅金減少了一半。

四、結論與啟示

英國是政府權力相對集中的單一制國家。這種相對集中的行政體制在財政體制上得到了充分體現。在財政收入、稅權劃分以及支出責任上，中央政府占了較大比重，而地方政府所占比重相對較小。與英國類似，中國同樣是單一制國家，同時在政治和行政上具有注重集中統一的傳統。英國在地方稅制的構建上為我們提供了重要參考與啟示。

第一，清晰合理地劃分中央與地方的事權和支出責任。英國中央政府主要提供全國性受益的公共服務，包括社會保障、醫療、一般公共服務與國防等，而地方政府則提供受益範圍和需求具有地方性的公共服務，比如地方基礎性教育建設、公共秩序安全和環保等。中國政府管理層級比較多，各級政府間事權劃分不夠明確和規範，且存在嚴重的事權和支出下移的現象。如2015年，中央和地方在全國一般公共預算支出中的占比分別為14.5%和85.5%。中國中央財政支出占比過低、直接提供公共服務過少，地方承擔事權過多、財政支出占比過高。這一方面難以充分發揮中央和地方在提供不同受益範圍和規模效率的公共服務的優勢，降低了公共服務的供給效率；另一方面也不利於地區間基本公共服務均等化、全國統一市場的建立和要素的自由流動，甚至不利於全國的穩定統一。因而，應基於不同公共服務的特點、不同層級政府公共服務的供給優勢、基本公共服務大致均等供給、市場和國家的統一穩定等，合理調整中央和地方政府的事權和支出責任，讓全國性公共服務迴歸中央政府、中央政府政府責任歸位，使中央政府在社會保障、教育（特別是高等教育）、醫療衛生、司法、農業農村發展、大型基礎設施等方面承擔更多的事權和支出責任。

第二，適當提高中央財稅收入比重，增強中央均衡地方財力和發展的能力。英國政府財力縱向分配高度集中，中央政府財政收入占總財政收入的95%左右，而地方政府僅占到5%左右。當然，中國作為一個幅員遼闊、人口眾多的大國，給地方政府配置充分財力，發揮地方政府在公共服務和經濟社會發展中的優勢與積極性非常重要，但中國政府間財政收入劃分不可能像英國那樣高度集中。2015年，中國中央與地方政府的一般公共預算財政收入分配占比分別約為45.5%和

54.5%，而美國聯邦和州及以下政府財政收入分配占比分別約為52%和48%，日本中央和地方政府財政收入分配占比分別約為60%和40%。與其他國家相比，中國中央財政收入分配比重相對較低。中國作為地區間發展差距明顯、收入差距較大的發展中國家，更需要中央政府運用財政手段均衡地區間發展、縮小收入差距。因此，有必要適度提高中央財政收入比重，更好發揮中央的宏觀調控、縮小區域和人際差距及均衡經濟社會發展的作用。

　　第三，構建合理的地方稅收體系。地方政府事權的落實，需要以充足的地方財政為保障。英國地方政府直接財政收入相對有限，其地方稅收入在全國稅收收入中的比重也非常低。在英國，公司所得稅、個人所得稅、增值稅、消費稅等主體性稅種基本都歸中央政府所有，地方政府的地方稅則以財產稅為絕對主體，財產稅占地方直接財政收入的70%以上，占地方稅收收入的90%以上。英國的地方稅實踐對我們的啟示在於：一方面，財產稅具有稅基的非流動性、稅源的穩定性、稅負的非轉嫁性等特點，是地方政府最適宜的主體稅種；另一方面，即使以房產稅為主力的財產稅是適宜的地方稅，但是以房產稅為代表的財產稅是以房產或財產為課稅對象，稅基相對有限，同時居民對該稅收的感知強烈，單靠房產稅或財產稅難以取得充足的稅收，不可能為地方政府的支出提供有力保障。因此，中國地方稅體系的建立，要深化房產稅改革，使以房地產為課徵對象的財產稅成為地方主體稅種之一；還應堅持稅收分成的做法，使地方政府在企業所得稅、增值稅、個人所得稅等方面分享一定比例的稅收收入，並使這種分成共享的制度法律化、穩定化；還可以考慮在零售環節徵收消費稅，使其成為地方稅的重要組成部分。

　　第四，加強財稅法治建設，推進政府間財政關係法律化。政府關係調整應當以法律為依據。英國制定了專門的地方政府法律法規，如界定了地方政府行政劃分、事權規定以及與中央政府財政關係協調的地方政府法案，對地方議會稅的徵收予以規定的地方政府金融法案等，有利於規範中央政府對地方政府的監管，為地方政府行使職能提供合法依據。依法治國是中國的基本治國方略，但因為歷史和現實的諸多原因，我們的財稅法治建設，特別是政府間財政關係的制度規範法治化水準還不高。政府間財政關係的相關規範是具有憲法意義的基本制度規範，需要以財政基本法或其他法律的形式來規範，以增強制度的權威性、穩定性和約束力。我們應當加快財稅法治化建設，使政府間財政關係制度法律化，以保障實

現中央與地方財政關係的有序互動，同時加快落實稅收法定，使包括地方稅在內的各項稅收基本制度逐步上升為法律，以法律的形式表達，規範政府和社會（或納稅人）行為。

第四章　澳大利亞地方政府的支出責任與地方稅收：實踐與啟示

本章提要： 本章比較系統地介紹了澳大利亞政府的事權與支出責任、財政收支、稅權劃分和地方性稅種。澳大利亞地方政府的支出責任和地方稅收對於中國政府間財政關係的改革完善、地方稅收體系構建具有積極的參考價值。

一、澳大利亞政府間支出結構及地方政府支出責任

(一) 政府結構

澳大利亞是一個聯邦制國家，其政府分為聯邦、州及領地、地方政府三級。澳大利亞有六個州（維多利亞、新南威爾士、昆士蘭、南澳大利亞、西澳大利亞、塔斯馬尼亞）和兩個特區（北領地、首都領地），此外，澳大利亞還管轄了包括諾福克島在內的多個海島。澳大利亞憲法規定，聯邦政府與州政府之間沒有行政隸屬關係，但特區政府則由聯邦政府直接管轄，地方政府在州及特區政府之下履行政府職能。此外，凡不屬於聯邦政府管轄的權限均由州政府負責。目前，包括首都特區在內，澳大利亞共有571個地方管理機構。

根據澳大利亞的憲法，其地方政府沒有獨立地位，只能根據各州法律在全國以基本相同的方式組建，由州憲法承認地方政府，因此州政府可以解散地方政府。地方政府僅從州政府獲得應有的權力。此外，一些解決特定類別問題的法律，可以將特定的職能或權力授予地方政府。近年來，各州在地方政府立法方面均有不同程度的變化，但仍保留了對地方政府的絕對控制權。在某些方面，地方政府仍被視為州屬行政機構的延伸，但它同時也被視為一級政府和公共權力機構。地方領導人由民選產生。地方政府作為一級政府，其職能多樣。同時，地方

還享有制定行政規章和徵稅的權力。這些權力使地方政府擁有比州屬行政機構更高的地位，但這些權力的行使必須接受州政府的監督和管理。所有州的地方政府只有一級，沒有縣和市的區別，諸如「縣」「市」只是帶有地域上的解釋。地方政府機構通常被稱為市政會，由領地直接管轄的統稱為地方政府管轄區。一些面積較大但人口較少的地區可能沒有地方政府。這些地區的地方政府權力可能由建立在普通立法之外的有特殊目的的機構行使，比如維多利亞的高山滑雪勝地直接由州政府行使。

目前，澳大利亞各州的經濟管理權限逐漸降低，聯邦政府集權程度越來越高，通過稅收、轉移支付等財政經濟手段調控聯邦各州協調發展的能力逐步增強。實際上，澳大利亞已經形成「經濟上聯邦高度集權、政治上地方高度自治」的治理模式。

（二）政府支出規模

從 1998 至 2015 財年[①]，隨著經濟和社會的發展，澳大利亞的社會福利不斷發展，政府活動範圍不斷擴張。這些使澳大利亞的政府的財政支出占 GDP 的比重基本呈上升趨勢，如圖 4-1 所示。2008 年，全球金融危機以後，澳大利亞政府為維持經濟增長和就業，政府支出占 GDP 的比重突破 30%。自 2012 年下半年以來，澳大利亞政府支出占 GDP 的比重增速趨緩，基本維持在 36% 左右。

（三）聯邦、州和地方政府的支出結構

從澳大利亞聯邦成立開始，聯邦憲法就對聯邦和各州之間的職責劃分進行了基本界定，各州又通過法律或委託授權等形式賦予地方政府一定的職責。憲法未明確劃分的職責，在後來的實踐中通過協商逐漸形成共識，從而形成了目前各級政府之間事權和支出責任劃分的基本格局。在三級政府中，聯邦政府的事權和支出責任更大，同時對州和地方政府給予轉移支付，以支持各地方公共服務的供給及政府職能願景的實現。由表 4-1 可知，2014—2015 財年，聯邦政府直接支出為 4,186.59 億澳元，占政府總支出的 54.37%；州政府直接支出為 2,307.91 億澳元，占政府總支出的 39.82%；地方政府直接支出為 336.4 億澳元，占政府總

---

① 澳大利亞的財政年度為每年 7 月 1 日至次年 6 月 30 日。

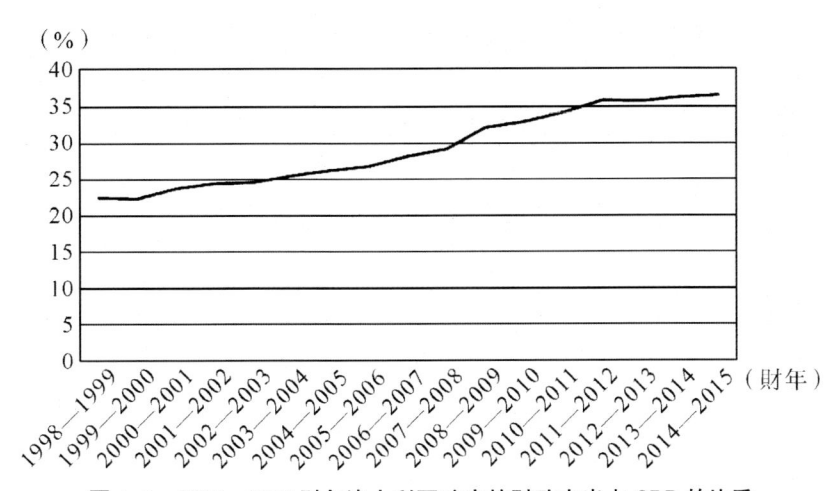

第四章 澳大利亞地方政府的支出責任與地方稅收：實踐與啓示

圖 4-1 1998—2015 財年澳大利亞政府的財政支出占 GDP 的比重

數據來源：根據澳大利亞統計局網站（http://www.abs.gov.au/）的數據計算整理。

支出的 5.80%；州和地方政府直接支出約占政府總支出的 45.62%。由表 4-2 可知，從 1998 到 2015 財年，聯邦政府直接支出占政府總支出的比例變化範圍一直在 52%~55% 波動，州政府直接支出占政府總支出的比例變化範圍一直在 39%~40%，而地方政府直接支出占政府總支出的比例則一直維持在 6% 上下。這說明各級政府的事權和支出責任沒有發生太大變化，但綜合來看，聯邦政府支出呈現出輕微的擴張趨勢，而州政府和地方政府支出則存在輕微的縮小趨勢。

州和地方政府相較於聯邦政府更直接面對居民，理論上，由州及以下地方政府提供公共服務更符合居民的偏好，在公共服務供給上更為有效。總體來說，州加上地方政府的支出和聯邦政府的支出各占政府總支出的一半，但各州及其地方政府的政府總支出占比仍然略低於聯邦政府的總支出占比，其中，地方政府的政府總支出占比極低。實際上，雖然澳大利亞的地方政府一直處於改革與創新之中，但其始終沒有獨立的憲法地位，甚至被視為州政府的機構延伸，因而其事權和支出責任受限，支出規模比較小。地方政府財政承擔的支出責任有限，但基本上可以由自有財力滿足，因此其不足的部分依靠聯邦與州撥款來彌補。

表4-1　1998—2015財年澳大利亞聯邦、州和地方政府的財政支出情況

財政年度	聯邦總支出 金額（百萬澳元）	與GDP的比重（％）	政府間轉移支付 金額（百萬澳元）	與GDP的比重（％）	州直接支出 金額（百萬澳元）	與GDP的比重（％）	地方直接支出 金額（百萬澳元）	與GDP的比重（％）	總計 金額（百萬澳元）	與GDP的比重（％）
1998—1999	148,623	15.39	-33,981	-3.52	88,178	9.13	13,593	1.41	216,413	22.40
1999—2000	156,338	15.41	-35,683	-3.52	90,853	8.96	15,223	1.50	226,731	22.35
2000—2001	181,054	17.18	-46,882	-4.45	99,654	9.46	15,814	1.50	249,640	23.69
2001—2002	194,042	18.07	-52,956	-4.93	104,185	9.70	16,703	1.56	261,974	24.39
2002—2003	200,448	17.97	-54,033	-4.84	109,611	9.83	17,474	1.57	273,500	24.52
2003—2004	214,778	18.68	-56,857	-4.95	117,328	10.21	18,361	1.60	293,610	25.54
2004—2005	230,788	19.28	-60,912	-5.09	125,171	10.45	19,441	1.62	314,488	26.27
2005—2006	241,311	19.53	-65,469	-5.30	134,994	10.92	20,685	1.67	331,521	26.83
2006—2007	257,544	20.24	-68,023	-5.35	146,246	11.49	22,080	1.74	357,847	28.12
2007—2008	278,600	21.10	-74,584	-5.65	157,392	11.92	23,891	1.81	385,299	29.18
2008—2009	322,891	23.58	-84,112	-6.14	173,817	12.69	25,918	1.89	438,514	32.02
2009—2010	338,633	24.29	-97,302	-6.98	191,331	13.72	27,221	1.95	459,883	32.98
2010—2011	357,060	25.10	-98,601	-6.93	198,277	13.94	29,039	2.04	485,775	34.15
2011—2012	379,302	26.05	-97,098	-6.67	209,190	14.37	30,632	2.10	522,026	35.85
2012—2013	384,079	25.45	-92,434	-6.13	214,747	14.23	32,192	2.13	538,584	35.69
2013—2014	405,591	26.24	-98,270	-6.36	221,101	14.30	32,386	2.09	560,808	36.28
2014—2015	418,659	26.42	-103,523	-6.53	230,791	14.56	33,640	2.12	579,567	36.58

數據來源：根據澳大利亞統計局網站（http://www.abs.gov.au/）的數據計算整理。

表4-2　1998—2015財年澳大利亞各級政府財政支出占總支出的比重

財政年度	聯邦政府（％）	州政府（％）	地方政府（％）
1998—1999	52.97	40.75	6.28
1999—2000	53.22	40.07	6.71
2000—2001	53.75	39.92	6.33
2001—2002	53.85	39.77	6.38
2002—2003	53.53	40.08	6.39
2003—2004	53.79	39.96	6.25
2004—2005	54.02	39.80	6.18

表4-2(續)

財政年度	聯邦政府(%)	州政府(%)	地方政府(%)
2005—2006	53.04	40.72	6.24
2006—2007	52.96	40.87	6.17
2007—2008	52.95	40.85	6.20
2008—2009	54.45	39.64	5.91
2009—2010	52.48	41.60	5.92
2010—2011	53.21	40.82	5.98
2011—2012	54.06	40.07	5.87
2012—2013	54.15	39.87	5.98
2013—2014	54.80	39.43	5.77
2014—2015	54.37	39.82	5.80

註：只考慮各級政府財政支出的直接支出，不計政府間轉移支付。
數據來源：根據澳大利亞統計局網站（http://www.abs.gov.au/）的數據計算整理。

（四）聯邦、州和地方政府的事權和支出責任劃分

在職能劃分上，聯邦政府的主要職能是提供社會保障和福利、醫療衛生、教育、國防和維持國家機器運轉的一般性公共服務。州政府的職能是發展教育、醫療衛生事業和交通運輸，保障公共秩序與安全。在三級政府中，州政府是非常重要的一級政府，承擔著與百姓生活息息相關的公共事務。地方政府主要承擔住房、社區環境建設和維護、文化娛樂、交通運輸等職能。總的來看，中央政府側重於財政的收入再分配職能，州與地方政府則側重於財政的資源配置職能。

聯邦政府的基本事權由聯邦憲法規定。在過去的一百多年的實踐中，聯邦事權範圍呈擴大趨勢，從原來傳統的國防、社保等領域逐漸滲透至教育、衛生和治安等傳統的州政府事權範圍。政府的支出結構和支出項目是政府事權與支出責任的直接體現。聯邦政府在一般性公共服務，社會保障和福利，燃料和能源，農林漁業，礦業、製造業和建築業，其他經濟事務等方面承擔著大量的支出責任（見表4-3）。

表4-3　　2014—2015財年澳大利亞各級政府財政支出項目

支出項目		聯邦政府（含轉移支付）	州政府	地方政府
一般性公共服務	金額（百元澳元）	22,482	7,056	5,789
	占總支出的比重（%）	5.37	3.06	17.21
國防	金額（百元澳元）	23,516	–	–
	占總支出的比重（%）	5.62	–	–
公共秩序和安全	金額（百元澳元）	4,448	22,810	825
	占總支出的比重（%）	1.06	9.88	2.45
教育	金額（百元澳元）	31,375	56,084	173
	占總支出的比重（%）	7.49	24.30	0.51
醫療	金額（百元澳元）	65,797	62,982	417
	占總支出的比重（%）	15.72	27.29	1.24
社會保障和福利	金額（百元澳元）	147,319	17,375	1,759
	占總支出的比重（%）	35.19	7.53	5.23
住房和社區便利設施	金額（百元澳元）	6,555	10,332	7,991
	占總支出的比重（%）	1.57	4.48	23.75
娛樂和文化	金額（百元澳元）	3,524	4,424	5,304
	占總支出的比重（%）	0.84	1.92	15.77
燃料和能源	金額（百元澳元）	6,546	1,578	17
	占總支出的比重（%）	1.56	0.68	0.05
農業、林業和漁業	金額（百元澳元）	2,368	2,376	32
	占總支出的比重（%）	0.57	1.03	0.10
礦業、製造業和建築業	金額（百元澳元）	3,723	801	342
	占總支出的比重（%）	0.89	0.35	1.02
交通運輸	金額（百元澳元）	6,462	24,611	7,580
	占總支出的比重（%）	1.54	10.66	22.53

表4-3(續)

支出項目		聯邦政府（含轉移支付）	州政府	地方政府
其他經濟事務	金額（百元澳元）	10,050	3,779	1,204
	占總支出的比重（%）	2.40	1.64	3.58
退休金名義利息	金額（百元澳元）	8,999	5,008	-
	占總支出的比重（%）	2.15	2.17	-
公債	金額（百元澳元）	15,163	7,898	730
	占總支出的比重（%）	3.62	3.42	2.17
其他用途	金額（百元澳元）	60,332	3,675	1,477
	占總支出的比重（%）	14.41	1.59	4.39
總支出	金額（百元澳元）	418,659	230,791	33,640
	占總支出的比重（%）	100	100	100

數據來源：根據澳大利亞統計局網站（http://www.abs.gov.au/）的數據計算整理。

由圖4-2可以看出2014—2015財年聯邦政府的主要支出責任包括社會保障與福利、醫療衛生、教育、國防，以及維持國家機器運轉的一般性公共服務等。聯邦政府的首要支出責任就是社會保障與福利。這項支出占全部聯邦支出的35.19%。雖然醫療衛生是州和聯邦政府的共同支出責任，但醫療衛生支出占全部聯邦支出的比例排在第二位，支撐著個人醫療保險補貼、藥品與醫療服務支出以及防疫等醫療衛生支出項目。聯邦政府對教育的投入主要集中在高等教育，同時還包括對州負責的基礎與中等教育提供一定支持。這些教育支出在全部聯邦支出中所占比重大約在7.49%。國防支出完全由聯邦政府承擔，占到聯邦總支出的5.62%。維持國家機器運轉的一般性公共服務僅占聯邦總支出的5.37%。聯邦政府也有少量的交通運輸、住房和社區便利設施支出，兩者占聯邦政府支出的比例都約為1.5%。包括燃料和能源、農業、林業和漁業、礦業、製造業和建築業以及其他經濟事務在內的經濟性支出僅占聯邦總支出的5.42%，說明聯邦政府承擔的經濟建設職能相對較少，政府對經濟事務的直接參與比較有限。

由圖4-3可知，2014—2015財年，州政府的主要事權和支出責任有公共秩序和安全、教育、醫療、住房和社區便利設施、交通運輸等。①醫療。醫療支出

是州政府的第一大支出。2014—2015 財年，該項支出占州政府總支出的 27.29%。醫療支出主要用於醫療體系建設、社區醫療服務和藥物開發。②教育。2014—2015 財年，教育支出占州政府總支出的 24.3%，是州政府的第二大支出項目。州政府的教育支出主要花費在基礎和中等教育上，同時也有在高等教育、職業技術教育、第三級教育上的少量支出。③交通運輸。2014—2015 財年，交通運輸支出占州政府總支出的 10.66%，是州政府的第三大支出項目，主要用在公路運輸方面。④公共秩序和安全。2014—2015 財年，公共秩序和安全支出占州政府總支出的 9.88%，是州政府的第四大開支項目，主要用於警務、消防、法庭、監獄等方面。⑤社會保障和福利。州政府的社會保障和福利支出主要用在社會福利事業上。2014—2015 財年，該項支出占州政府支出的 7.53%。⑥住房和社區便利設施。州政府的住房和社區便利設施支出主要用在對建設發展的支持上。2014—2015 財年，該項支出占州政府支出的 4.48%。⑦一般性公共服務。由於州政府機構精簡，一般性公共服務支出占州政府支出的 3% 左右，行政成本比較低。州政府用在燃料和能源，農業、林業和漁業，礦業、製造業和建築業，以及其他經濟事務等方面的經濟性支出僅占州政府支出的 3.7%。與聯邦政府類似，州政府對經濟事務的直接介入程度較低。

地方政府只負責一些本地事物，具體包括地方道路、公園、公共圖書館、地方交通、供水、排污與排水、社會保健、住房與社區環境、地方文化設施以及消防服務等與居民生活息息相關的服務項目，以及進行必要的經濟建設。如圖4-4所示，2014—2015 財年澳大利亞地方政府約八成的支出主要花費在以下五個方面：①住房和社區便利設施。地方政府提供住房和社區便利設施的職能主要包括一般社區住宅服務，特殊需求者的施區便利設施服務，為議會雇員提供住房，為城市發展制訂新的子規劃（如制訂區域法律、土地開發法律及其他土地使用規劃）。2014—2015 財年，住房和社區便利設施支出占地方政府總支出的 23.75%，是地方政府的第一大支出。②交通運輸。地方政府的交通運輸支出主要用於道路和橋樑的建造和維護。2014—2015 財年，該項支出占地方政府總支出的 22.53%。③一般性公共服務。地方政府的一般性公共服務支出主要用於議會成員和工作人員的相關支出（包括退休金）、政府的行政管理費等。2014—2015 財年，該項支出占地方政府總支出的 17.21%。④娛樂和文化。地方政府提供娛樂和文化支出主要用於諸如公共娛樂中心、市政中心、游泳池及更衣室、圖書館、

博物館等各種娛樂和文化場所的建設維護。2014—2015 財年，該項支出占地方政府總支出的 15.77%。⑤福利事業。地方政府提供的社會福利主要包括托兒所、照管中心、老年市民服務中心、殘疾人服務設施、為老年人提供諸如家庭護理等服務。2014—2015 財年，地方政府社會福利性支出占地方政府總支出的 5.23%。由此可以看出，地方政府支出主要集中在住房和社區便利設施、娛樂和文化、交通、社會福利等與轄區居民生活緊密的公共服務項目上，以及政府行政機構運轉的一般性公共服務方面。地方政府在農業、林業和漁業，礦業、製造業和建築業，燃料和能源，以及其他經濟事務等方面的經濟性支出占地方政府支出的 4.75%。地方政府直接從事的經濟事務比較少。

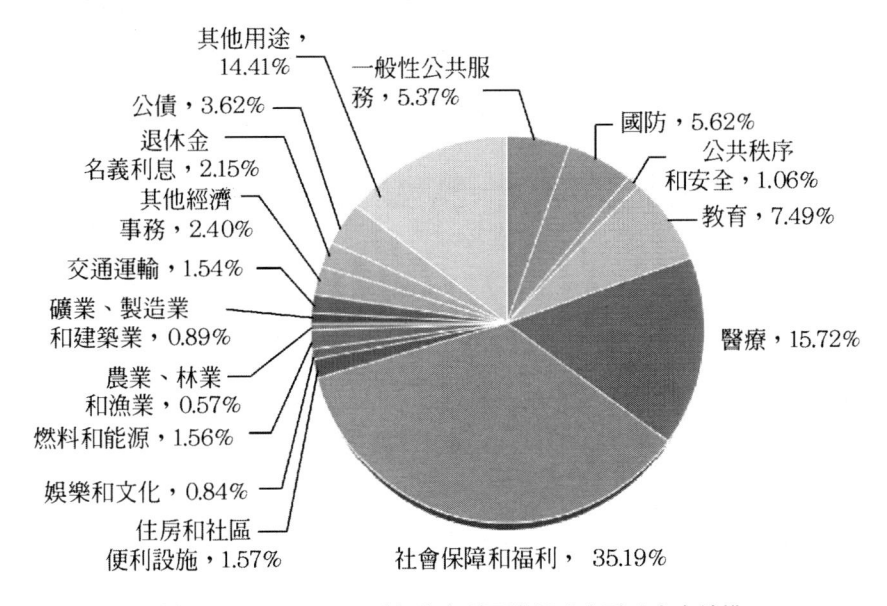

圖 4-2 2014—2015 財年澳大利亞聯邦政府財政支出結構

數據來源：根據澳大利亞統計局網站（http://www.abs.gov.au/）的數據計算整理。

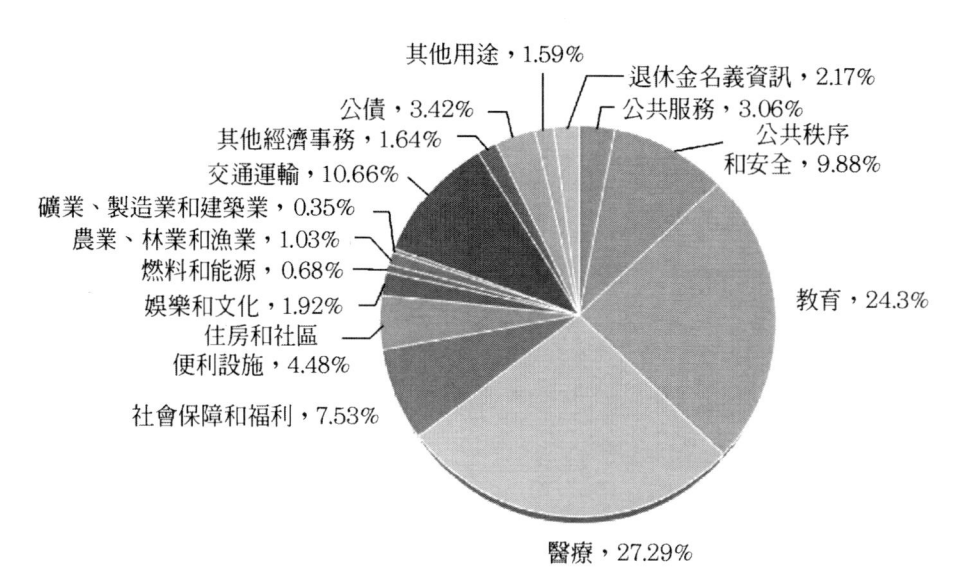

圖 4-3　2014—2015 財年澳大利亞州政府財政支出結構

數據來源：根據澳大利亞統計局網站（http://www.abs.gov.au/）的數據計算整理。

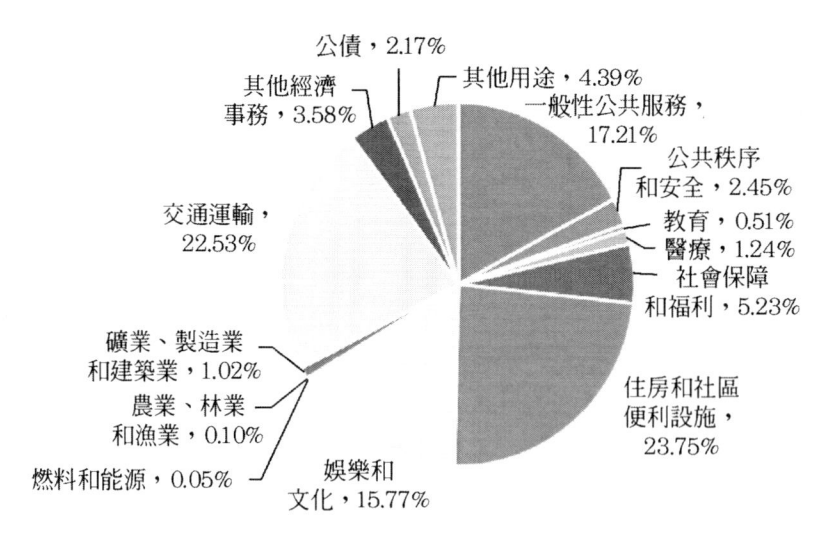

圖 4-4　2014—2015 財年澳大利亞地方政府財政支出結構

數據來源：根據澳大利亞統計局網站（http://www.abs.gov.au/）的數據計算整理。

二、澳大利亞政府間財政收入和稅收劃分

（一）地方政府的財政收入概述

公共服務的提供和財政支出的實現需要政府財力的保證。由表4-4可知，1998—1999財年，澳大利亞三級政府的直接財政收入為2,193.53億澳元，占GDP的22.71%；2014—2015財年，澳大利亞三級政府的直接財政收入達到5,390.73億澳元，占GDP的34.02%。從直接財政收入占GDP的比例來看，澳大利亞直接財政收入規模低於大多數發達國家。

在聯邦、州和地方三級政府中，聯邦直接財政收入與州和地方政府收入合計之比約為7:3，聯邦財政收入占財政總收入的比重較大。由表4-5可知，2014—2015財年，聯邦、州和地方政府直接財政收入分別占總收入的69.16%、24.12%和6.72%，而同年聯邦政府、州政府和地方政府的財政支出分別占總支出的54.37%、39.82%和5.80%。澳大利亞政府間財政收支的不對應反應了其財政的縱向不平衡，州政府的支出對聯邦政府的轉移支付有較高的依賴。與州政府相比，由於地方政府的事權和支出責任有限，因此其對上級政府的轉移支付依賴性較小。2014—2015財年，聯邦對州和地方政府的轉移支付占聯邦財政支出的24.7%，聯邦轉移支付占州和地方政府財政總支出的39.15%。聯邦轉移支付包括一般性轉移支付與專項轉移支付兩大類。2014—2015財年，一般性轉移支付占聯邦轉移支付的46.41%，專項轉移支付占聯邦轉移支付的53.59%。一般性轉移支付主要來自聯邦政府徵收的商品與服務稅（GST），聯邦政府不使用此項稅收收入。商品與服務稅由聯邦撥款委員會（CGC）按照均等化原則，在權衡各州收入能力和支出需求的基礎上分配給各州使用。專項轉移支付包括向州和地方政府的衛生、教育、技術和勞動力發展、社區服務、住宅、本土事務、基礎設施和環境方面的轉移支付，其撥付由教育、衛生等具體職能部門負責，按照不同的政策依據分配。專項轉移支付具體包括關鍵領域的國家專項轉移支付（National SPPs）、國家醫療改革基金（National Health Reform funding）、學生基金（Students First funding）、國家合作支付（National Partnership payments）四類。

表 4-4　1998—2015 財年澳大利亞聯邦、州和地方政府的直接財政收入情況

財政年度	聯邦政府（百萬澳元）	州政府（百萬澳元）	地方政府（百萬澳元）	總收入（百萬澳元）	總收入占GDP的比重（%）
1998—1999	148,523	58,241	12,589	219,353	22.71
1999—2000	159,152	59,011	13,739	231,902	22.86
2000—2001	181,871	54,610	14,423	250,904	23.81
2001—2002	184,204	55,570	15,282	255,056	23.75
2002—2003	201,478	59,922	16,229	277,629	24.89
2003—2004	216,408	64,144	17,306	297,858	25.91
2004—2005	237,091	67,449	18,598	323,138	26.99
2005—2006	253,930	73,459	20,754	348,143	28.17
2006—2007	271,135	81,813	22,950	375,898	29.54
2007—2008	295,507	88,208	24,274	407,989	30.90
2008—2009	290,432	92,808	26,105	409,345	29.89
2009—2010	281,041	105,333	29,153	415,527	29.80
2010—2011	302,913	110,349	29,967	443,229	31.16
2011—2012	332,251	117,432	31,420	481,103	33.04
2012—2013	355,193	113,909	33,828	502,930	33.33
2013—2014	367,914	125,975	35,229	529,118	34.23
2014—2015	372,818	130,045	36,210	539,073	34.02

數據來源：根據澳大利亞統計局網站（http://www.abs.gov.au/）的數據計算整理。

表 4-5　1998—2015 財年澳大利亞各級政府直接財政收入占總收入的比重

財政年度	聯邦政府（%）	州直接政府（%）	地方政府（%）
1998—1999	67.71	26.55	5.74
1999—2000	68.63	25.45	5.92
2000—2001	72.49	21.77	5.75
2001—2002	72.22	21.79	5.99

表4-5(續)

財政年度	聯邦政府（%）	州直接政府（%）	地方政府（%）
2002—2003	72.57	21.58	5.85
2003—2004	72.65	21.54	5.81
2004—2005	73.37	20.87	5.76
2005—2006	72.94	21.10	5.96
2006—2007	72.13	21.76	6.11
2007—2008	72.43	21.62	5.95
2008—2009	70.95	22.67	6.38
2009—2010	67.63	25.35	7.02
2010—2011	68.34	24.90	6.76
2011—2012	69.06	24.41	6.53
2012—2013	70.62	22.65	6.73
2013—2014	69.53	23.81	6.66
2014—2015	69.16	24.12	6.72

數據來源：根據澳大利亞統計局網站（http://www.abs.gov.au/）的數據計算整理。

（二）聯邦、州和地方政府的財政收入構成及稅權劃分

澳大利亞憲法賦予聯邦政府財政收入的權力，使得聯邦政府擁有完整的收入獲得權、分配權和使用權。2014—2015財年，澳大利亞各級政府財政收入項目如表4-6所示。澳大利亞聯邦政府的直接收入主要包括稅收、提供商品或服務的收入和其他非稅收入等。2014—2015財年，聯邦稅收收入約占聯邦直接總收入的95.87%，因而其非稅收入所占比重較小。個人所得稅、公司所得稅、商品勞務稅和消費稅是聯邦政府的重要稅收來源。其中，個人所得稅占聯邦直接收入的48.01%、公司所得稅占聯邦直接收入的18.157%、商品和勞務稅（GST）占聯邦直接收入的15.145%，消費稅占聯邦直接收入的6.543%（如圖4-5）。

無論是從收入獲得權、支配權還是徵管權來看，各州都越來越多地受到聯邦政府的限制和約束。州政府的直接收入主要包括稅費收入、提供商品或服務的收入和其他收入等非稅收入。州政府的稅費收入主要包括工薪稅、財產轉讓及其他

印花稅、機動車稅、土地稅和博彩稅等。2014—2015 財年，在州直接收入中，工薪稅占 17.11%、財產轉讓及其他印花稅占 14.72%、機動車稅占 7.28%、土地稅占 5.13%、博彩稅占 4.42%（如圖 4-6）。與聯邦政府相比，州政府的非稅收入（提供商品或服務的收入和其他收入）地位比聯邦政府高得多，占州政府直接財政收入的 43.38%。

地方政府的直接收入主要包括市政稅（唯一的稅費收入）、提供商品或服務的收入和其他收入。地方政府的市政稅，占地方直接收入的 43.58%（如圖 4-7）。與聯邦政府和州政府相比，地方政府的財權和財力都非常有限，雖然依法享有對稅率的調整權，但每次調整都要經過州政府嚴格的審批過程。此外，地方政府的非稅收入比重均高於州政府與聯邦政府。2014—2015 財年，地方政府提供商品或服務的收入和其他收入占到地方本級收入的 56.42%，因而非稅收入在地方政府收入中的地位相當重要。澳大利亞各級政府的非稅收入，全部上繳財政統一帳戶，納入預算管理。

表 4-6　　2014—2015 財年澳大利亞各級政府財政收入項目　單位：百萬澳元

收入項目	聯邦政府	州政府	地方政府	總計
總稅收收入	357,406	73,640	15,779	446,825
所得稅類	258,605	-	-	258,605
向個人徵收的稅	183,383	-	-	183,383
個人所得稅	178,990	-	-	178,990
員工福利稅	4,393	-	-	4,393
向企業徵收的稅	73,573	-	-	73,573
公司所得稅	67,692	-	-	67,692
養老基金繳納的所得稅	5,881	-	-	5,881
向非居民徵收的稅	1,649	-	-	1,649
股息預扣稅	167	-	-	167
利息預扣稅	1,482	-	-	1,482
雇主工薪稅類	735	22,250	-	22,985
退職金擔保稅	735	-	-	735
工薪稅	-	22,250	-	22,250
財產稅類	15	29,465	15,779	45,259

表4-6(續)

收入項目	聯邦政府	州政府	地方政府	總計
不動產稅	-	9,283	-	9,283
土地稅	-	6,674	-	6,674
市政稅	-	376	15,779	16,155
其他	-	2,233	-	2,233
金融資本交易稅	-	20,183	-	20,183
政府舉債擔保稅	15	1,036	-	1,051
財產（不動產和商業資產）轉讓印花稅	-	18,422	-	18,422
其他印花稅	-	725	-	725
提供產品和服務稅類	93,120	11,104	-	104,224
一般稅（銷售稅）	1,368	-	-	1,368
商品和勞務稅	56,462	-	-	56,462
消費稅	24,394	112	-	24,506
原油和液化石油氣	17,590	-	-	17,590
其他	6,097	-	-	6,097
農業生產稅	498	-	-	498
法定股東公司稅	209	112	-	321
國際貿易稅	10,896	-	-	10,896
博彩稅	-	5,754	-	5,754
政府彩票稅	-	772	-	772
私人彩票稅	-	498	-	498
博彩機稅	-	3,457	-	3,457
娛樂場所稅	-	689	-	689
比賽打賭稅	-	290	-	290
其他	-	48	-	48
保險稅	-	5,239	-	5,239
保險公司對消防隊的捐贈款	-	739	-	739
第三方保險稅	-	501	-	501
其他	-	3,999	-	3,999

表4-6(續)

收入項目	聯邦政府	州政府	地方政府	總計
產品使用和經營活動稅	4,932	10,820	-	15,752
機動車稅	-	9,463	-	9,463
車輛登記印花稅	-	2,588	-	2,588
其他	-	6,876	-	6,876
專賣稅	-	23	-	23
酒精專賣稅	-	23	-	23
其他	-	1,334	-	1,334
提供商品或服務的收入	8,307	22,857	11,221	42,385
其他收入	7,105	33,548	9,210	49,863
直接總收入	372,818	130,045	36,210	539,073
利息收入	8,630	4,374	849	13,853

數據來源：根據澳大利亞統計局網站（http://www.abs.gov.au/）的數據計算整理。

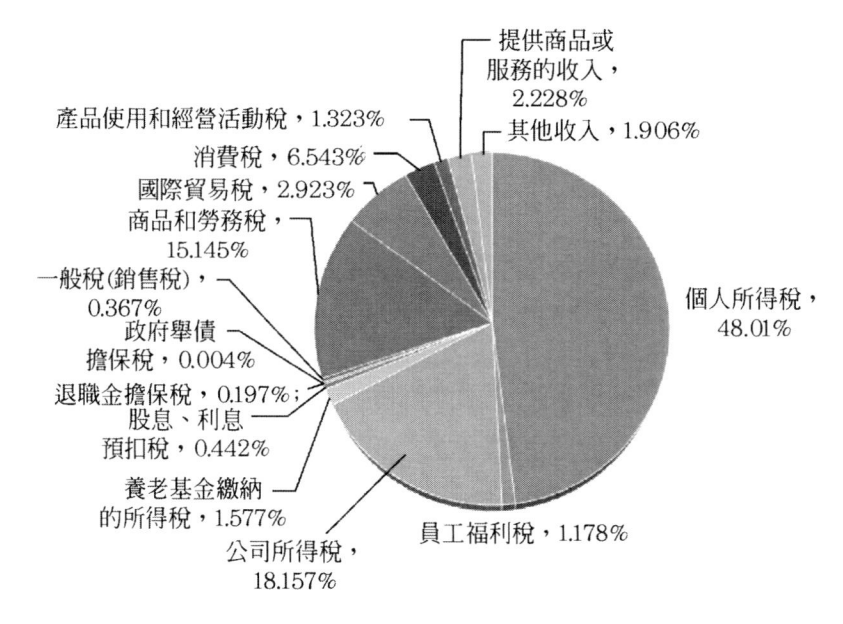

圖4-5 2014—2015 財年澳大利亞聯邦政府直接收入結構

數據來源：根據澳大利亞統計局網站（http://www.abs.gov.au/）的數據計算整理。

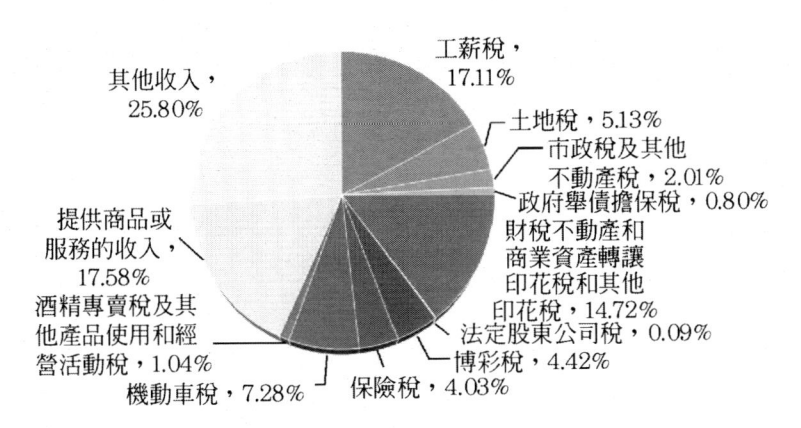

圖 4-6　2014—2015 財年澳大利亞州政府直接收入結構

數據來源：根據澳大利亞統計局網站（http://www.abs.gov.au/）的數據計算整理。

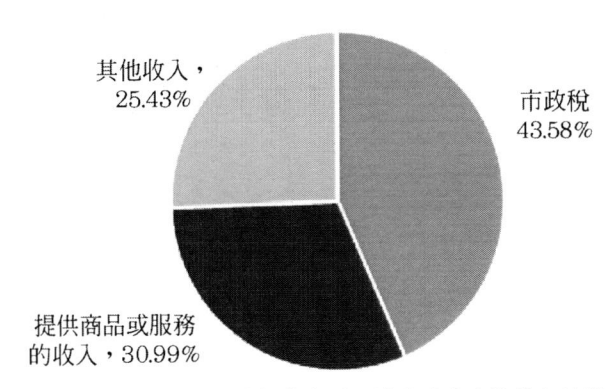

圖 4-7　2014—2015 財年澳大利亞地方政府直接收入結構

數據來源：根據澳大利亞統計局網站（http://www.abs.gov.au/）的數據計算整理。

澳大利亞實行徹底的分稅制，實行聯邦、州和地方三級課稅制度。各級政府都有自己的稅收管理權，並根據各自事權的劃分自行徵收各自的稅費，彼此之間不存在共享稅。稅收立法權和徵收權主要集中在聯邦。稅收不僅是澳大利亞國家財政的主體財源，同時也是決定聯邦政府與州政府及地方政府財政分配關係的重要因素。聯邦稅收主要包括所得稅、商品勞務稅、消費稅和國際貿易稅等；州稅收由於法律不同，稅種不盡相同，主要包括工薪稅、印花稅、土地稅、博彩稅等；地方政府的稅收種類和規模不大，主要是各地根據實際情況自定的小稅種——市政稅和一些服務性收費項目，如水費、電費、服務費以及土地使用費等。

聯邦政府的稅收收入占全國總稅收收入的近八成，而州和地方的稅收僅占兩成。

(三) 州與地方政府的主要稅種

1. 工薪稅

工薪稅是對雇主或雇員徵收的稅，通常按照雇主支付給雇員工薪的一定百分比計算。工薪稅通常分成兩種類型：雇員工薪的扣除和雇主基於雇員工薪的繳稅。對於第一種類型的稅，雇主需要從雇員工薪中代扣，經常被稱為代扣所得稅，通常涉及所得稅、社會保險稅和各種保險（如失業保險和殘疾保險）的預扣。第二種類型的稅則是由雇主用自有資金自己支付，與雇傭工人直接相關。

目前，澳大利亞的聯邦政府徵收的是第一種類型的工薪稅，即代扣個人所得稅。2014—2015 財年，個人所得稅收入占聯邦直接收入的 48.01%，是聯邦政府最大的稅收來源。第二種類型的工薪稅則是澳大利亞州政府徵收的主體稅種，也是州政府最重要的稅收來源，2014—2015 財年占州直接收入的 17.29%。這類工薪稅屬於一般目的稅，這裡的「工薪」，指的是對雇員和董事的現金或非現金支付，以及對他們提供的福利，同時也包括對雇員和董事的家庭成員的支付和提供的福利。一般來說，工薪稅會存入州統一基金來支付諸如教育、健康、公共安全和法律秩序方面的花費。

目前，澳大利亞的各州和特區都徵收工薪稅，然而各州和特區的工薪稅有許多不同。在這些差別之中，最重要的是從 4.75% 到 6.85% 的不等的稅率和 550,000~1,850,000 澳元的年免稅額。就目前各州的稅率而言，首都特區的稅率最高，為 6.85%；昆士蘭的稅率最低，為 4.75%。就各州免稅額而言，首都特區的免稅額也是最高的，年免稅額為 1,850,000 澳元，月免稅額為 154,166.66 澳元；而免稅額最低的則是維多利亞，年免稅額為 550,000 澳元，月免稅額為 45,883 澳元。此外，新南威爾士和塔斯馬尼亞的月免稅額根據月份天數的不同（29 天/30 天/31 天）有三檔免稅額，如表 4-7 所示。西澳大利亞自 2015 年 7 月 1 日設立了免稅扣除的新規定：對應稅工薪支出超過 7,500,000 澳元的部分要全額計徵工薪稅，而對 80,000 澳元~7,500,000 澳元的免稅額扣除會隨著應稅工薪支出的增長而按照一定比例減少。

各州和特區一直在工薪稅徵收管理方面做出協調和讓步，以縮小地區間差異，實現各州和特區稅收法律的協調，簡化各州之間的工薪稅徵收管理流程。各

州和特區在納稅申報時間、機動車津貼、食宿津貼、一系列附加福利、所屬管轄區外的工作、雇員股權收購計劃、非在職董事的退休金補助、商業集團八個關鍵領域的工薪稅徵管工作做出了協調，而在除上述關鍵領域的其他領域仍然存在稅收徵管上的差異。自2007年以來，隨著昆士蘭引進關鍵領域的協調協議來修訂其現行法律，除西澳大利亞的其餘六個州和特區也頒布了修改後的工薪稅法律。西澳大利亞則於2012年7月1日在其工薪稅法中頒布了相同的統一規定。除了進行法律上的協調統一，各州和特區也開始致力於徵管的一致性，最終建立了部分稅收裁定內容的協調。各州和特區的稅收裁定在以下幾個方面的內容達成了協調：津貼和償還、機動車和食宿津貼免稅、產假支付免稅、集團公司的專業實踐和管理（Grouping of Professional Practices and Administration Businesses）、商品勞務稅在工薪稅計算方面的注意事項、親職假、工薪稅體系規定（Nexus Provisions）、解雇支付、工資補助、代員工支付的賠償、關於承包商的日工作組成。

表4-7　　2015—2016財年澳大利亞州政府工薪稅稅率與免徵額

州或特區	州稅率（%）	年免稅額（澳元）	月免稅額（澳元）
西澳大利亞	5.5	800,000	66,667
南澳大利亞	4.95	600,000	50,000
昆士蘭	4.75	1,100,000	91,666
新南威爾士	5.45	750,000	59,426/61,475/63,525
維多利亞	4.85	550,000	45,883
塔斯馬尼亞	6.1	1,250,000	99,044/102,459/105,874
北方特區	5.5	1,500,000	125,000
首都特區	6.85	1,850,000	154,166.66

資料來源：澳大利亞工薪稅網站（http://www.payrolltax.gov.au/）。

2. 財產（不動產和商業資產）轉讓印花稅

2014—2015財年，財產（不動產和商業資產）轉讓印花稅收入占州直接收入的14.31%，是州政府的主要收入來源。財產轉讓印花稅一般建立在兩大因素之上——該資產的市場價值和該資產的實際交易價格。財產轉讓印花稅的納稅人為購買者或受讓者。當財產轉讓的行為發生或轉讓合同生效時，財產轉讓的印花

稅就產生了。財產轉讓印花稅的計稅依據為轉讓價格，在特定情況下可以申請減免。州和特區政府的這類稅收一般用來滿足如教育、健康、法律、秩序和公共安全方面的基礎公共服務支出需要。財產轉讓印花稅由各州和特區政府自行管理和徵收，並且正處於一個逐步改革的階段。

對於不動產轉讓的印花稅，其轉讓對象包括房屋、土地及其改進物或者商業樓宇。對於第一次購房者，政府都會給予一定的優惠。一般來說，各州和特區都是根據交易價格或市場價值孰高原則計徵印花稅。除北方特區外，各州和特區的財產轉讓印花稅都使用超額累進稅率，稅率隨著應稅價值的提高而提高。北方特區針對轉讓印花稅實行的是全額累進稅率。對不超過 525,000 澳元的財產轉讓，設置了一個應納稅款公式：應納稅款 = $(0.065,714,41 \times V^2) + 15V$。$V$ 為應稅價格 ÷ 1,000。應稅價格在 525,000 ~ 3,000,000 澳元和 3,000,000 澳元以上的分別適用 4.95% 和 5.4% 的稅率。首都特區和維多利亞分別針對應稅價格超過 1,455,000 澳元和 960,000 澳元的財產轉讓全額徵稅。各州和特區大多沒有免稅額，僅昆士蘭設立了 5,000 澳元的免稅額。新南威爾士對超過 3,000,000 澳元的居住用地轉讓還設置了附加稅（見表 4-8）。西澳大利亞針對轉讓印花稅，設置了一般稅率、居住用地轉讓稅率、優惠稅率、第一次購房優惠稅率。對於故人的房產轉移、配偶間的財產轉移、家庭農場轉讓、青年農民第一次購買農場、公司合併和重組的財產轉讓、對慈善機構的財產轉讓等都有印花稅的減免優惠。

商業資產轉讓印花稅的課稅對象是指作為商業的組成部分的所有轉讓的資產，具體可能包括工廠、設備、存貨、債務、固定裝置、批租土地權益、商譽、公司名稱、法定許可證、商標和版權等。這類印花稅可以選擇市價或實際交易價來計徵，但遵循孰高原則，並使用從價的印花稅稅率。

2008 年 7 月 1 日，塔斯馬尼亞和南澳大利亞廢除了商譽和非實體商業資產（non-real business）轉讓的印花稅。2010 年 6 月 30 日，首都特區對非上市可出售證券交易不再徵收印花稅。在新南威爾士，與商業資產轉讓和可出售證券的轉讓以及信託聲明有關的印花稅將於 2016 年 7 月 1 日被廢除。2015 年 6 月 18 日，南澳大利亞廢除非上市可出售證券交易和非房地產交易的印花稅徵收。從 2016 年 7 月 1 日開始，除住宅用途和基礎生產用途外的土地轉讓涉及的印花稅將在三年內被逐步廢除。這類土地主要包括商用、工用、閒置、公共機構、公共設施、娛樂、採礦採石用地。從 2016 年 7 月 1 日開始，印花稅稅率會降低三分之一，

到 2017 年 7 月 1 日再降低三分之一，在 2018 年 7 月 1 日完全廢除印花稅。住宅用地和基礎生產用地的轉讓印花稅將保持不變。

表 4-8　2016—2017 財年澳大利亞各州和特區財產轉讓印花稅應納稅款

州或特區	應稅價格（澳元）	應納稅款
新南威爾士	0～14,000	應稅價格每 100 澳元的部分繳納 1.25 澳元
	14,001～30,000	175 澳元加上應稅價格超過 14,000 澳元的部分每 100 澳元繳納 1.50 澳元
	30,001～80,000	415 澳元加上應稅價格超過 30,000 澳元的部分每 100 澳元繳納 1.75 澳元
	80,001～300,000	1,290 澳元加上應稅價格超過 80,000 澳元的部分每 100 澳元繳納 3.50 澳元
	300,001～1,000,000	8,990 澳元加上應稅價格超過 300,000 澳元的部分每 100 澳元繳納 4.50 澳元
	1,000,000 以上	40,490 澳元加上應稅價格超過 1,000,000 澳元的部分每 100 澳元繳納 5.50 澳元
	3,000,000 以上（僅針對居住用地）	21,330 澳元加上應稅價格超過 3,000,000 澳元的部分附加財產稅每 100 澳元繳納 5.50 澳元
首都特區	0～200,000	20 澳元或應稅價格每 100 澳元的部分繳納 1.80 澳元
	200,001～300,000	3,600 澳元加上應稅價格超過 200,000 澳元的部分每 100 澳元繳納 3.00 澳元
	300,001～500,000	6,600 澳元加上應稅價格超過 300,000 澳元的部分每 100 澳元繳納 4.00 澳元
	500,001～750,000	14,600 澳元加上應稅價格超過 500,000 澳元的部分每 100 澳元繳納 5.00 澳元
	750,001～1,000,000	27,100 澳元加上應稅價格超過 750,000 澳元的部分每 100 澳元繳納 6.50 澳元
	1,000,001～1,455,000	43,350 澳元加上應稅價格超過 1,000,000 澳元的部分每 100 澳元繳納 7.00 澳元
	1,455,000 以上	對全部的應稅價格按每 100 澳元繳納 5.17 澳元

表4-8(續)

州或特區	應稅價格（澳元）	應納稅款
維多利亞	0~25,000	應稅價格的1.4%
	25,001~130,000	350澳元加上應稅價格超過25,000澳元部分的2.4%
	130,001~960,000	2,870澳元加上應稅價格超過130,000澳元部分的6%
	960,000以上	應稅價格的5.5%
南澳大利亞	0~12,000	應稅價格每100澳元的部分繳納1.00澳元
	12,001~30,000	120澳元加上應稅價格超過12,000澳元的部分每100澳元繳納2.00澳元
	30,001~50,000	480澳元加上應稅價格超過30,000澳元的部分每100澳元繳納3.00澳元
	50,001~100,000	1,080澳元加上應稅價格超過50,000澳元的部分每100澳元繳納3.50澳元
	100,001~200,000	2,830澳元加上應稅價格超過100,000澳元的部分每100澳元繳納4.00澳元
	200,001~250,000	6,830澳元加上應稅價格超過200,000澳元的部分每100澳元繳納4.25澳元
	250,001~300,000	8,955澳元加上應稅價格超過250,000澳元的部分每100澳元繳納4.75澳元
	300,001~500,000	11,330澳元加上應稅價格超過300,000澳元的部分每100澳元繳納5.00澳元
	500,000以上	21,330澳元加上應稅價格超過500,000澳元的部分每100澳元繳納5.50澳元
昆士蘭	0~5,000	不需繳稅
	5,001~75,000	應稅價格超過5,000澳元的部分每100澳元繳納1.50澳元
	75,001~540,000	1,050澳元加上應稅價格超過75,000澳元的部分每100澳元繳納3.50澳元
	540,001~1,000,000	17,325澳元加上應稅價格超過540,000澳元的部分每100澳元繳納4.50澳元
	1,000,000以上	38,025澳元加上應稅價格超過1,000,000澳元的部分每100澳元繳納5.75澳元

表4-8(續)

州或特區	應稅價格（澳元）	應納稅款
塔斯馬尼亞	0~3,000	50澳元
	3,001~25,000	50澳元加上應稅價格超過3,000澳元的部分每100澳元繳納1.75澳元
	25,001~75,000	435澳元加上應稅價格超過25,000澳元的部分每100澳元繳納2.25澳元
	75,001~200,000	1,560澳元加上應稅價格超過75,000澳元的部分每100澳元繳納3.50澳元
	200,001~375,000	5,935澳元加上應稅價格超過200,000澳元的部分每100澳元繳納4.00澳元
	375,001~725,000	12,935澳元加上應稅價格超過375,000澳元的部分每100澳元繳納4.25澳元
	725,000以上	27,810澳元加上應稅價格超過725,000澳元的部分每100澳元繳納4.50澳元
西澳大利亞	0~80,000	應稅價格每100澳元的部分繳納1.90澳元
	80,001~100,000	1,520澳元加上應稅價格超過80,000澳元的部分每100澳元繳納2.85澳元
	100,001~250,000	2,090澳元加上應稅價格超過100,000澳元的部分每100澳元繳納3.80澳元
	250,001~500,000	7,790澳元加上應稅價格超過250,000澳元的部分每100澳元繳納4.75澳元
	500,000以上	19,665澳元加上應稅價格超過500,000澳元的部分每100澳元繳納5.15澳元
北方特區	0~525,000	$(0.065,714,41 \times V^2) + 15V$
	525,001~3,000,000	應稅價格的4.95%
	3,000,000以上	應稅價格的5.4%

註：①應稅價格不足100澳元的按100澳元計算；②$V=$應稅價格÷1,000。
數據來源：澳大利亞各州和特區財政部官方網站。

3. 車輛登記和轉讓印花稅

2014—2015財年，機動車註冊和轉讓的印花稅占州直接收入的7.35%，是州政府財政收入來源的重要組成部分。機動車登記證書的發放或者轉讓應繳納印花稅，納稅人是申請註冊或轉移的登記證書的一方，在註冊或轉移生效的時候產

生納稅義務。車輛買方需要申報機動車的售價和市場價，車輛賣方需要申報售價。根據售價和市場價孰高原則，在雙方無關聯關係的正常公平交易下，以售價（包含配件和商品勞務稅）為計稅價格，否則應該以市場價格為計稅價格。售價是包含已付訂金、舊貨換新的折扣、運費、附加設備和配件的價格。如果買方協商了商業折扣價或者機動車不繳納商品勞務稅，應稅價格為協商價。

各州和特區設置的關於機動車註冊和轉讓的印花稅稅率不同。首都特區是根據汽車尾氣中二氧化碳的排放量來對機動車進行分級，進而徵收車輛登記印花稅（見表4-9和表4-10）。首都特區推出的車輛節能減排計劃，能使道路運輸局基於聯邦政府的「綠色汽車指引」規定來決定市場上每輛新車的適用稅率。在這個計劃下，所有的新（未登記過的）輕型車輛都要接受一個基於二氧化碳排放量的「A、B、C、D」的性能評級，然後根據評定等級來決定納稅人應該繳納哪一檔車輛登記印花稅。在此基礎上，根據車輛價值又劃分為兩套稅率。現在已登記過的、以前登記過的（包括摩托車）或在「綠色汽車指引」規定下未參加評級的機動車則統一適用C等級汽車的稅率。「車輛節能減排計劃」的意義在於通過不同的稅率減少了交通方面的二氧化碳排放成本以及新型低排量汽車的使用成本。

除了新南威爾士和北方特區，其餘州和特區都根據機動車的類型和用途分別設置了不同稅率。西澳大利亞根據機動車總重量對機動車分類，再根據機動車的應稅價格適用不同稅率（見表4-11）。南澳大利亞根據機動車類型（商用或非商用）對機動車進行分類，再根據機動車的應稅價格適用不同稅率（見表4-12）。昆士蘭根據機動車氣缸數量等汽車構件對機動車進行分類，再根據機動車的應稅價格適用不同稅率（見表4-13）。維多利亞根據機動車的登記狀態和用途（客運或非客運）對機動車進行分類，再根據機動車的應稅價格適用不同稅率（見表4-14）。

塔斯馬尼亞的機動車分類則相對複雜。這裡的機動車主要分為三種類型，分別是：以廠商折扣價購買的新車、客運車、商用車。它們分別適用各自的稅率。以廠商折扣價購買的除重型車輛以外的新機動車，應納稅款為每100澳元繳納3.5澳元，最少繳納20澳元。包括司機在內承載9人的客運車輛的應納稅款如表4-15所示。這部分客運車輛還包括非多用途越野車輛，但不包括摩托車、多用途車、廂式車和9座以上客運車。總重量超過4.5噸的重型車輛（不包括露營拖

車）按應稅價格每 100 澳元的部分繳納 1 澳元，最少繳納 20 澳元。而總重量在 4.5 噸及以下的其他商用車輛（如多用途車、廂式車和公交車）和摩托車則按應稅價格每 100 澳元的部分繳納 3 澳元，最少繳納 20 澳元。自 2013 年 7 月 1 日起，塔斯馬尼亞廢除了房車和露營拖車的登記和轉讓印花稅。

表 4-9　　　首都特區「車輛節能減排計劃」下的車輛性能評級

性能評級	類型	每千米的二氧化碳排放量（克）
A	環保頂尖型	0～130
B	平均水準之上的環保性能型	131～175
C	平均水準的環保性能型	176～220
D	平均水準之下的環保性能型	220 以上

表 4-10　《1999 印花稅法》s208（1）和 s208（2）部分車輛性能評級的應納稅款

《1999 印花稅法》s208（1）部分的價值在 45,000 澳元及以下的車輛性能評級	應納稅款
A 級車	不需繳稅
B 級車	機動車應稅價值每 100 澳元的部分繳納 1 澳元
C 級車及未評級車	機動車應稅價值每 100 澳元的部分繳納 3 澳元
D 級車	機動車應稅價值每 100 澳元的部分繳納 4 澳元
《1999 印花稅法》s208（2）（a）部分的價值在 45,000 澳元以上的車輛性能評級	應納稅款
A 級車	不需繳稅
B 級車	450 澳元加上機動車應稅價格超過 45,000 澳元的部分每 100 澳元繳納 2 澳元
C 級車及未評級車	1,350 澳元加上機動車應稅價格超過 45,000 澳元的部分每 100 澳元繳納 5 澳元
D 級車	1,800 澳元加上機動車應稅價格超過 45,000 澳元的部分每 100 澳元繳納 6 澳元

註：①機動車應稅價值不足 100 澳元的按 100 澳元計算；②應納稅款也可以是《1999 稅收徵管法》第 139 部分規定下的其他數額。

數據來源：首都特區官方收入局網站（http://www.revenue.act.gov.au/）。

表 4-11　　　　　　　　西澳大利亞機動車印花稅稅率

類型	應稅價格（澳元）	稅率/稅費
總重量低於 4.5 噸（含）的輕型車輛	0~25,000	2.75%
	25,001~50,000	2.75%+[（應稅價格-25,000）/6,666.66/應稅價格]%
	50,000 以上	6.50%
總重量超過 4.5 噸的重型車輛	0~400,000	3.00%
	400,000 以上	12,000 澳元

數據來源：西澳大利亞官方財政部網站（http://www.finance.wa.gov.au/cms/State_Revenue.aspx）。

表 4-12　　　　　　　　南澳大利亞機動車印花稅應納稅款

類型	應稅價格（澳元）	應納稅款
非商用車	0~1,000	應稅價格每 100 澳元的部分繳納 1 澳元，最低繳納 5 澳元
	1,001~2,000	10 澳元加應稅價格超過 1,000 澳元的部分每 100 澳元繳納 2 澳元
	2,001~3,000	30 澳元加應稅價格超過 2,000 澳元的部分每 100 澳元繳納 3 澳元
	3,000 以上	60 澳元加應稅價格超過 3,000 澳元的部分每 100 澳元繳納 4 澳元
商用車	0~1,000	應稅價格每 100 澳元的部分繳納 1 澳元，最低繳納 5 澳元
	1,001~2,000	10 澳元加應稅價格超過 1,000 澳元的部分每 100 澳元繳納 2 澳元
	2,000 以上	30 澳元加應稅價格超過 2,000 澳元的部分每 100 澳元繳納 3 澳元

註：機動車應稅價格不足 100 澳元的按 100 澳元計算。
數據來源：南澳大利亞官方財政局網站（http://www.revenuesa.sa.gov.au/）。

表 4-13　　　　　　　　昆士蘭機動車印花稅應納稅款

類型	應納稅款
混合動力，任何數量的氣缸，電動	機動車應稅價值每 100 澳元的部分繳納 2 澳元
1~4 個氣缸，2 個發動機輪，蒸汽能	機動車應稅價值每 100 澳元的部分繳納 3 澳元
5 或者 6 個氣缸，3 個發動機輪	機動車應稅價值每 100 澳元的部分繳納 3.5 澳元
超過 7 個氣缸	機動車應稅價值每 100 澳元的部分繳納 4 澳元
特殊機動車，如鏟車、拖拉機、平地機	25 澳元

註：機動車應稅價格不足 100 澳元的按 100 澳元計算。
數據來源：昆士蘭官方政府網站（http://www.qld.gov.au/）。

表 4-14　　　　　　　維多利亞機動車印花稅應納稅款

| 應稅價格 | 非以前登記 | | 以前登記 |
(澳元)	客運	非客運	所有車*
0~63,184	應稅價格每200澳元的部分繳納6.40澳元	應稅價格每200澳元的部分繳納5.40澳元	應稅價格每200澳元的部分繳納8.40澳元
63,184以上	應稅價格每200澳元的部分繳納10.40澳元		

註：①*不包括以前LMCT（汽車經銷商）登記的客運車，這類車適用稅率與非以前登記（新）中的客運車相同；②機動車應稅價格不足200澳元的按200澳元計算。

數據來源：維多利亞官方政府網站（http://www.sro.vic.gov.au/）。

表 4-15　　　　　　　塔斯馬尼亞9座以內客運車輛應納稅款

應稅價格（澳元）	應納稅款
0~600	20澳元
601~35,000	機動車應稅價格每100澳元的部分繳納3澳元
35,001~40,000	1,050澳元加上機動車應稅價格超過35,000澳元的部分每100澳元繳納11澳元
40,000以上	機動車應稅價格每100澳元的部分繳納4澳元

註：機動車應稅價值不足100澳元的按100澳元計算。

數據來源：塔斯馬尼亞官方財政局網站（http://www.sro.tas.gov.au/）。

4. 土地稅

作為地方稅，土地稅成為各州政府增加財政收入的重要渠道之一。土地稅是一種從價稅，其計稅依據不包括地上和地下的基礎設施等附著物的價值，也不是土地所帶來的收益，而是土地未加改良的市場價值。納稅人不僅包括土地所有人或佔有人，還包括委託的代理人和受益人，具體可以是個人、公司、信託、在外土地擁有者等。一般來說，土地稅收入主要用於教育、健康和公共安全之類的公共服務提供。

除了北方特區，其餘各州和首都特區都需要繳納土地稅。在一些州，土地稅可以申請減免，但這主要看土地的用途。總體來說，有下列用途的土地可以免除土地稅：①主要居住用地；②基礎生產用地；③宗教、慈善機構等非營利組織用地。澳大利亞的各州都設有專門的土地價值評估機構（Valuer General），負責定

期對土地的市場價值進行評估，並且大多數州規定必須在公平的市場交易前提下對土地進行估價。對於土地稅的估價，以新南威爾士為例，估價機構會對新南威爾士的所有土地進行評估，在每年7月1日定下來的估價可以作為將來一年的稅收徵收標準。這種估價不同於當地政府每三年為徵收市政稅而進行的簡約估價。一塊土地的應稅價值由土地在當前這一稅收年度的價值和其前兩年的價值加權平均得出。在維多利亞，土地價值是由市政會或評估機構每兩年評估一次。

除了首都特區，各州土地稅均實行超額累進稅率，由州所在的稅收徵管機關徵收和管理。各州徵收土地稅的稅率大小及級次、免稅額和稅收優惠都有所不同，一些州每年的土地稅的稅率和免稅額都在變化，如新南威爾士。從表4-16可知，各州和特區都有相應的免稅額。昆士蘭土地稅應納稅款僅適用於居住在澳大利亞的個體，而公司、信託人、在外土地擁有人的房地產適用另一套稅率。

西澳大利亞除了徵收土地稅，還在30個地方政府的轄區徵收大城市地區的附加稅（metropolitan region improvement tax，即MRIT）。大城市地區的附加稅是向總的土地價值超過300,000澳元（土地稅免稅額）的有土地稅納稅義務的土地徵收的，稅率為0.14%。同一所有者擁有的土地必須加總起來計徵土地稅和大城市地區附加稅。西澳大利亞規定，從2009年7月起，單個土地未加改進價值的任何增長最大不超過以前年度土地價值的50%。這有助於減少由於重大的土地價值增長帶來的單個土地稅和大城市片區附加稅的波動性和不可預測的增長。

首都特區的土地稅徵收區別於其餘各州和特區。通常，對於個體而言，首都特區土地稅的徵稅範圍僅為被出租的所有住宅房地產。住宅房地產包括公寓、多層住宅、雙重場所（dual occupancies）、老奶奶套間（granny flats）。租金可以以現金、服務或者其他等價有償的方式賺得。首都特區也對信託或公司所有的住宅房地產徵收土地稅，即使是沒有出租的，但建築或土地開發公司所有的居住用地有資格獲得兩年的免徵。此外，首都特區的土地稅計稅方法也與其餘州和特區有所不同。土地稅要求在每個季度（7月、10月、1月、4月）對所有的應稅房地產都要基於其狀態（是否出租）進行評估。土地稅也將完全按照整個一季的天數來計徵，不存在按照（出租）天數與季度天數比例的計徵方式。如果已經被出租的住宅房產在應稅日內暫時閒置，也會被繼續計徵土地稅，除非該房產會在一個季度季內閒置且所有者告知收入局該房產不會在這個季度內出租。如表4-17所示，土地稅是基於房產的一個規定的固定費用（FC）。其計算有一個固定公

式：土地稅應納稅款 = [FC + (AUV × 邊際稅率)] × (季度天數÷年度天數)。其中，AUV 是指該房產當年及前兩年的未改進土地價值的平均值。

近年來，關於土地稅的提升和改進也在進行中。從 2012 年 7 月 1 日起，首都特區的商用地產不再徵收土地稅。2016 年 1 月 1 日，維多利亞規定對在外土地擁有者的土地額外徵收 0.5% 的土地稅。維多利亞 2016—2017 財年的預算案也提到了從 2017 年 1 月 1 日起這個額外的費用將由 0.5% 上升至 1.5%。

表 4-16　　2016—2017 財年除首都特區外其餘各州和特區土地稅應納款

州和特區	應稅價格（澳元）	應納稅款
西澳大利亞	0~300,000	不需繳稅
	300,001~420,000	300 澳元
	420,001~1,000,000	300 澳元加上合計計稅價格超過 420,000 澳元的部分乘以 0.25%
	1,000,001~1,800,000	1,750 澳元加上合計計稅價格超過 1,000,000 澳元的部分乘以 0.90%
	1,800,001~5,000,000	8,950 澳元加上合計計稅價格超過 1,800,000 澳元的部分乘以 1.80%
	5,000,001~11,000,000	66,550 澳元加上合計計稅價格超過 5,000,000 澳元的部分乘以 2.00%
	11,000,000 以上	186,550 澳元加上合計計稅價格超過 11,000,000 澳元的部分乘以 2.67%
維多利亞	0~250,000	不需繳稅
	250,001~600,000	275 澳元加上合計計稅價格超過 420,000 澳元的部分乘以 0.2%
	600,001~1,000,000	975 澳元加上合計計稅價格超過 420,000 澳元的部分乘以 0.5%
	1,000,001~1,800,000	2,975 澳元加上合計計稅價格超過 1,000,000 澳元的部分乘以 0.80%
	1,800,001~3,000,000	9,375 澳元加上合計計稅價格超過 1,800,000 澳元的部分乘以 1.30%
	3,000,000 以上	24,975 澳元加上合計計稅價格超過 3,000,000 澳元的部分乘以 2.25%

表4-16(續)

州和特區	應稅價格（澳元）	應納稅款
新南威爾士	0~482,000	不需繳稅
	482,001~2,947,000	100澳元加上合計計稅價格超過482,000澳元的部分乘以1.6%
	2,947,000以上	39,540澳元加上合計計稅價格超過2,947,000澳元的部分乘以2%
南澳大利亞	0~323,000	不需繳稅
	323,001~593,000	合計計稅價格超過323,000澳元的部分每100澳元繳納0.50澳元
	593,001~862,000	1,350澳元加上合計計稅價格超過593,000澳元的部分每100澳元繳納1.65澳元
	862,001~1,078,000	5,788.50澳元加上合計計稅價格超過862,000澳元的部分每100澳元繳納2.40澳元
	1,078,000以上	10,972.50澳元加上合計計稅價格超過1,078,000澳元的部分每100澳元繳納3.70澳元
塔斯馬尼亞	0~24,999	不需繳稅
	25,000~349,999	50澳元加上合計計稅價格超過25,000澳元的部分乘以0.55%
	350,000以上	1,837.50澳元加上合計計稅價格超過350,000澳元的部分乘以1.50%
昆士蘭（長期居住在澳大利亞的個體）	0~599,999	不需繳稅
	600,000~999,999	500澳元加上合計計稅價格超過600,000澳元的部分乘以1%
	1,000,000~2,999,999	4,500澳元加上合計計稅價格超過1,000,000澳元的部分乘以1.65%
	3,000,000~4,999,999	37,500澳元加上合計計稅價格超過3,000,000澳元的部分乘以1.25%
	5,000,000以上	62,500澳元加上合計計稅價格超過5,000,000澳元的部分乘以1.75%

數據來源：各州和特區官方政府網站。

表 4-17　2015—2016 財年首都特區土地稅 AUV 及其對應的邊際稅率

AUV（澳元）	邊際稅率（%）
0~75,000	0.41
75,001~150,000	0.48
150,001~275,000	0.61
275,000 以上	1.23

5. 市政稅

市政稅是唯一一個由澳大利亞地方政府（市政會）徵收的稅種，其主要是向地方政府轄區內的不動產業主徵收的，用以支持地方政府提供市政基礎服務。2014—2015 財年，市政稅占地方直接收入的 43.58%，是地方政府收入的主要來源。

每個市政會需要結合稅、費和價格策略來為其社區服務提供資金支持，這也被稱為收入策略。這個收入策略包含一個決定納稅人繳納何種稅費和多少稅費的稅率結構。根據市政區域內應納稅不動產的類目，市政會可以選擇稅費計算和分配的方式。

對於每一個類目及其子類目，可以從以下三種方式中選擇一個來計徵市政稅：①完全按照不動產的土地價值；②不動產土地價值和不動產固定金額的結合；③最小金額的土地價值。每一個地塊都包含在以下四種分類中：居住用、商用、農用、礦用。市政會根據轄區內地塊的特徵和用途決定地塊的分類。大多數人都是繳納居住用類別的普通稅費。

根據《1993 地方政府法案》的規定，市政會取得的某一稅費收入總額是被限定的，這也被稱作「稅費限制百分比」（rate peg percentage）。由於「稅費限制百分比」的存在，市政會總體的稅費收入增長不會超過批准的增長百分比。如果全部的土地價值上升，市政會應該調整稅費徵收，使總收入的增長不會超過批准的增長百分比。只有普通稅費適用「稅費限定百分比」。市政會能夠申請的額外的超過年度稅收限定金額的一般收入的增長則被稱為「特殊稅費變動」（special rate variation）。

首都特區沒有地方政府，但是有社區（類似於地方政府）。首都特區的業主需要向社區付費來給各種市政和其他基礎服務提供資金。這些業主包括地塊的註

冊所有人、佔有地塊的承押人和承租地塊的人。在首都特區，社區所提供的市政服務包括：主要公路、自行車道和人行道的維護，休閒區、游泳池、公立圖書館、禮堂和社區中心的建立、維護和維修，垃圾和廢物處理服務、雨水排放設施、街道照明和清潔、健康和社區護理、教育、治安、制裁和社區安全、公共交通、環境和自然保護區、緊急服務、運動和娛樂、旅遊、藝術、土地和規劃。與土地稅一樣，市政稅的繳納也有專門的評估機構進行年度評估。對於每一個個體應稅房地產，市政稅應納稅款＝固定費用（FC）+變動費用（AUV×P），AUV為當年及其前兩年的未改進的土地價值的平均值，P為額定值係數。2015—2016財年，首都特區市政稅不同用途房地產變動費用和額定係數如表4-18所示。

表4-18　2015—2016財年首都特區市政稅不同用途房地產變動費用和額定係數

房地產	FC（澳元）	AUV（澳元）	P（%）
居住用	730	1~150,000	0.274,6
		150,001~300,000	0.385,7
		300,001~450,000	0.462,9
		450,000以上	0.533,9
商用	2,130	1~150,000	2.627,4
		150,001~275,000	3.046,7
		275,000以上	4.433,9
農村用	150	AUV×P	0.146,8

數據來源：首都特區官方收入局網站（http://www.revenue.act.gov.au/）。

三、結論與啟示

第一，明確合理地劃分各級政府的事權和支出責任。澳大利亞憲法明確規定了各級政府的事權和支出責任，且劃分符合各級政府的職能特徵。聯邦政府主要負責管理全國性的社會公共事務，並進行宏觀經濟調控；州政府主要負責提供本州公共服務和基礎設施建設；地方政府只負責一些非常本地化的事物，包括地方道路、地方公園、公共圖書館、地方交通、供水、排污與排水、社會保健、住房

與社區環境、地方文化設施以及消防服務等與居民生活息息相關的服務項目，以及進行必要的經濟建設。

與澳大利亞相比，中國的中央與地方事權和支出責任劃分還存在著一系列不明確、不合理、不規範的問題。一方面，地方政府承擔起了一些本應由中央政府直接負責的事務；另一方面，中央政府又過多地承擔了一些地方負責的事務，使得地方政府沒有承擔起相應的支出責任。此外，中央政府和地方政府提供基本公共服務的職責交叉重疊，共同承擔的事項較多，並且省以下的地方政府事權和支出責任劃分不盡規範，事權和支出責任劃分的法治化、規範化程度低。因此，中國應積極推進中央與地方政府財政事權和支出責任劃分的改革，將政府事權和支出責任在各級政府之間合理、明確的劃分，減少交叉，並以法律形式固定下來，建立事權合理、責任明確、法治保障的新型政府事權和支出責任制度規範。

第二，中央政府在收入劃分中占據優勢，並對地方政府進行有效的轉移支付。澳大利亞聯邦政府擁有完整的收入獲得權、分配權和使用權，在財政分配中占主導地位，如 2014—2015 財年聯邦和州及以下政府支出對比關係約為 54.4∶45.6，而聯邦與州及以下政府財政收入比大致為 70∶30。聯邦在政府間收入劃分中處於絕對優勢地位，以保證其所負責的公共事務的實現，同時給予州及地方轉移支付，以均衡地區間公共服務供給。2014—2015 財年，聯邦對州和地方的轉移支付占聯邦財政支出的 24.7%，聯邦轉移支付占州和地方政府財政總支出的 39.15%。聯邦政府的轉移支付包括：向各州的均等化轉移支付（一般性轉移支付）和向州和地方關鍵事務（衛生、教育、技術和勞動力發展、社區服務、住宅、本土事務、基礎設施和環境方面）的專項轉移支付。聯邦政府通過一個完整的轉移支付體系，緩解地區間經濟和財力差異，保障不同地區居民所享受公共服務的大致均等，促進地區間經濟社會的均衡發展。

在政府間財力劃分中，財力適當向中央集中，有助於保障全國性公共服務的提供、中央政府通過轉移支付實現公共服務均等化。2015 年，中國中央與地方一般預算收入比約為 45.5∶54.5，中央與地方一般預算支出之比約為 14.5∶85.5。雖然相對於中央的一般預算支出，中央政府財力集中水準比較高，且中央政府對地方政府有大規模的轉移支付，但是中央政府財政支出占比過低，大量本該中央政府承擔的事權和公共服務供給責任由地方政府承擔。通過對中央和地方的財政事權和支出責任進行優化調整，一些本屬於中央政府的事權和支出責任的

公共服務（如基本社會保險、高等教育、全國性和跨省基礎設施、司法等）歸位，因而中央政府的財政收入占比並不高。同時，出於發揮中央政府均衡地方財力、實現基本公共服務大致均等、促進不同地區經濟社會均衡發展、保證全國的穩定統一職能作用的客觀需要，中央政府還需保持對省及以下政府相當規模的轉移支付。因此，中國中央政府應提高財政收入占比，並優化一般轉移支付和專項轉移支付配置機制，更好地實現一般轉移支付在均衡地方財力以及專項轉移支付在保證特定基本公共服務均等化供給中的績效。

　　第三，構建適合國情的政府間稅收劃分制度和地方稅收體系。澳大利亞實行的是聯邦、州和地方三級課稅制度。這是一種比較徹底的分稅制，各級政府根據各自事權劃分自行徵收各自稅費，不存在法律意義上的共享稅。稅收立法權和徵收權主要集中在聯邦。聯邦政府的稅收收入包括了所得稅、商品與勞務稅、消費稅和國際貿易稅等主要稅種的收入。2014—2015 財年，聯邦稅收收入占國家總稅收收入的 79.99%，其中所得稅收入就占聯邦稅收收入的 72.36%。州政府之間的稅種不盡相同，但印花稅、工薪稅、土地稅是各州政府的主要稅種。地方政府的主體稅種為市政稅。聯邦政府集中了全國絕大多數的稅收，但州和地方政府也都有其相對穩定的自有收入。

　　「收入上移、支出責任下移」是自 1994 年以來的中國分稅制改革的基本取向。現行的政府間事權和財權劃分方式已經不能適應經濟社會發展的要求，現代財政制度的建立、國家治理體系和治理能力現代化要求我們建立適合國情、科學合理的政府間財政關係。中國政府間稅收劃分改革應在政府間事權和支出責任合理劃分的基礎上，基於地方公共服務供給的財力需要、稅收自身特徵屬性、不同稅收劃分的激勵效應等進行劃分。同時，由於稅種數有限、不同稅種的稅收能力有限、地區間稅源分佈不均衡，政府間稅收劃分應有利於全國政治和市場統一，而立法集中、稅種劃分和稅收共享是相對可行的稅收分權模式。立法集中是指立法權主要集中於中央，而地方具有一定範圍內的稅收調整自主權。稅種劃分是指中央和地方有各自專屬稅種（中央稅、地方稅）。稅收共享是指收入分成或共享稅基的共享稅應為不同層級政府的重要稅收來源。此外，應以法治的方式對政府間稅收劃分和地方稅進行規範，以確保分稅制的權威性和穩定性，保障各層級政府特別是地方政府的稅權。

　　第四，規範地方政府的非稅收入。從澳大利亞的州政府收入來源構成中，可

以看到州政府收入源的相當大的一部分來自地方政府的非稅收入。非稅收入主要包括提供商品或服務的收入、利息收入和轉移支付收入。非稅收入約占澳大利亞州政府直接財政收入的四成，非稅收入則占地方政府直接收入的一半以上。需要特別強調的是，澳大利亞對非稅收入的管理相當嚴格，明確規定了各級政府的非稅收入都要全部上繳財政統一帳戶，納入預算管理。

　　許多非稅收入（如使用者費）的徵收符合受益原則，其存續具有合理性和有效性。中國的非稅收入形式多樣、規模巨大，包括行政事業性收費、政府性基金、國有資源資產有償使用收入、國有資本經營收益、罰沒收入、捐贈收入等。無論是對中央政府，還是對地方政府來講，非稅收入都是重要的收入來源，不能一概否定和取消。對於各種形式的非稅收收入形式，堅持清理和規範原則：首先，清理和取消不合理、不合法的非稅收入；其次，對一些名義為收費，實際上具有稅收屬性的非稅收形態的收入實施費改稅；最後，對其他具有合理性、合法性，但又不具有稅收特徵屬性的非稅收入形式，應進一步優化其設立、收取、使用、監督與評價退出制度，增強其規範性、確定性和透明度。

第五章　德國地方政府的支出責任與地方稅收：實踐與啟示

本章提要：本章以德國州及以下地方政府為主，從地方政府事權和支出責任、政府間收入和地方稅收等方面，較為系統地梳理了德國政府間財政收支關係。德國的實踐對於中國的啟示在於：建立完善的規範政府間財政關係的法律體系；科學合理地劃分中央與地方政府的事權、支出責任和收支比例；深化「分稅制」改革，完善地方稅收體系，特別是以所得稅為代表的共享稅劃分；完善縱向和橫向轉移支付制度。

一、德國政府間事權與支出責任配置

（一）德國財政體制概述

德國是典型的聯邦制國家，擁有聯邦、州、市鎮三級政府。各級政府均有獨立的財政管理機構，擁有獨立的財政權力。聯邦政府的財政管理行政機構是聯邦財政部。它主管聯邦各州的財稅政策，同時在各州都設立了派出的高等財政管理機構。州一級的財政管理機構中的高等財政管理機構主要負責協調同聯邦部門的財政管理機構的關係，並管理本州的財政工作；州政府的另一個財政管理機構是州級財政管理稅務總局，其主要負責下屬的地方政府的財政稅務工作。市鎮級的財政管理機構是各自的財政稅務局，地方的財政稅務局受州財政局的領導。

德國政府的各項財政立法以《德意志聯邦共和國基本法》（以下簡稱《基本法》）為基礎。聯邦政府將其作為行使權力的準繩。州政府在聯邦政府未制定法律並且不實施其立法權的相關領域，可以進行補充性立法，但聯邦政府擁有優先立法權。州政府由於其公共服務的大眾性，享有財政專屬立法權，但是由於聯

邦的《基本法》涉及大多數項目，因此，實際上各州的財政專屬立法權範圍相對較小。各級財政管理部門都需要依照憲法要求和相關的立法程序行事，並且各級財政部門受相應的司法機構的審查監督。由於州政府的自治程度較高，聯邦政府不能強制要求州政府實施一些指令，因此聯邦政府在向州政府下達指令時，並不能強制，而需要和州級的相應的財政管理機構協調。同時，聯邦政府也不能越過州政府直接向地方政府下達指令。

德國各級政府擁有獨立的預算體系，分別對各自的議會負責。《基本法》對德國的基本財政體制做出明確的規定。《基本法》明確地劃分了三級政府各自應承擔的公共事務，並依據其承擔的公共事務的範圍劃分其財政支出的範圍，在財政收入方面實行以共享稅為主體的分稅制。

(二) 各級政府的事權與支出責任

德國按照各級政府所轄事權的不同，以法律的形式強制規定了不同政府的支出責任。這一要求使政府間的財政關係得以確定，政府的事權與其支出責任緊密聯繫。事權越多越複雜，其相應的財政支出規模就相對較大。德國聯邦政府、州政府和地方政府的具體支出責任如表 5-1 所示。

表 5-1　　　　　　　　　德國政府間支出責任劃分情況表

政府層級	政府支出責任
聯邦政府	國防、外交、社會保障、聯邦貨幣的發行與管理、海關和邊防、聯邦交通和郵電、鐵路和航空、水運、高速公路和遠程公路、重大科研計劃、資助基礎研究和開發研究、跨地區資源開發、國有企業的支出、農業政策、聯邦一級的行政事務及財政管理等
州政府	州一級的行政事務和財政管理、教育（如中小學教育和高等教育）、警察、文化事業、醫療衛生、健康與體育事業、社會救濟、住房、治安和司法管理、環境保護、科學研究（聯邦參加高校和跨地區的研究開發工作）、州內公路、地區經濟結構和農業結構的改善、護岸等。此外，按照高效率、低成本原則，經立法機構批准後，聯邦公路建設、航運、能源開發與利用等方面的職責也可由州政府行使
地方政府	負責當地的行政事務管理、基礎設施建設、社會救濟、地方性治安保護、公共交通和鄉鎮公路建設以及城市發展建設規劃、當地城鎮煤水電等公用事業、公共福利、文化設施、能源的供給、垃圾和污水處理、普通文化教育事業、成人繼續教育、衛生、社會援助、社區服務等。此外，地方政府還接受聯邦和州的委託，承擔諸如選舉、人口普查等任務

資料來源：德國財政部網站（http://tfs.mof.gov.cn/）的《德國政府間財政關係考察報告》。

(三) 各級政府的財政支出情況

德國各級政府之間的支出責任是依據各級政府承擔的公共事務來劃分的。各級政府按照相關支出與任務職責相一致的原則，確定自身的支出範圍。第二次世界大戰之後，聯邦政府的權力逐漸被削弱，州政府逐漸被賦予了更多的職能。《基本法》規定：「為了普遍的利益，必須統一進行處理的事務由聯邦政府負責，其他事務則根據其性質和特點由各州和地方政府負責或由兩級以上政府共同承擔。」《基本法》中關於政府間財政關係做出了明確的規定，如「聯邦委託下的各州間交易，由聯邦承擔其產生的各類費用」。

由於德國各級政府的事權和財權在過去的 20 年間並沒有較大的變化，因此德國政府的支出規模近些年來一直保持著較為穩定的穩中有降的趨勢。1990 年，德國統一，基於統一後社會管理和服務的需要，德國的財政支出佔 GDP 的比重在 1995 年達到最高，即 54.57%。其後，德國財政支出佔 GDP 的比重逐漸降低，到 2007 年，德國的財政支出佔 GDP 的比重為 42.6%，是近 20 年來的最低。2008 年全球金融危機後，德國的財政支出佔 GDP 的比重短暫回升至 47.36%，此後幾年間，隨著全球經濟的逐漸復甦，呈現出穩中下降的趨勢。2014 年，德國財政支出佔 GDP 的比重下降至 43.78%。圖 5-1 顯示了 1995—2004 年德國的財政支出佔 GDP 比重的變化趨勢。

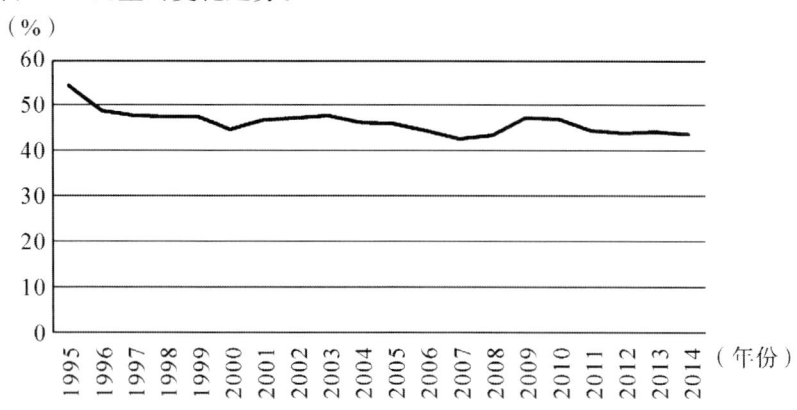

圖 5-1　1995—2004 年德國財政支出佔 GDP 的比重

數據來源：根據 OECD. Stat 德國數據計算整理。

德國建立了世界上第一個完整的社會保障體系，德國的財政收入和財政支出都專列社會保障帳戶，鑒於此，本書將社會保障支出帳戶單列，從而更好地分析德國的財政支出詳情。從財政支出占比情況來看，社會保障支出是德國政府支出中最大的一筆支出。近年來，德國的社會保障支出占政府總支出的比重一直處於43%左右的較高水準，其中2013年的社會保障支出占政府總支出的比重高達43.38%。與此同時，2013年聯邦政府支出占總支出的比重為17.45%。2007年，聯邦政府支出占總支出的比重為18.74%，2013年，該數值降低了1.29個百分點。近年來，州政府的支出占總支出的比重保持著較為穩定的趨勢。值得注意的是，地方政府的支出占總支出的比重在近年間呈現出逐步上升的趨勢，從2007年的15.72%上升到2013年的16.3%。總體而言，社會保障支出占政府支出的比重很高，聯邦政府的事權和支出責任有所縮小，州政府的事權和支出責任未發生較大變化，而地方政府的事權和支出責任有所擴大。

1. 聯邦政府的支出責任與支出情況

德國的聯邦政府主要負責涉及國家安全的國防和外交事務，同時還涉足關係國計民生的基礎設施的建設。①社會保障支出。如表5-2所示，在2013年的聯邦政府的支出結構中，社會保障支出是聯邦第一大支出，支出總額為1,908.35億歐元，約占聯邦總支出的46%，接近聯邦政府總支出的一半。社會保障支出主要涉及人口老齡化支出、失業救助、疾病和殘疾救助等。②一般公共服務支出。聯邦第二大支出類別是一般公共服務支出，支出總額為1,253.76億歐元，約占聯邦總支出的30%。聯邦政府的一般公共服務支出主要涉及行政和立法機關經費、財政金融事務以及對外國的經濟援助等。③經濟事務支出。聯邦第三大支出類別是經濟事務支出，支出總額為392.49億歐元，約占聯邦總支出的9%。聯邦經濟事務支出主要包括各行業國有企業的經濟事務支出以及對各產業的科技研發投入。④國防支出。聯邦國防支出的支出總額為345.30億歐元，約占聯邦總支出的8%。國防支出是聯邦政府特有的財政支出項，州政府和地方政府的支出類別中均不含有國防支出。聯邦政府的其餘各類支出總額較小，支出總和約占聯邦政府總支出的7%。

2. 州政府的支出責任與支出情況

州政府負責州級範圍內的經濟發展、基本公共服務、教育、醫療以及部分基礎設施建設，並且承擔部分社會保障服務。由於德國的聯邦政府和州政府之間並

不是直接的上下級領導關係,因此除法定的基本支出範圍外,《基本法》中還明確規定由聯邦委託州政府實施的事項,其各類費用由聯邦政府承擔。此外,當聯邦和州共同承擔一些涉及面較廣、財政支出總額比較大的項目時,如擴建高等院校、修建大型基礎設施等,聯邦和州要通過協議自行確定各自應當擔負的比例。從表5-2可以看出州政府的支出項目主要包含以下幾種:①一般公共服務支出。州政府中涉及基本行政經費、基本財政管理經費以及一般性公共服務等的一般公共服務支出最多,支出總額為1,102.54億歐元,約占州政府總支出的27%。②教育支出。教育支出是德國州政府的第二大支出,支出總額為1,039.85億歐元,約占州政府總支出的26%。州政府的教育支出主要涉及本州內的高等教育支出,還擔負了本州的學前和小學教育、中等教育、中等以上非高等教育支出和各項教育補貼以及教育機構的研究經費。③社會保障支出。除聯邦政府擔負了較大部分的社會保障支出外,州政府還擔負了本州居民的部分社會保障支出。2013年,州政府的社會保障支出總額為782.49億歐元,約占州政府總支出的19%。州政府的社會保障支出主要用於本州的失業人員補助、住房條件的改善和對本州居民的補助。④經濟事務支出。2013年,州政府的經濟事務的支出總額為469.94億歐元,約占州政府總支出的12%。州政府的經濟事務支出主要用於本州的地區產業經濟的發展,地區交通、通信等基礎設施建設以及地區自然資源、能源的發展。⑤公共秩序和安全支出。州政府在維護本州的公共秩序和安全方面起著較為重要的作用。州政府的這項支出主要涉及州級警察服務、監獄運行及法律服務等。2013年,德國州政府的公共秩序和安全支出約占州政府總支出的9%,支出總額為362.47億歐元。⑥其他支出。2013年,在德國州政府的各項支出中,其他各類較小的支出主要有宗教、文化和娛樂支出,住房和設施支出,環境保護支出,醫療衛生支出。這四項支出合計約占州政府總支出的7%。

3. 地方政府的支出責任與支出情況

由於地方政府在瞭解轄區居民的選擇偏好時具有一定的信息優勢,因此地方政府是地方受益性較強的基本公共服務的主要供給者,如地方基礎設施的建設、地區秩序的維護、教育服務以及滿足地區居民的基本精神文化娛樂的提供等。從表5-2可以看出,地方政府的支出項目主要包含以下幾種:①社會保障支出。德國的高福利以及完善的社會保障體系體現在從聯邦政府到州政府及地方政府每年都會有較大的社會保障支出。2013年,德國地方政府的社會保障支出約占地方

政府總支出的33%，支出總額達785.58億歐元，是地方政府總支出中的最大支出項目。地方政府的社會保障支出主要用於為本轄區內的居民提供的基本生活救助以及受聯邦政府和州政府委託而實施的養老資助、社會救濟等。②一般公共服務支出。地方政府的一般公共服務支出主要用於當地行政事務的管理、基本社區服務和當地的各項城鎮公用事業的發展等。2013年，德國地方政府的一般性公共服務支出為第二大支出類別，支出總額為428.11億歐元，約占地方政府總支出的18%。③教育支出。地方政府的教育支出用於地區的基礎教育、成人繼續教育以及地區職業教育等。教育支出是2013年德國地方政府支出中的第三大支出項目，支出總額為376.32億歐元，約占地方政府總支出的16%。④經濟事務支出。地方政府的經濟事務支出主要用於地區內的能源供給、垃圾和污水的處理等各項經濟事務。經濟事務支出是地方政府的第四大支出，2013年支出總額為305.59億歐元，約占地方政府總支出的13%。⑤宗教、文化和娛樂支出。地方政府的宗教、文化和娛樂支出主要用於發展當地的文化事業，滿足轄區內居民的文化需求。宗教、文化和娛樂支出是地方政府支出中區別於聯邦和州政府的一項支出。2013年，德國地方政府的該類支出的支出總額為159.06億歐元，約占地方政府總支出的7%。⑥其他支出。其他支出中包含環境保護支出、住房和社區設施支出、公共秩序和安全支出以及醫療衛生支出。2013年，地方政府的這幾類支出總和在地方政府總支出中約占13%。此外，除以上幾大類事權和支出責任外，地方政府還接受聯邦和州的委託，承擔諸如選舉、人口普查等任務。

表5-2　　　　　　　　2013年德國各級政府財政支出項目　　　　　　單位：億歐元

支出項目	聯邦政府	州政府	地方政府
支出總額	4,160.85	4,036.64	2,363.68
一般公共服務	1,253.76	1,102.54	428.11
國防	345.30	0.00	0.00
公共秩序和安全	50.41	362.47	79.60
經濟事務	392.49	469.94	305.59
環境保護	45.30	39.19	102.92
住房和社區設施	21.36	43.37	85.90
醫療衛生	64.49	105.37	40.62

表5-2(續)

支出項目	聯邦政府	州政府	地方政府
宗教、文化和娛樂	20.19	91.41	159.06
教育	59.19	1,039.85	376.32
社會保障	1,908.35	782.49	785.58

數據來源：根據OECD. Stat德國數據整理。

二、德國政府間財政收入與稅收劃分

(一) 聯邦、州和地方政府的財政收入概述

德國政府的財政收入在近年來也呈現出逐漸上升的趨勢。由表5-3可以看出，2007年，德國的財政收入為10,807.68億歐元，占GDP的比重為43.06%；而到2013年，德國的財政收入為12,494.34億歐元，占GDP的比重為44.47%。與此同時，德國的財政支出占GDP的比重近年來逐漸下降。這使得德國財政能擺脫之前較為嚴重的財政赤字，甚至有少量的財政盈餘。

德國的財政收入主要由稅收收入、社會保障繳款以及補助金和一些其他的政府收入組成。稅收收入是德國政府財政收入中最重要的部分。德國財政收入的第二大組成部分是社會保障繳款，常年占比在35%以上。這與德國完善的社會保障制度有著緊密的關係。德國的社會保障除了雇主和雇員等額繳納外，還有部分稅收資金進行補貼。此外，德國的社會保障實行現收現付制。從表5-4可以明顯看出，聯邦政府的收入占總收入的比重逐年上升，州政府的財政收入占比一直較為穩定，而地方政府的財政收入占比卻呈現出逐年下降的趨勢。

表 5-3　　　　2007—2013年德國政府的財政總收入及結構

年份	政府總收入（億歐元）	政府總收入占GDP的比重（%）	稅收收入占政府總收入的比重（%）	社會保障繳款占政府總收入的比重（%）	補助金和其他的一些收入占政府總收入的比重（%）
2007	10,807.68	43.06	52.48	37.41	10.11
2008	11,117.68	43.46	52.70	37.10	10.20

表5-3(續)

年份	政府總收入（億歐元）	政府總收入占GDP的比重（%）	稅收收入占政府總收入的比重（%）	社會保障繳款占政府總收入的比重（%）	補助金和其他的一些收入占政府總收入的比重（%）
2009	10,907.86	44.40	50.84	38.10	11.06
2010	11,104.48	43.10	50.09	38.38	11.53
2011	11,794.77	43.70	50.78	37.49	11.73
2012	12,178.37	44.29	51.24	37.3	11.45
2013	12,494.34	44.47	51.422	37.24	11.33

數據來源：根據 OECD. Stat 和 CEIC 數據整理。

表 5-4　　　　2007—2015 年德國政府財政總收入中
社會保障帳戶與三級政府收入的占比

年份	聯邦政府（%）	州政府（%）	地方政府（%）	社會保障帳戶（%）
2007	28.74	24.50	11.56	35.20
2008	28.90	24.62	11.57	34.90
2009	29.08	24.03	11.18	35.71
2010	29.00	23.69	11.40	35.92
2011	29.60	23.91	11.23	35.27
2012	29.36	24.24	11.21	35.19
2013	29.27	24.44	11.13	35.15
2014	31.37	22.08	8.25	38.29
2015	30.83	22.45	8.34	37.91

數據來源：根據 OECD. Stat 和 CEIC 數據整理。

德國的稅收收入是其財政總收入中最大的組成部分。《基本法》對各級政府的稅收權限和稅收收入都做出了明確劃分，聯邦、州和地方的稅收收入來源各有不同。按照各稅種性質的不同，德國分稅制下的稅種主要包括共享稅、聯邦稅、州稅和地方稅。表 5-5 反應出了 2015 年德國聯邦、州和地方政府的稅收收入金額。由表 5-5 可知，聯邦政府的稅收收入明顯高於州政府和地方政府。在德國稅收收入的幾大類中，社會保障稅類在稅收收入中占比最大，2015 年高達

4,246.78億歐元。社會保障稅主要由雇主和雇員共同分擔。在稅收收入中，占比第二大的是收入、利潤和資本所得稅類，稅收收入在2015年達3,524.63億歐元，其主要包括個人所得稅、企業所得稅兩大稅種。第三大稅收收入是商品服務稅類，2015年的德國商品服務稅類的總和為3,050.19億歐元，其主要包括增值稅、特定商品服務稅和消費稅。聯邦政府在此類稅種的收入中占主導地位，相對而言，地方政府在此類稅種的收入占比較少。第四大稅收收入是財產稅類，2015年的德國財產稅類的稅收收入總和為326.54億歐元，其主要包括不動產稅、金融資本交易稅、財富淨值稅以及遺產稅。財產稅類的稅收收入基本由州和地方政府持有。

表5-5　　　　2015年德國各級政府財政收入項目　　　　單位：百萬歐元

收入項目	聯邦政府	州政府	地方政府	社會保障帳戶	總收入
總稅收收入	345,394	251,525	93,395	424,678	112,0225
1000 收入、利潤和資本所得稅	144,120	134,320	74,023	0	352,463
1100 個人	130,146	119,214	50,203	0	299,563
1200 企業	13,974	15,106	23,820	0	52,900
2000 社會保障	0	0	0	424,678	424,678
2100 雇員	0	—	—	188,938	188,938
2200 雇主	0	—	—	199,191	199,191
2300 自營或失業者	—	—	—	36,549	36,549
4000 財產稅	1,902	17,537	13,215	0	32,654
4100 週期性不動產稅	0	0	13,215	0	13,215
4200 週期性財富淨值稅	1,902	-2	0	0	1,900
4300 房地產、遺產和贈與稅	0	6,290	0	0	6,290
4400 金融資本交易稅	0	11,249	0	0	11,249
5000 商品服務稅	199,372	99,668	5,941	0	305,019
5100 產品、銷售和物流稅	188,685	99,668	5,609	0	294,000
5200 使用的商品和執行活動的稅收	101.05	0	332	0	11,019

表5-5(續)

收入項目	聯邦政府	州政府	地方政府	社會保障帳戶	總收入
其他稅收	0	1,730	820	0	2,856
減：稅收抵免	2,203	2,203	778	0	5,184
國民帳戶：稅收與社會保障	347,551	255,458	94,993	466,320	1,169,861

數據來源：http://www.oecd-ilibrary.org/。

由表5-5和圖5-2可以看出，在2015年，社會保障稅在德國的稅收收入中占比最高，達到38.09%；商品服務稅占稅收總收入的比重為27.36%，位居第二；個人繳納的收入、利潤和資本所得稅位居第三，占比為26.87%；企業繳納的收入、利潤和資本所得稅占稅收總收入的比重相對較低，占比為4.75%；財產稅占稅收總收入的比重為2.93%。

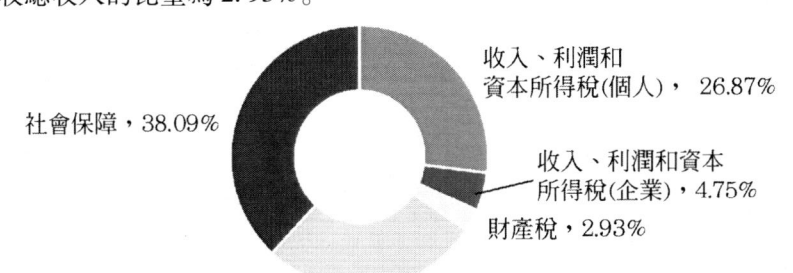

圖5-2　2015年德國主要稅種的稅收收入占總財政收入的比重

數據來源：http://www.oecd-ilibrary.org/。

（二）聯邦、州和地方政府的稅收劃分

在實行分稅制的國家中，德國是分稅制稅收體系較為完善的國家之一。根據《基本法》關於德國分稅制的要求，聯邦政府主導稅收立法權。「聯邦一級對關稅和國家專賣稅具有專屬立法權；如果徵收的全部或部分稅收屬於聯邦所有，聯邦對其賦稅具有完全立法權。」州政府和地方政府對本地的一些地方稅種，如財產稅等，可以自行調整稅率，但是聯邦仍具有優先立法權。同時，對於聯邦政府已開徵的稅種，地方政府不具有再新開徵此稅種的權限。聯邦稅務總局主要負責徵收屬於聯邦的稅收，比如關稅和聯邦消費稅；州和地方的稅務部門主要負責地

方稅種的稅收並代聯邦政府徵收其他各項屬於聯邦的稅收。德國的分稅制的突出特色在於將共享稅作為稅收劃分的主體。以共享稅為稅收分配主體，可以有效地調節區域間的稅收結構，穩定各級政府的稅收收入。

德國的幾大主要稅種包括社會保障稅、增值稅、消費稅、個人所得稅和公司所得稅。共享稅是由稅額較大、稅源較為穩定的稅種構成，如增值稅、個人所得稅、公司所得稅、工資稅和資本利得稅等。如表5-6所示，2015年，除社會保障稅之外的稅收收入，在聯邦政府、州政府和地方政府的稅收占比分別為50.03%、36.44%和13.53%，中央和地方（含州）的稅收占比大致是五五開。對個人徵收的收入、利潤和資本所得稅，也即個人所得稅，在聯邦、州和地方三級政府稅收占比分別為43.45%、39.80%和16.76%。對企業徵收的收入、利潤和資本所得稅，也即企業所得稅，在聯邦、州和地方三級政府稅收占比分別為26.42%、28.56%和45.03%。商品服務稅在聯邦、州和地方三級政府的分配比例分別為65.37%、32.68%和1.95%。商品服務稅主要包括增值稅、特定商品服務稅、使用的商品和執行活動的稅收等，其中特定商品服務稅又分為消費稅和特定服務稅兩類。在財產稅收入中，不動產稅全部歸地方政府，財富淨值稅全部歸聯邦政府，房地產、遺產贈與稅以及金融資本交易稅全部歸州政府。

表5-6　　2015年德國主要稅種的收入在各級政府稅收中的比重

稅種	聯邦政府（%）	州政府（%）	地方政府（%）
總稅收收入	50.03	36.44	13.53
1000 收入、利潤和資本所得稅	40.89	38.11	21.00
1100 個人所得稅	43.45	39.80	16.76
1200 企業所得稅	26.42	28.56	45.03
4000 財產稅	5.82	53.71	40.47
4100 週期性不動產稅	0.00	0.00	100.00
4200 週期性財富淨值稅	100	—	0.00
4300 房地產、遺產贈與稅	0.00	100.00	0.00
4400 金融資本交易稅	0.00	100.00	0.00
5000 商品服務稅	65.37	32.68	1.95
其他稅收	0.00	67.84	32.16

數據來源：根據 http://www.oecd-ilibrary.org/的數據計算整理。

(三) 州與地方政府的稅收

1. 州政府的稅收

由圖 5-3 可以看出①，在州政府的稅收收入結構中，占主要地位的是對個人徵收的收入、利潤和資本所得稅。2015 年，德國州政府對個人徵收的收入、利潤和資本所得稅，占州政府稅收收入的 47.4%。第二大稅類為商品服務稅，占州政府稅收收入的 39.63%。相對於占比較高的個人所得稅，州政府對企業徵收的收入、利潤和資本所得稅占比較低，2015 年的此類稅收收入占州政府稅收收入的 6.01%。此外，州政府享有財產稅的徵收權力，2015 年德國州政府財產稅收入占州政府稅收收入的 6.97%。總體來講，德國州政府的主要稅收來源為個人所得稅和商品服務稅。增值稅、特定服務稅（主要為博彩稅、賭場稅）、消費稅（啤酒稅）等是州政府的商品服務類稅收的主要構成。

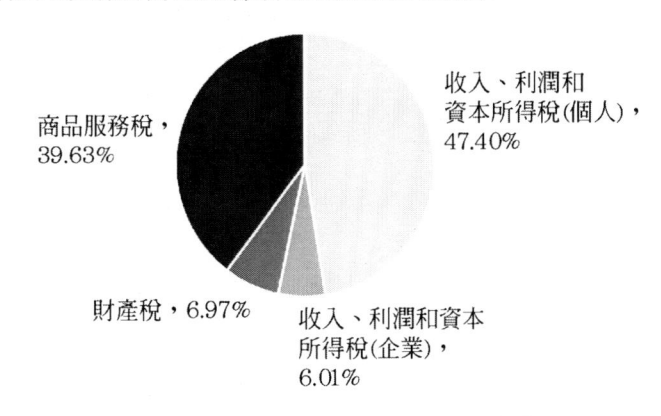

圖 5-3　2015 年州政府的稅收收入結構

數據來源：根據 http://www.oecd-ilibrary.org/的數據計算整理。

2. 地方政府的稅收

地方政府有權徵收的稅種為營業稅和資本稅（各上繳聯邦政府和州政府 9% 的稅收）、房地產稅、個人的工資所得稅、飲料稅、狩獵稅、捕魚稅和娛樂稅等

---

① 由於社會保障帳戶的收入單列，故在此及後文中的聯邦、州和地方政府的稅收收入均不包含各項社會保障收入。

稅源較小、稅基較窄的地域性較強的地方性稅種。

如圖5-4所示，2015年，在德國地方政府的稅收收入中，第一大類是對個人徵收的收入、利潤和資本所得稅，占當年地方政府稅收收入的53.88%。根據《基本法》第106條第5款的規定：「鄉、鎮、區等地方政府所得稅收入份額以其居民所得稅繳納額為基礎，由州分配給所轄的鄉、鎮、區。具體由聯邦議會所通過的聯邦法確定。鄉、鎮、區可以規定其收入份額內的稅率。」第二大類是對企業徵收的收入、利潤和資本所得稅，占當年的地方政府稅收收入的25.56%。相對於聯邦政府和州政府，2015年，財產稅在地方政府總收入的比重較大，為14.18%。2015年，商品服務稅在地方政府稅收收入中占比較低，為6.38%。州政府的商品服務稅主要包括分享的增值稅以及少量的娛樂稅、狩獵稅、捕魚稅等。

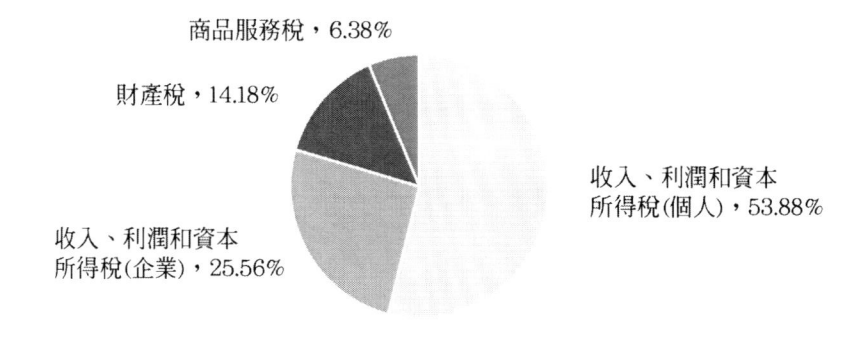

圖5-4 2015年地方政府的稅收收入結構

數據來源：根據http://www.oecd-ilibrary.org/的數據計算整理。

聯邦政府的稅收收入主要有關稅、聯邦消費稅、公路貨物運輸稅、資本交易稅、一次性的財產稅和增值稅的附加稅等，同時還包括共享稅中聯邦分享的部分。如圖5-5所示，2015年德國聯邦政府的稅收收入以商品服務稅類稅收為主體。該類稅收收入占聯邦政府總稅收收入的57.72%。聯邦政府的增值稅、消費稅收入是該類稅收收入的主體。對個人徵收的收入、利潤和資本所得稅，占聯邦政府總稅收收入的37.68%。對企業徵收的收入、利潤和資本所得稅，占聯邦政府總稅收收入的4.05%。

商品服務稅，57.72%　收入、利潤和資本所得稅(個人)，37.68%

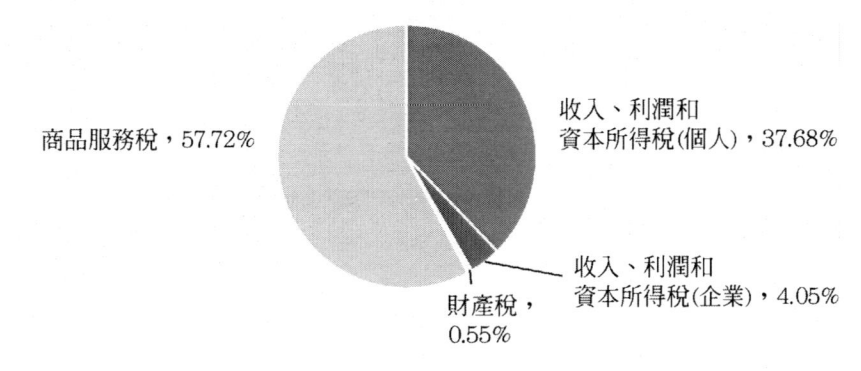

財產稅，0.55%　收入、利潤和資本所得稅(企業)，4.05%

圖 5-5　2015 年聯邦政府的稅收收入結構

數據來源：根據 http://www.oecd-ilibrary.org/ 的數據計算整理。

（四）地方財政的平衡機制：轉移支付

相較於其他聯邦制國家，德國的財政體制的特點是財政平衡機制。德國的《財政平衡法》對其平衡機制做了詳細的說明，明確地規定了聯邦、州和地方政府之間的轉移支付的具體做法，並會根據經濟情況的變化做出調整。

州政府的財政平衡機制主要是由聯邦對州的縱向轉移支付和各州之間的橫向轉移支付組成的。聯邦政府對州政府的轉移支付主要是通過增值稅分享進行的。增值稅分享的第一步是將一定比例的增值稅用於特定的補助項目。增值稅分享的第二步是在剩下的增值稅收入中，州和地方政府按照各自的分享比例進行收入分配。增值稅分享比例不是一成不變的，而是隨著經濟的變化做出適當的調整。各州之間的財政平衡主要是通過較富裕的州對較貧困的州的補償支付進行的。具有補償義務的州是，在會計平衡年度稅收能力指數超過均衡標準的各個州。具有接受補償權利的聯邦州是，在會計平衡年度稅收能力指數未達到均衡標準的各個州。一個州的稅收能力是指其稅收收入、合法資助資金收入的總和。一個州的均衡標準等於平衡後全國每人平均繳納稅收數乘以州居住人口數。

聯邦補充撥款是德國財政平衡機制的另一種實現方式，也是對州政府的財政平衡機制的補充。聯邦補充撥款主要是用於財力不足的州，並且此類財政補貼主要用於以下幾種情況：①由於支付能力較弱而出現了較大的赤字；②由於建設較大的基礎設施而造成的財政負擔；③為平衡因結構性失業而造成的特殊負擔，減少有勞動能力的人在失業救助和社會福利方面的超比例負擔；④行政開支水準高

於平均水準。出現較大赤字的州能夠獲得的財政補貼為赤字的77.5%；因建設較大的基礎設施而造成財政負擔的州，會得到聯邦政府的專項補充撥款，但因該原因接受該項補貼的州需要每年向聯邦財政計劃委員會提交具體的項目情況表；對於因平衡失業而造成負擔以及需要調節行政開支的州，聯邦政府每年會依據各州的具體經濟發展狀況以及資金使用狀況，進行評估和再分配。

三、結論與啟示

　　德國的地方政府支出責任和地方稅收主要是基於德國的三級政府結構，以政府職能為依據，並以《基本法》的法律形式將其明確化。以財政基本法的形式明確劃分各級政府的支出責任和稅收，為各級政府提供財政行為框架和規範，有助於清晰權責、穩定預期、促進各級政府履行公共責任，使德國的財政長期良好地運行。德國的具體實踐對於中國的地方政府支出責任和地方稅收體系的構建有以下幾點啟示：

　　第一，建立規範的政府間財政關係的法律體系。德國政府間財政關係良好運行的保證是各級政府的支出事權和收入權限均以法律的形式進行明確規定。同時，轉移支付制度中的具體計算方法和公式也以法律的形式記入《財政平衡法》。在確定了各級政府的事權和支出責任以及多層級政府的共享比例後，有法律作為財政關係運行的保障，可以有效防止地方政府「缺位」和「越位」等現象的發生。就中國而言，目前仍缺乏關於政府間事權、支出責任和稅權劃分的基本法。中國政府多以國務院的決定和通知的形式來規定政府間的財政關係，如《國務院關於實行分稅制財政管理體制的決定》（國發〔1993〕85號）、《國務院關於印發所得稅收入分享改革方案的通知》（國發〔2001〕37號），法律層級較低，內容規定不夠完備和具體，特別是有關事權和支出責任劃分的規定的可行性低。為此，在中國政府間財政關係改革和地方稅改革中，應遵照《中華人民共和國立法法》的要求，以法律的形式來確定政府間事權、支出責任和稅收劃分、地方稅等屬於財政稅收基本制度的事項。

　　第二，科學合理地劃分中央與地方政府的事權和支出責任，確定中央與地方政府的收支比例。與德國聯邦、州和地方政府的職責、政府間事權和支出責任相

適應，2015年德國聯邦和州以下地方政府財政支出比約為40∶60，同年，德國聯邦與地方（含州和地方）財政收入比、稅收收入比都約為50∶50。一方面，聯邦政府承擔著社會保障、一般公共服務、經濟事務、全國性基礎設施等大量財政事權和支出責任；另一方面，聯邦政府財政收入和稅收收入占比都比其直接支出占比高出約10個百分點。這使聯邦政府具有比較強的促進全國公共服務相對均等和平衡地區發展的能力，保障了德國的穩定和統一。

2015年，中國中央與地方一般預算收入比約為45.5∶54.5，稅收收入在中央與地方之間的分配比約為49.8∶50.2，中央與地方一般預算支出比約為14.5∶85.5。比較來看，中國稅收在中央與地方之間的分配與德國相當，中國中央政府財政收入占比低於德國聯邦政府財政收入占比，中國中央政府的財力集中程度較低[1]。在支出上，中國中央政府直接支出占比大幅低於德國，一些本屬於中央的事權卻由省及以下地方政府承擔。地方政府高度依賴於轉移支付，產生預算軟約束、財政資源配置效率和公平性不高等問題。從全國性公共服務迴歸中央、中央政府的政府責任歸位出發，在現有的中央與地方財力分配格局基礎上，應調整中央與地方事權和支出責任劃分，使中央政府在基本社會保險、高等教育、全國性和跨省基礎設施、司法等方面承擔更多的責任。同時，基於推進基本公共服務大致均等、不同地區經濟社會均衡發展、保證全國的穩定統一的需要，中央政府還需保持對省及以下政府相當規模的轉移支付。

第三，深化分稅制改革，完善地方稅收體系。中國與德國類似，在政府間稅收劃分中，共享稅居於重要位置。兩國的各級政府都非常依賴共享稅。在德國，個人所得稅、增值稅和企業所得稅等共享稅收入占州政府稅收收入的95%以上，個人所得稅、企業所得稅和增值稅等共享稅收入約占地方政府稅收收入的85%，以不動產為課稅對象的財產稅約占地方政府稅收的14%，純粹的地方稅種收入在州和地方政府的收入中占比都很小。實施分稅制、建立地方稅收體系，並不意味著地方政府都需要單獨的、歸屬於地方的、獨立的地方稅種。地方稅收體系是包括共享稅和地方稅在內的地方稅收收入保障機制。稅收的首要功能是為各級政府公共服務供給進行融資的收入功能。基於有限稅種和稅基的約束、實現全國稅制相對統一及維護全國市場和政治統一的要求，共享稅可以以地方稅收收入為

---

[1] 與美國、日本、澳大利亞、英國、韓國等發達國家以及印度等發展中國家相比，都是如此。

主體。

　　在中國分稅制改革中，同樣可以將個人所得稅和企業所得稅作為省及以下地方政府的主要共享收入，並提高共享比例。在中國企業所得稅和個人所得稅立法權集中於中央、全國稅制相對統一的情況下，所得稅由中央和地方共享，並不與所得稅的特點和功能屬性相衝突，不會導致地區間的過度稅收競爭以及資本、勞動等要素在地區間的非正常流動和資源配置的扭曲，與發揮所得稅內在穩定器和收入分配功能也不矛盾，還可以為省及以下地方政府提供穩定、可預期的收入。由於企業和個人因地方政府提供公共服務而降低生產生活成本、增效增收，因此將個人和企業所得稅作為地方的重要收入來源也符合受益原則，有助於激勵地方政府注重經濟績效，減少過度投資和重複建設的衝動，改善營商和生活環境，從而有利於經濟增長方式轉變和地方治理現代化，還有助於強化地方政府的徵管激勵，有效緩解因徵管差異造成所得稅實際負擔的橫向不公。

　　第四，完善縱向和橫向轉移支付制度，推進基本公共服務大致均等。德國的完善的轉移支付制度對於各地區的公共服務均等化具有重要的作用。對於義務教育、公共醫療衛生服務、社會保險等具有較強的外溢性的公共產品或正外部性強的服務，應加快推進其在全國範圍內的大致均等化。應充分發揮省級政府通過轉移支付等方式，統籌省內公共服務供給，促進交通等基礎設施、職業教育、特殊教育、醫療衛生、環境保護、社會福利和救濟等公共服務供給的協調均衡的能力。不斷完善轉移支付制度，優化一般轉移支付和專項轉移支付，對專項轉移支付不能簡單地取消和合併，應基於轉移支付的目的選擇轉移支付方式。除縱向轉移支付外，應進一步完善和創新包括「對口支援」在內的橫向轉移支付，並考慮稅收背離和轉移及均衡地區財力和經濟的需要，探索規範的、公式化的橫向轉移支付制度和機制。

第六章　印度地方政府的支出責任與地方稅收：實踐與啟示

本章提要：本章梳理了印度地方政府的事權與支出責任、聯邦和邦政府的收支結構、中央與地方政府間稅收分權及地方稅等。印度地方政府的支出責任和地方稅實踐對中國地方政府支出責任劃分和地方稅建設具有參考和啟示作用：在中國的政府間財政關係改革中，應使財力的集權和分權適度、依據事權劃分稅權、以法治的方式科學合理劃分事權和配置地方稅、建立多樣適宜的轉移支付制度。

一、印度政府的事權與支出責任

印度是聯邦制國家，聯邦政府以下設邦、中央直轄區和首都轄區，邦以下設專區、縣、區和村四級單位，而中央直轄區以下則只設縣、區和村（評議會）三級單位。印度的憲法對聯邦與各邦之間的立法權、行政權和財政權做出了明確的劃分，各邦雖享有一定的自治權，但憲法賦予各邦的權力是有限的，權力重心仍在聯邦政府。印度財政年度是從每年的4月1日（新企業從開立之日算起）到次年的3月31日。

（一）聯邦政府與邦政府的事權劃分

1951年，印度憲法對聯邦政府和邦政府各自的職能和權力進行了劃分，此後憲法修訂時又多次在該法的基礎上進行了完善調整。其中第二百四十六條對聯邦議會和邦議會有權立法的事項做出了明確劃分，其文規定：「聯邦議會擁有就第七條第一分表（本憲法稱為《聯邦與各邦兼具表》）所列事項制定法律的權力。各邦邦議會擁有就第七條第二分表（本憲法稱之為《各邦職權表》）所列

事項，針對該邦或其部分地區制定法律的獨享權力。聯邦議會有權對印度境內不屬於任何邦的任何地區就任何事項制定法律，即使該事項屬於《各邦職權表》的範圍亦無妨礙。」各級地方政府，包括地方自治機關、改進託管機構、地區理事會、礦業管理當局以及其他以地方自治或村民管理為目的的地方管理機構的結構和權力都屬於邦政府的管轄範圍。印度聯邦政府、邦政府職權劃分的具體項目見表6-1。

表 6-1　　　　　　　　印度聯邦、邦政府職權劃分的具體項目

聯邦政府	邦政府	聯邦政府與邦政府兼有事項
● 國防及其各個組成部分； ● 外交、領事和商務代表； ● 鐵路、國家公路； ● 港口、航線； ● 郵局、電報、電話、無線電、廣播等； ● 聯邦財產及其收益； ● 聯邦的公共債務； ● 油田與礦物資源； ● 由印度政府資助並被議會法律宣布為在全國具有重要意義的機構； ● 聯邦的公益服務； ● 聯邦退職金； ● 聯邦帳目與各邦帳目的查帳等97項	● 公共秩序（不包括聯邦軍隊）； ● 警察（鐵路和森林警察）； ● 監獄、感化院、少年感化機構等； ● 公共保健與衛生； ● 殘疾與失業人員的救濟； ● 邦所控制或負擔經費的圖書館、博物館及其他類似單位； ● 交通，包括市內有軌電車、索道、內河航道及內陸水運； ● 農業，包括農業教育與農業研究、植物病蟲害防治； ● 邦一級的公益服務； ● 邦的公共債務等66項	● 流浪者、遊牧部落和遷移部落； ● 藥品和毒藥； ● 經濟與社會規劃； ● 社會安全與社會保險、就業與失業； ● 教育，包括技術教育、醫學教育和大學； ● 慈善事業與慈善機構、慈善與宗教捐贈、宗教機構； ● 電力； ● 報紙、書籍等46項

資料來源：根據印度憲法整理。

從表6-1可以看出，印度邦政府主要是在邦所轄範圍內負責地方安全與發展；提供基礎公共服務，如供水、供電、地方交通、公共衛生、教育、醫療和地方公益事業等；提供一些經濟公共服務，如農業發展、諮詢服務等；提供一些地方性公共安全服務，如監獄、警察等地方公共秩序維護服務。聯邦政府擔負著國家安全與發展的責任，如國防與外交、國家經濟長期發展等。此外，對於聯邦政府和邦政府的兼有事項，聯邦政府擁有優先立法權。可見，印度憲法對立法權的相關規定更傾向於聯邦政府。

（二）印度政府的支出規模

明確了印度聯邦與邦的事權劃分情況之後，需進一步厘清聯邦與邦之間的支出責任。

總體而言，自1947年印度獨立以來，其財政支出規模呈現出持續增長的趨勢，圖6-1是1990至2015財年印度政府總支出占GDP的比重的折線圖。2014—2015財年，印度政府財政總支出占GDP的比重為27.47%，其中，發展性支出占GDP的比重為14.59%，非發展性支出占GDP的比重為12.88%。發展性支出是指國家用於公共交通及通信、科教文衛等社會服務，以及住房及城市發展、經濟發展方面的支出。非發展性支出是指用於國防、債務、行政、財政以及社會福利等方面的支出。圖6-1顯示，自2006—2007財年以後，印度政府增加了對發展性支出的投入規模，這一趨勢持續保持到現在。

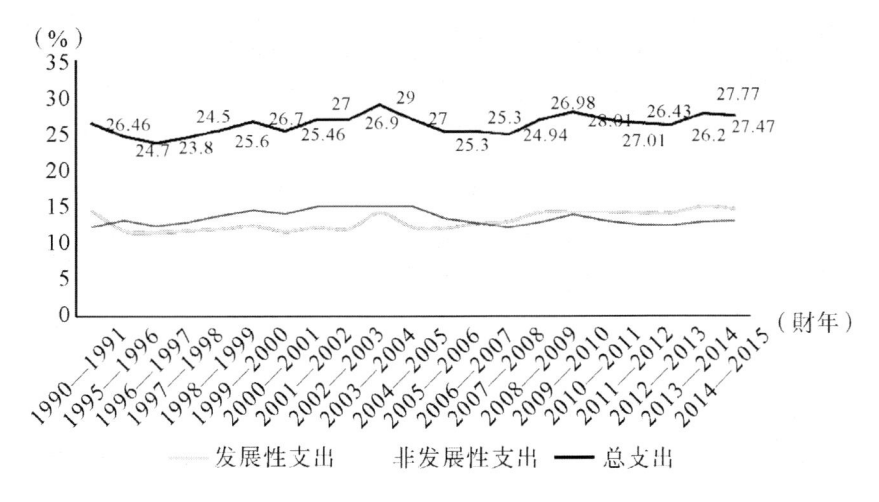

圖6-1 1990—2015財年印度政府總支出占GDP的比重

數據來源：印度財政部（http://www.finmin.nic.in/index.asp），*INDIAN PUBLIC FINANCE STATISTICS* 2014—2015。數據經過整理。

表6-2列示了2000—2015財年印度聯邦政府與邦政府的支出金額及該級政府支出占總支出的比重。從該表可以看出，聯邦政府支出與邦政府支出在絕對金額上都呈現出較快的增長態勢，尤其是近幾年，邦政府支出增長尤為迅速，邦政府支出增長速度超過了聯邦政府支出增長速度。2012—2015財年的數據顯示，

聯邦政府支出占全國總支出的比重小於邦政府支出占全國總支出的比重，且逐年下降。2014—2015 財年，聯邦政府的支出規模為 177,944.2 億盧比，占全國總支出的比重為 45.37%，同期邦政府支出規模為 214,270.8 億盧比，占全國總支出的比重為 54.63%。數據顯示，邦政府支出規模占逐漸超過聯邦政府支出，在政府支出中占據越來越重要的位置，承擔越來越多的支出責任。

表 6-2　　　　　　　印度聯邦政府與邦政府的財政支出及占比

財年	聯邦政府 金額（千萬盧比）	聯邦政府 占總支出的比重（%）	邦政府 金額（千萬盧比）	邦政府 占總支出的比重（%）	總支出 金額（千萬盧比）	總支出 占總支出的比重（%）
2000—2001	313,011	50.88	302,150	49.12	615,161	100
2003—2004	359,839	46.02	422,126	53.98	781,965	100
2006—2007	564,934	48.05	610,753	51.95	1,175,687	100
2009—2010	1,013,193	51.65	948,378	48.35	1,961,571	100
2012—2013	1,393,577	49.09	1,445,003	50.91	2,838,580	100
2013—2014（RE）	1,575,061	46.91	1,782,385	53.09	3,357,446	100
2014—2015（BE）	1,779,442	45.37	2,142,708	54.63	3,922,150	100

註：①RE 表示 Revised Estimates，即預算修訂值，下文同理；②BE 表示 Budget Estimates，即預算估計值，下文同理。

數據來源：印度財政部（http://www.finmin.nic.in/index.asp），*INDIAN PUBLIC FINANCE STATISTICS* 2014—2015。數據經過整理。

（三）聯邦與邦政府的支出狀況

聯邦政府的支出和邦政府的支出構成了整個國家的政府支出。二者不僅在支出規模上存在差異，在具體的支出項目上也各不相同。與其事權劃分相對應，聯邦政府的支出多用於與國家安全和國家整體經濟發展相關的事務，而邦政府支出側重於為地方提供經濟服務和社會服務，二者的支出項目的比較如表 6-3 所示。聯邦政府和邦政府在非發展性支出方面有較大差異：聯邦政府的支出包括國防、邊境服務、與他國的科技及經濟合作、對印度食品公司的補貼和對中央直轄區補

助，而邦政府的支出項目包括減少或避免債務的撥款、食品補償、對地方機構及潘查亞特的補償、自然災害救濟、土地補償。在發展性支出方面，聯邦和邦政府的支出較為類似，不同之處僅在於聯邦支出包含化肥補貼、對邦和中央直轄區的補助。此外，聯邦政府的支出還包括對邦的法定補助。對邦的法定補助是指聯邦政府根據憲法第二百七十五條第一款的規定，每年從印度統一基金中給議會認為需要幫助的各邦撥付一定款項。

表 6-3　　　　　　　印度聯邦政府與邦政府的支出項目比較

支出項目	不同點		相同點
	聯邦政府	邦政府	
非發展性支出	國防、邊境服務、與他國的科技及經濟合作、對印度食品公司的補貼、對中央直轄區的補助、其他	減少或避免債務的撥款、食品補償、對地方機構及潘查亞特的補償、自然災害救濟、土地補償、其他	利息支出、養老金及其他退休補助、行政服務、社會安全及福利、財政服務、邦機構
發展性支出	化肥補貼、對邦和中央直轄區的補助		社會及社區服務，農業及綜合服務，電力、灌溉及洪水控制，交通運輸，一般經濟服務，公共活動，工業和礦業
對邦的法定補助	對邦的法定補助		
貸款及預付款			貸款及預付款

資料來源：印度財政部（http：//www. finmin. nic. in/index. asp），*INDIAN PUBLIC FINANCE STATISTICS* 2014—2015。數據經過整理。

聯邦政府的支出分為發展性支出、非發展性支出、對邦的法定補助、貸款及預付款四大類，各大類下還有數十個子項。2014—2015財年，聯邦政府支出規模占總支出的比重排在前十的支出項目分別是利息、國防、社會社區服務、農業及綜合服務、對邦和中央直轄區的撥款、對印度食品公司的補貼、交通運輸、工業和礦業、養老金及其他退休補助、化肥補貼（如表6-4所示）。由表6-4可以看出印度聯邦政府的主要支出範圍以及發展趨勢。近年來，印度聯邦政府的利息支出居於第一位，除2009—2010財年和2012—2013財年有所下降外，一直呈增長趨勢。這與印度近些年一直實行的財政赤字政策相關，同時說明印度聯邦政府

赤字不斷擴大，財政支出與財政收入不平衡。2014—2015 財年，國防支出占總支出的 12.87%，居第二位，雖然近幾年有所減少，但印度國防支出還是相對偏高。社會及社區服務支出居於聯邦支出的第三位，近些年，占總支出的比重一直在 10%左右。該項支出涉及科學，教育、文化和藝術，醫療和公眾健康，家庭福利，住房供給，就業，城市發展以及社會安全等方面。其中的教育、文化和藝術方面的支出占聯邦總支出的 4.55%，印度對教育、文化和藝術方面的支出在近十年間增長了近一倍。除此之外，2014—2015 財年，聯邦政府對邦和中央直轄區的撥款占聯邦總支出的 6.61%，位居聯邦支出的第五位，但近些年聯邦政府對邦和中央直轄區的撥款占總支出的比重在持續下降。

表 6-4　　　印度聯邦政府的主要支出項目及其占總支出的比重

財年		2006—2007	2009—2010	2012—2013	2013—2014	2014—2015
利息	金額(百萬盧比)	150,272	213,093	313,170	380,066	427,011
	占總支出的比重(%)	26.60	21.03	22.47	24.13	24.00
國防	金額(百萬盧比)	85,510	141,781	181,776	203,672	229,000
	占總支出的比重(%)	15.14	13.99	13.04	12.93	12.87
社會及社區服務	金額(百萬盧比)	54,907	105,314	146,815	159,152	174,260
	占總支出的比重(%)	9.72	10.39	10.54	10.10	9.79
農業及綜合服務	金額(百萬盧比)	30,593	62,330	73,814	75,264	119,049
	占總支出的比重(%)	5.42	6.15	5.30	4.78	6.69
對邦和中央直轄區的撥款(發展性)	金額(百萬盧比)	45,411	77,452	101,333	112,282	117,553
	占總支出的比重(%)	8.04	7.64	7.27	7.13	6.61
對印度食品公司的補貼	金額(百萬盧比)	24,014	58,443	85,000	92,000	115,000
	占總支出的比重(%)	4.25	5.77	6.10	5.84	6.46

表6-4(續)

財年		2006—2007	2009—2010	2012—2013	2013—2014	2014—2015
交通運輸	金額(百萬盧比)	34,370	60,443	70,333	81,020	89,668
	占總支出的比重(%)	6.08	5.97	5.05	5.14	5.04
工業和礦業	金額(百萬盧比)	13,111	28,643	112,672	102,972	84,643
	占總支出的比重(%)	2.32	2.83	8.09	6.54	4.76
養老金及其他退休補助	金額(百萬盧比)	22,104	56,149	69,478	74,076	81,983
	占總支出的比重(%)	3.91	5.54	4.99	4.70	4.61
化肥補貼	金額(百萬盧比)	26,222	61,264	65,613	67,972	72,970
	占總支出的比重(%)	4.64	6.05	4.71	4.32	4.10
總支出	金額(百萬盧比)	564,934	1,013,193	1,393,577	1,575,061	1,779,442
	占總支出的比重(%)	100.00	100.00	100.00	100.00	100.00

註：筆者挑選了2014—2015財年印度聯邦政府支出中排名前十的支出項目進行列示。

數據來源：印度財政部（http://www.finmin.nic.in/index.asp），*INDIAN PUBLIC FINANCE STATISTICS* 2014—2015。數據經過整理。

邦政府支出由發展性支出、非發展性支出、貸款及預付款三項組成，但貸款及預付款金額較小，低於邦政府總支出的1%。圖6-2是2014—2015財年印度邦政府支出結構圖。如圖6-2所示，邦政府各支出項目的支出金額占邦政府總支出的比重由高到低分別為社會及社區服務，農業及綜合服務，利息，電力、灌溉及防洪，養老金及退休福利、交通運輸等幾個方面。社會及社區服務是邦政府支出比重最高的一項，高達36.75%。邦政府的社會及社區服務涉及教育，藝術與文化，科學服務與研究，醫療、公共衛生、環境衛生及供水，家庭福利，房屋，城市發展，勞工與就業，自然災害救濟，社會安全及保障等方面。其具體構成如圖6-3所示。由圖6-3可知，社會及社區服務中投入最多的是教育、文化與藝術，其次是醫療、公共衛生、環境衛生及供水。農業及綜合服務是邦政府的第二大支出項目，占邦支出的11.42%。邦政府的利息支出占邦政府支出的9.16%，是邦政府的第三大支出項目，表明邦政府負擔有大量的債務。

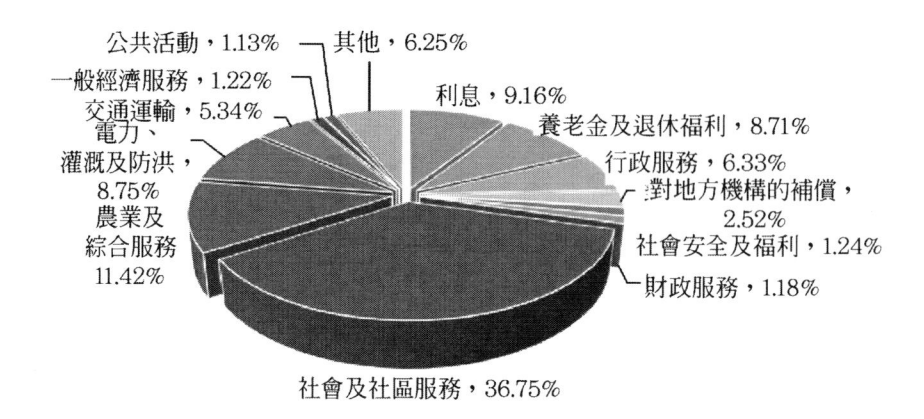

图 6-2　2014—2015 财年印度邦政府支出结构

数据来源：根据印度财政部（http：//www.finmin.nic.in/index.asp）的财政统计资料 INDIAN PUBLIC FINANCE STATISTICS 2014—2015 计算绘制。

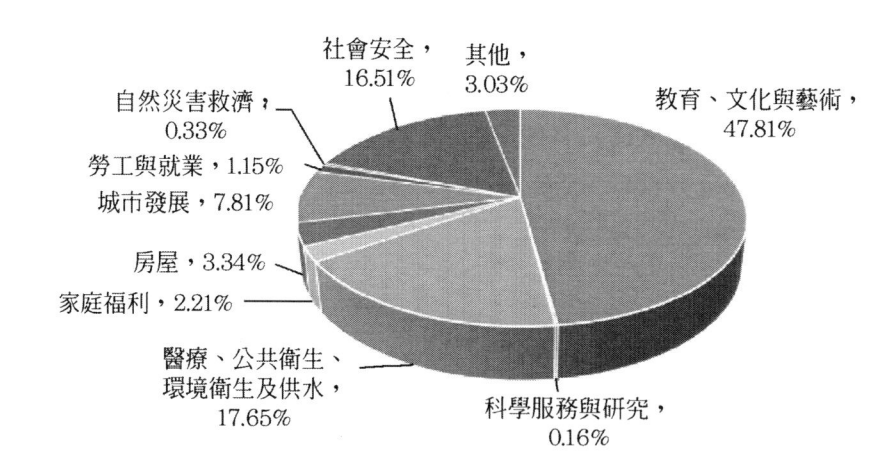

图 6-3　2014—2015 财年印度邦政府社会及社区服务支出结构

数据来源：根据印度财政部（http：//www.finmin.nic.in/index.asp）的财政统计资料 INDIAN PUBLIC FINANCE STATISTICS 2014—2015 计算绘制。

对比分析上述联邦政府和邦政府的各项数据可知：首先，联邦政府和邦政府对各自事权划分清晰的项目进行支出，如联邦政府的国防支出、对邦及中央直辖区的拨款和邦政府对地方机构的补偿。其次，联邦政府与邦政府对事权划分重叠的项目进行共同支出。但在这些共同支出项目中，各自承担的支出规模有较大差

距，發展性支出項目多由邦政府承擔，而非發展性支出多由聯邦政府承擔。具體而言，在發展性支出中，邦政府和聯邦政府共同負責社會及社區服務，農業及綜合服務，電力、灌溉及洪水控制三項支出，且這三項支出占政府總支出的比重較高，但這三項支出主要由邦政府承擔。在非發展性支出中，養老金及退休福利、行政服務、社會安全及福利、財政服務等支出由邦政府和聯邦政府共同承擔。邦政府對發展性支出承擔較多，顯示了邦政府在促進地方經濟發展和提供地方服務中的重要地位。

二、印度的稅收劃分與地方稅收

（一）印度政府的收入

印度政府的收入來源於兩部分：一是經常性收入（revenue receipts），二是資本性收入（capital receipts）。經常性收入是指來源於稅收和非稅收入的收入。資本收入是指來源於貸款、債務和證券等方面的收入。2014—2015財年，印度政府總收入規模為35,306億盧比，其中經常性收入占75.2%，資本性收入占24.8%。稅收收入包括直接稅收入和間接稅收入。稅收收入是印度政府收入的最主要來源，占政府經常性收入的比重接近90%。非稅收入較少，約占政府經常性收入的12%。就稅收結構來看，直接稅和間接稅的組成情況有較大變化。自分稅制改革以來，直接稅的比重不斷增加而間接稅的比重不斷減少，直到最近幾年，兩者的比重呈現出比較穩定的狀態。2014—2015財年，印度直接稅收入占政府總收入的29.31%，間接稅收入占政府總收入58.31%，而非稅收入只占政府總收入的12.38%。

表6-5是2014—2015財年印度政府經常性收入的組成項目，顯示了聯邦和邦政府的經常性收入項目有較大差別。在稅收收入方面，聯邦政府對主要稅種擁有徵稅權力，如公司稅、關稅、消費稅等；邦政府對某些特殊稅種具有徵稅權力，如農業稅、娛樂稅、蔗糖購置稅等。在非稅收入方面，聯邦政府擁有大量收入項目，如鐵路、郵政、RBI收益、海外交流服務、工廠、防衛、原油、食用油、電視及電臺服務、照明等項目。

表 6-5　　　　　　　　印度聯邦和邦政府的經常性收入項目

收入項目		聯邦政府	邦政府
稅收收入	非共享稅	利息稅、贈與稅、支出稅	農業稅、娛樂稅、蔗糖購置稅
		土地收益稅、酒店收益稅、邦消費稅、印花稅及登記費、一般銷售稅、車船稅、商品和旅客稅、電力稅	
	共享稅	公司稅、收入稅、房地產稅、財富稅、關稅、聯邦消費稅、服務稅	
非稅收入	承擔公共事務的收入	鐵路、郵政、RBI收益、海外交流服務、工廠、防衛、原油、食用油、電視及電臺服務、照明	礦物、灌溉和河道
	其他服務的收入	森林、能源、道路和水運、乳製品、自動能源工業	
		財政服務、國外捐贈	聯邦補助
		利息收入、一般服務、社會及社區服務、經濟服務	

註：一般銷售稅包括了增值稅。

資料來源：印度財政部（http://www.finmin.nic.in/index.asp），*INDIAN PUBLIC FINANCE STATISTICS* 2014—2015。數據經過整理。

　　印度聯邦政府較邦政府擁有更多的收入來源。由於印度邦政府承擔了更多的政府支出責任，為保障邦政府支出責任的履行，聯邦政府通過多種形式對邦政府進行補助和轉移支付。首先，公司稅、收入稅、房地產稅、財富稅、關稅、聯邦消費稅、服務稅等共享稅由聯邦政府徵收，但聯邦政府按規定比例劃歸給徵稅各邦，並按規定辦法在規定時間分配給有關各邦。表6-6顯示了近幾年印度聯邦政府通過稅收轉移，將聯邦政府約24%的收益性收入轉移給邦政府，以解決收支不均衡的問題。其次，聯邦政府還通過財政補助對邦政府進行支持，且財政補助金額波動幅度較大。由表6-6可知，近幾年聯邦政府對邦政府的財政補助不低於聯邦收益性收入的14%。此外，為彌補邦政府的財政收支缺口，聯邦政府也通過貸款的方式緩解邦政府的財政資金壓力。

表 6-6　　　　　印度聯邦政府對邦政府的稅收轉移和財政補助

財年	聯邦政府 收益性收入（百萬盧比）	邦政府 收益性收入（百萬盧比）	稅收轉移 金額（百萬盧比）	稅收轉移 占比（%）	財政補助 金額（百萬盧比）	財政補助 占比（%）
①	②	③	④	⑤=④/②	⑤	⑥=⑤/②
2006—2007	569,012	539,340	122,330	21.50	90,185	15.85
2009—2010	770,151	761,367	167,992	21.81	140,955	18.30
2012—2013	1,206,682	1,246,827	294,357	24.39	177,708	14.73
2013—2014（RE）	1,393,082	1,497,284	322,880	23.18	198,373	14.24
2014—2015（BE）	1,619,271	1,847,396	387,266	23.92	368,109	22.73

註：邦政府的收益性收入包含稅收轉移和補助。

數據來源：印度財政部（http://www.finmin.nic.in/index.asp），*INDIAN PUBLIC FINANCE STATISTICS* 2014—2015。數據經過整理。

（二）聯邦政府與邦政府的稅權劃分與稅收收入

印度稅制以憲法為基礎，沒有議會的授權，政府不能課稅。印度憲法對聯邦政府和邦政府的課稅權力進行了明確劃分，邦以下地方政府的課稅權由邦進行規定。印度稅制較為複雜，既有直接稅與間接稅之分，又有聯邦稅與邦稅之分。過去 10 到 15 年間，印度稅收制度經歷了巨大改革。通過改革，印度的稅率更加合理，稅收法規更加簡化。從 2005 年 4 月 1 日起，大部分印度的邦政府都以增值稅代替了銷售稅。有些稅收由聯邦政府徵收，但聯邦政府通過轉移支付給邦政府，形成共享稅，如消費稅、所得稅和關稅。印度課稅權力在聯邦與邦之間的分配如表 6-7 所示。

由表 6-5 和表 6-7 可知，印度稅收的徵稅權與稅收收入分配權存在某些不一致。其原因是印度憲法對徵稅權和稅收收入分配權都進行了劃分：由各邦徵收的稅收不納入印度統一基金，而歸該邦所有；由聯邦徵收的收入稅、消費稅、繼承稅、財產稅、貨物或旅客稅、印花稅、銷售稅，除應劃歸中央直轄區或者支付聯

邦人員薪酬的部分以外，不納入印度統一基金，而應劃歸該年度內徵收上述捐稅的各邦。各邦分配上述稅款時應根據議會法律確定的分配原則。根據這些原則，聯邦與邦的稅收收入及占比情況如表6-8所示。聯邦政府雖占據了大多數稅種的徵收權力，但其稅收收入的分配與支出責任相一致。由表6-8可知，通過稅收轉移，2014—2015財年，邦政府稅收收入占總稅收收入的56.3%，聯邦政府的稅收收入占總稅收收入的43.69%。

表6-7　　　　　　　　印度聯邦與邦政府的徵稅權力分配

聯邦政府	邦政府
● 收入稅，不包括農業收入； ● 關稅，包括出口稅； ● 對加工或生產的菸草和其他物品所徵的稅； ● 公司所得稅； ● 資本價值稅，不包括農業用地； ● 房地產稅，不包括農業用地； ● 財產繼承稅，不包括農業用地； ● 針對鐵路、海運、航空的貨物或旅客稅； ● 證券交易所與期貨市場交易除印花稅以外的其他稅收； ● 針對匯票、支票、期票、提單、信用狀、保險單、股票過戶憑單、債券、委託書和收據的印花稅； ● 報紙購銷稅和報紙廣告稅	● 針對農業收入的收入稅； ● 針對農業用地的繼承稅； ● 針對農業用地的地產稅； ● 礦業稅； ● 對加工或者生產飲用酒精飲料及鴉片、印度大麻、其他麻醉藥物和麻醉劑所徵收的稅； ● 對進入本地供消費、使用或銷售的商品所徵收的稅； ● 電力稅； ● 針對報紙廣告以外的其他廣告的廣告稅； ● 針對公路或內河航運的貨物或旅客稅； ● 銷售稅； ● 對各種職業、行業的工作所徵收的稅； ● 人頭稅； ● 娛樂稅； ● 對左邊列舉之外的憑證徵收的印花稅

資料來源：根據印度財政部（http://www.finmin.nic.in/index.asp）的資料整理而成。

表6-8　　　　　　　　印度聯邦和邦政府的稅收收入及占比

財年	聯邦政府 金額（百萬盧比）	占總稅收收入的比重（%）	邦政府 金額（百萬盧比）	占總稅收收入的比重（%）	總稅收收入 金額（百萬盧比）	占總稅收收入的比重（%）
2003—2004	186,982	45.29	225,886	54.71	412,868	100.00
2006—2007	351,182	47.80	383,547	52.20	734,729	100.00

表6-8(續)

財年	聯邦政府 金額(百萬盧比)	占總稅收收入的比重(%)	邦政府 金額(百萬盧比)	占總稅收收入的比重(%)	總稅收收入 金額(百萬盧比)	占總稅收收入的比重(%)
2009—2010	456,536	45.64	543,673	54.36	1,000,209	100.00
2012—2013	741,877	43.30	971,430	56.70	1,713,307	100.00
2013—2014(RE)	836,026	42.87	1,113,933	57.13	1,949,959	100.00
2014—2015(BE)	977,258	43.69	1,259,298	56.31	2,236,556	100.00

數據來源：印度財政部（http://www.finmin.nic.in/index.asp），*INDIAN PUBLIC FINANCE STATISTICS* 2014—2015。數據經過整理。

由表6-9可知，2014—2015財年，印度邦政府稅收收入為1,259億盧比，其中18.88%的收入來自直接稅，81.12%的收入來自間接稅。由此可見，間接稅為邦政府稅收收入的主要來源。共有18個稅種可作為邦政府的稅收收入來源，其中有7個稅種為共享稅，分別是公司稅、收入稅、房地產稅、財富稅、關稅、聯邦消費稅、服務稅。共享稅的收入占邦政府稅收收入的30.63%。除共享稅外，其他比較重要的邦政府的主要稅收來源包括一般銷售稅、邦消費稅、印花稅及登記費、車船稅、商品和旅客稅、電力稅和汽油銷售稅等。

表6-9　　　　2014—2015財年印度邦政府的稅收收入結構

稅種	金額（百萬盧比）	占總稅收收入的比重（%）
直接稅	237,755	18.88
公司稅	132,419	10.52
收入稅	86,538	6.87
房地產稅	0	0.00
財富稅	395	0.03
土地收益稅	11,586	0.92

表6-9（續）

稅種	金額（百萬盧比）	占總稅收收入的比重（%）
農業稅	180	0.01
酒店收益稅	69	0.005
其他	6,567	0.52
間接稅	1,021,543	81.12
一般銷售稅	540,424	42.91
邦消費稅	100,117	7.95
印花稅及登記費	98,040	7.79
服務稅	63,423	5.04
汽油銷售稅	18,575	1.48
關稅	61,494	4.88
聯邦消費稅	41,439	3.29
車船稅	43,321	3.44
娛樂稅	2,294	0.18
商品和旅客稅	21,718	1.72
電力稅	24,927	1.98
蔗糖購置稅	166	0.01
其他	5,606	0.45
總計	1,259,298	100.00

數據來源：印度財政部（http://www.finmin.nic.in/index.asp），*INDIAN PUBLIC FINANCE STATISTICS* 2014—2015。數據經過整理。

（三）邦的主要稅種

1. 公司稅

印度公司稅相當於企業所得稅，是指印度政府對居民公司和非居民公司徵稅所得。居民公司認定依據註冊地標準和實際管理機構標準，二者居其一即可。居民公司就其國內外所得納稅，稅率為30%；非居民公司只對境內所得納稅，稅率

為35%。在公司稅基礎上，還需繳納附加稅、教育費附加及中等和高等教育費附加，稅率分別為10%~12%、2%和1%。

2. 收入稅

收入稅也稱個人所得稅，納稅人包括居民納稅人和非居民納稅人。是否認定為居民或者非居民的標準是個人在印度停留時間的長短。居民納稅人就全世界所得納稅，非居民納稅人只就來源於印度的所得納稅。收入稅分為工薪所得、房產所得、經營所得、資本利得和其他所得。收入稅的徵收方法是先對各類所得分別計算，然後加總依稅率進行徵稅。印度對個人所得徵稅實行超額累進稅率，目前適用的免徵額為250,000盧比，稅率分為三個等級，起徵稅率為10%，最高稅率為30%，最高稅率適用的收入為1,000,000盧比（見表6-10）。對於年齡超過一定歲數的，在免徵額和稅率上又有特別規定。

表6-10　　　　　　2016—2017課稅年度印度個人所得稅稅率表

級數	全年應納稅所得額	稅率（%）
1	不超過250,000盧比的部分	0
2	超過250,000盧比至500,000盧比的部分	10
3	超過500,000盧比至1,000,000盧比的部分	20
4	超過1,000,000盧比的部分	30

3. 一般銷售稅

一般銷售稅是對商品銷售收入所徵收的一種稅，屬於流轉稅及貨物勞務稅的範疇。從2005年開始，印度開始以增值稅代替銷售稅，故一般銷售稅包括了銷售稅和增值稅。各邦對所有邦內及跨邦的商品生產和銷售徵收增值稅。增值稅的徵稅對象是生產和流通各個環節所產生的增值額，標準稅率為12.5%，必需品稅率為0，金銀寶石稅率為1%，工業品購進、資本貨物及大量消耗品的稅率為4%，石油產品、菸草及烈性酒等產品需繳納更高的增值稅，具體稅率各邦有所差異。對小規模納稅（年銷售額500萬盧比以下）實行簡易徵收，徵收率為4%。

4. 消費稅

印度消費稅按徵收主體分為聯邦消費稅和邦消費稅，聯邦消費稅占消費稅稅收的80%以上。消費稅主要來源於電子產品、石油石化、金屬製品、化學製品和

交通工具五個行業。消費稅分為基本消費稅和特種消費稅，除對小汽車、石油石化、化妝品、輪胎、菸草等消費品徵收特殊消費稅外，對其他絕大多數消費品徵收基本消費稅。基本消費稅率為16%。

5. 印花稅及登記費

對匯票、支票、期票、提單、信用證、保險單、股票過戶憑單、債券、委託書和收據徵收印花稅的課稅權力屬於聯邦政府，其他類別印花稅的課稅權力屬於邦政府。

6. 服務稅

在印度境內接受運輸服務、人工服務、租賃服務、工程分包及專業技術服務等服務時，印度政府對服務徵收10%的服務稅（加2%的教育稅）。若印度境內可徵稅的服務獲得的服務報酬為在印度國內可兌換且不會匯出印度的貨幣，那麼該服務將獲得免徵服務稅優惠。

7. 關稅

印度對進口的商品徵收基本關稅、附加關稅及教育稅。基本關稅稅率在印度的關稅法中有明確規定。印度工業產品的基本關稅的最高稅率為15%。附加關稅等同於針對印度國內商品所徵收的消費稅。進口產品還需繳納稅率為2%的教育稅。關稅的計算標準為進口商品的交易價格。

三、結論與啟示

中國與印度同為人口眾多、經濟保持高速增長的發展中國家。印度地方政府的支出責任和地方稅收體系對中國財稅體制改革具有一定的啟示作用和參照意義。

第一，財權集中要適度。不可否認，印度的財權集中，在很大程度上有助於全國的穩定統一和該國經濟的發展。然而，隨著經濟社會的發展，高度集中的財權使得地方經濟發展有較大的局限性，不能自由發揮其地方的優勢，從而影響經濟資源的自由流動和當地經濟發展。此外，中央的補助占地方收入較大份額，一方面有助於均衡地區間發展，另一方面也會降低地方的財政自主性和可問責性，並可能產生地方收支的逆向激勵，從而導致財政資源的錯配，降低財政資金的使

用效率，不利於經濟社會的長期持續發展。中國在財權和稅權劃分時，要妥善處理中央與地方的財力配置關係，在財力初始配置上，應適度集中，以促進中央平衡地區經濟社會發展和公共服務均等化的能力；同時，財力也不能過度集中，應保持地方有相當的財力自主性，以增強地方的積極性和問責性。

第二，依據事權劃分稅權。財權的劃分應與事權相匹配，鑒於稅收是財政收入的主要來源，稅權的劃分也應與事權的劃分相匹配。事權不清，則稅權難分，分稅制難以真正形成。因此，首先應劃清中央和地方各自承擔的行政管理職責和公共服務提供職責，即各自的事權；其次，要依據中央和地方的事權來確定其分享的稅權。隨著社會經濟的進一步發展，中央和地方對事權的劃分也非固定不變的，應隨時、隨勢發展與變化，與之對應，對稅權的劃分也應做出相應調整。中國處於分稅制改革的關鍵時期，稅權的劃分應與各級政府事權支出相協調。在科學、合理地劃分中央與地方事權和支出責任的情況下，中國應進一步推進稅制改革和稅收劃分及地方稅建設，從而實現政府間財政關係與經濟和社會的持續發展相適應。

第三，科學合理地劃分事權、設置地方稅。事權的劃分和地方稅的設置沒有標準答案和統一做法。由於經濟、社會、政治、文化、歷史、地理等原因，理論上最優的事權和稅收劃分模式、他國實踐成功的事權劃分與地方稅設置方式，是一國具體改革的有益參考，但不是答案。中國的事權劃分和地方稅建設應基於中國特定的現實情境。中國應基於不同事權或公共事務的特徵、中央與地方的特點和供給不同公共服務的能力、激勵相容與權責利統一等原則，以法治的方式對各項事權和支出責任進行科學合理劃分。地方稅是地方履行其事權和支出責任的重要財力保障，但由於稅收自身的約束（如稅種數量、不同稅種稅收能力的差異等），單靠地方稅難以滿足地方事權和支出需要。除地方稅及稅收外，轉移支付、債務、收費及其他非稅收入都是地方政府的重要收入來源。應在合理確定地方稅在地方政府收入中的地位的情況下，基於稅種屬性、稅收劃分的激勵效應、稅收能力、稅收徵管及改革變動的稅制等，以法治的方式科學合理地進行稅收分權和設置地方稅。

第四，財政轉移支付要多樣、適宜。轉移支付在平衡中央與地方政府收入之間以及各地方政府收入之間起著重要的作用。一直以來，印度聯邦政府採取稅收轉移、轉移支付和貸款三種方式對各邦進行財政援助。首先，不同時期，聯邦政

府的援助方式不同。早期，印度聯邦政府主要通過貸款的方式對地方政府進行援助，導致地方政府債務不斷攀升；後來轉變財政援助的方式，逐漸轉變成稅收轉移和財政補助。其次，印度聯邦政府對不同地區採取區別對待的援助方式。印度聯邦政府對發達地區的援助以貸款為主，對落後地區的援助以稅收轉移和財政補助為主。相對於中央政府，中國的地方政府承擔了過多的事權和支出責任。與此相適應，中央對地方有大量的一般性和專項轉移支付，且提高了一般性轉移支付的比例，降低了專項轉移支付的比例。但需要注意的是，轉移支付規模以及一般性轉移支付與專項轉移支付結構的確定，應該是基於中央與地方事權和支出責任的總體劃分、各項具體事權及支出責任的劃分、財力和稅收的分配等。轉移支付的規模、結構和方式都應與此相適應進行選擇和設計。

第七章　韓國地方政府的支出責任與地方稅收：實踐與啟示

本章提要：本章從韓國政府的概況入手，全面系統地梳理了韓國中央政府、高級地方政府和低級地方政府的事權與支出責任、政府間財政收入和稅權劃分、地方政府的主要稅種等內容；同時，對韓國政府間事權與支出責任的劃分以及地方稅收體系的建立實踐進行分析，為中國進一步完善財權與事權、建立與支出責任相匹配的現代財稅管理體制提供經驗和建議。

一、韓國政府與財政概況

（一）政府結構

韓國是一個單一制的國家。在單一制國家中，中央政府擁有統一立法、司法和行政的權力，並且可以通過放權設立區域和地方派出機構，從而以單個整體的形式組成國家的政治架構。歷史上，韓國各地方就已設有自治機關，但卻一直受中央政權的嚴格控制。20世紀80年代以來，韓國日益重視分權於地方，出抬了《地方自治法》，加強了地方政府的自主性，但是效果並不十分顯著。1986年，韓國地方政府的平均財政自給率約為58%，而1995年又下降至約53%。可見，地方政府仍然只是中央政府的地方行政派出機構，中央政府對地方政府仍然擁有較大的控制權。直至1995年，地方政府行政長官開始全部實行直選制，才使得地方政府真正具有自主決策的權力。之後，地方政府逐漸成為政府結構體系中的重要組成部分。

根據1988年修訂的《地方自治法》和在1994年12月20日修訂通過的第4789號法案，韓國的地方政府被稱為地方自治團體。一般來說，韓國的地方政府可以分為兩種類型，即高級地方政府（Upper-level Local Government）和低級

地方政府（Lower-level Local Government）。前者由總理（內務部部長）直接管轄的首爾特別市以及由內務部管轄的6個廣域市（直轄市）和9個道（省）組成。2012年7月1日，作為新行政首都的世宗特別自治市（Sejong Special Autonomous City）成立，該市由燕岐郡全域和公州市、清原郡的部分地區合併而成。根據相關法律規定，世宗特別自治市歸屬於高級地方政府。區是指在特別市政府或者廣域市政府法定權限範圍內設立的地方政府，即自治區；市是指下設於道的地方政府，而郡是指下設於廣域市或道的地方政府。

此外，人口數量在50萬以上的城市（廣域市除外）可以設立非自治區；市、區可以下設洞（鎮）；郡可以下設邑（鎮）或面（村）；邑、面可以下設裡（街）。但是，僅高級地方政府和包含自治區、市、郡、非自治區等的低級地方政府實體享有自治權，而更低一層的地方政府，如洞、邑和面等，僅僅是低級地方政府實體的派出機構。這些最基層的分支機構並不具有自治權，因而不屬於地方行政實體。高級地方政府實施的自治稱為廣域自治，而低級地方政府實施的自治稱為基礎自治。圖7-1為韓國地方組織的層次結構圖。

如表7-1所示，截至2014年，韓國共有17個高級地方政府和263個低級地方政府，包括77個市、82個郡、69個自治區和35個非自治區。其中，25個自治區由首爾特別市管轄，44個自治區由6個廣域市管轄，其餘35個非自治區則由9個道管轄。

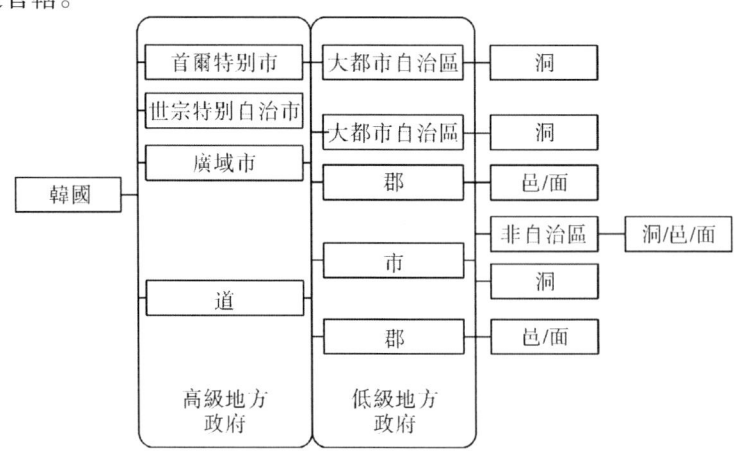

圖7-1 韓國地方政府組織層次結構圖

註：非自治區由人口數量在50萬以上的非廣域市設立，也屬於低級地方政府。

表 7-1　　　　　　　　　　　韓國地方政府概況表

行政區劃	二級政區（2014）			面積（平方千米）	人口（2015，萬人）	首府
	區	市	郡			
特別市 Capital Metropolitan City	首爾特別市 25	-	-	605.40	990.43	中區
特別自治市 Special Autonomous City	世宗特別自治市 -	-	-	465.23	20.41	-
廣域市 Metropolitan City	釜山廣域市 15	-	1	764.43	344.87	蓮堤區
	大邱廣域市 7	-	1	884.46	246.61	中區
	仁川廣域市 8	-	2	994.12	289.05	南洞區
	光州廣域市 5	-	-	501.41	150.29	東區
	大田廣域市 5	-	-	539.78	153.84	中區
	蔚山廣域市 4	-	1	1,057.14	116.66	南區
道 Province	京畿道 20	28	3	10,130.86	1,247.91	水原市勸善區
	江原道 -	7	11	16,613.46	151.80	春川市
	忠清北道 4	3	8	7,431.44	158.93	清州市上黨區
	忠清南道 2	8	7	8,600.52	210.78	洪城郡
	全羅北道 2	6	8	8,054.62	183.41	全州市完山區
	全羅南道 -	5	17	12,073.46	179.90	務安郡（南岳新都市）
	慶尚北道 2	10	13	19,025.96	268.03	大邱廣域市北區
	慶尚南道 5	8	10	1,050.82	333.45	昌原市
特別自治道 Special Autonomous Province	濟州特別自治道 -	2	-	1,848.27	60.56	濟州市

註：1995年1月1日，直轄市改稱為廣域市；2006年7月1日，濟州特別自治道成立，取消自治團體，劃分兩個行政市，北濟州郡並入濟州市，南濟州郡並入西歸浦市；2014年7月1日，忠清南道清州市、清原郡合併，合併後新的清州市由原來的2個區調整為4個區。

資料來源：韓國國家統計局（Korean Statistical Information Service，KOSIS）（http://kosis.kr/eng/），行政區劃網（www.xzqh.org/old/waiguo/asia/1005.htm）。

（二）政府財政收支規模

2006至2015財年，韓國財政收入持續增長，財政支出在總體上也呈現出不斷增長的趨勢。由表7-2可知，其中，財政收入由2006財年的319.27兆億韓元

增長至 2015 財年的 517.95 兆億韓元；財政支出從 2006 財年的 277.42 兆億韓元增長至 2015 財年的 457.03 兆億韓元。韓國財政收入占 GDP 的比重基本上保持在 31%至 36%之間，而財政支出占 GDP 的比重略低於財政收入占 GDP 的比重，在 27%至 33%之間浮動。

表 7-2　　　　　　　　2006—2015 財年韓國財政收支情況

財政年度	2006	2007	2008	2009	2010	2011	2012	2013	2014	2015
總收入 （兆億韓元）	319.27	344.08	370.81	408.67	398.49	414.11	434.76	458.32	470.10	517.95
總支出 （兆億韓元）	277.42	286.20	320.80	369.51	358.04	371.50	393.37	415.85	421.08	457.03
GDP （兆億韓元）	966.05	1,043.26	1,104.49	1,151.71	1,265.31	1,332.68	1,377.46	1,429.45	1,486.08	1,558.59
總收入占 GDP 的比重 （%）	33.05	32.98	33.57	35.48	31.49	31.07	31.56	32.06	31.63	33.23
總支出占 GDP 的比重 （%）	28.72	27.43	29.05	32.08	28.30	27.88	28.56	29.09	28.33	29.32

數據來源：韓國內政部（Ministry of the Interior，MOI）（http：//lofin.moi.go.kr/portal/main.do），「2006—2015 년도 지방재정연감（결산）」「5. 지방자치단체 세입·세출결산 총계 및 순계 비교（총괄）」「6. 지방자치단체 결산 경제성질별 순계분석（총괄）」；韓國企劃財政部（Ministry of Strategy and Finance，MOSF），*Summary of Financial Implementation for Financial Year* 2006—2015；韓國國家統計局（KOSIS）（http：//kosis.kr/eng/），*Main Annual Indicators*。數據經過整理。

二、韓國地方政府的事權與支出責任

（一）中央政府與地方政府的事權

韓國的財政管理體制是建立在分稅制基礎上的，屬於分級預算管理體制。這種財政體制，有利於形成分工合理、權責一致的國家權力縱向配置體系與運行機制。只有明確了政府間事權的劃分，才能界定各級政府的支出責任。劃分中央政府和地方政府職能的原則主要有：①地方優先原則（非競爭原則）；②經濟行政原則（效益行政原則）；③責任明晰原則；④地方特色原則（利益範圍原則）；

⑤整合原則。根據這些原則,《大韓民國憲法》和《地方自治法》均對地方政府與中央政府之間的職權劃分做出了明確的規定,從而使得中央政府與地方政府可以各司其職,實現各級政府事權規範化、法律化,提高行政效率。

首先,《大韓民國第六共和國憲法》(於 1987 年 10 月 27 日通過)規定了地方政府的職權範圍。在第八章地方自治中的第一百一十七條規定「地方自治團體處理關於居民福利的事務,管理財產,並在法令的範圍內制定關於自治的規定。地方自治團體的種類由法律來規定。」

其次,最新修訂的《地方自治法》規定了地方政府的具體職責範圍,明確了不同類型的地方政府之間職權劃分的標準和處理國家事務的限制。其中第九條規定「地方政府應遵循《地方自治法》及其附屬法令的有關規定,在其權限範圍內管理地方自治事務以及受委託的其他事務」,並對地方政府的具體職責做出了共 6 個大類、57 個小類的詳細規定;第十條對高級地方政府和低級地方政府的職權進行了具體的劃分;第十一條則規定了地方政府無權管理的國家事務,即中央政府的職權範圍。韓國中央政府和地方政府的事權劃分情況具體見表 7-3。

其中,高級地方政府負責的具體事務主要有:①協調有關中央政府與低級地方政府之間關係的事務;②涉及範圍較大(涉及兩個及以上低級地方政府)的事務;③低級地方政府無法獨立完成或在財政、技術上難以完成的事務,例如,兩個及以上低級地方政府共同參與的公共設施的管理和建設事務;④具有高級地方政府範圍內統一標準性質的事務。

低級地方政府則負責管理高級地方政府負責外的所有地方事務,通過行政區系統(非自治區、洞、邑、面)為當地居民提供服務。此外,若非廣域市的人口超過 50 萬,還需要管理一定的道(省)級事務,如醫療機構、地方公共企業等。《地方自治法》第十條第三款還規定「高級地方政府和低級地方政府在管理地方事務時不應產生權限的衝突,若管轄權出現衝突,低級地方政府享有管理的優先權。」這一規定使得低級地方政府能充分利用公共服務提供方面的信息優勢,因地制宜處理地方事務,在一定程度上保證了地方政府的行政效率和配置效率。

表 7-3　　　　　　　　韓國中央政府和地方政府的事權劃分情況

	事權	舉例
中央政府	事關民族存亡或者與國家發展直接相關的事務	外交、國防、國家選舉、國家稅收的管理
	全國性事務	國家發展的總體規劃，經濟發展計劃，產業結構調整，國有資源的管理，失業救濟措施、社會保險與保障
	地方政府無法獨立完成或在財政、技術上難以完成的事務	郵政、電信、鐵路、航空、大學教育、氣象預報、核能源的開發
	具有全國統一標準性質的事務	貨幣政策、財政政策、進出口政策的制定，統計、度量的管理，工作日與節假日的規定
地方政府	地方政府的權限、機構設置和與行政管理相關的事務	權限範圍內行政區劃的管理、地方規章、人事管理、地方稅收的管理、公有財產的管理、居民登記、地方數據統計
	增進居民福利的事務	公共設施的管理和建設事務、保護老弱病殘孕、地方公共企業的建立和營運
	與農業、林業、商業和工業發展相關的事務	公有森林資源的管理，鼓勵、資助、指導農業發展，支持中小企業、當地特色產業發展，推動當地旅遊業的發展
	與地方發展密切相關的事務，以及興建和管理與居民生活緊密相關的環境工程	地方土木工程、城市發展規劃、地方公路、地方供水系統的管理、地方基礎設施建設
	發展教育、體育、文化和藝術的事務	基礎教育機構的建立和經營，公共教育、體育和文化設施的建設和管理，地方文化遺產
	與地方民防及消防相關的事務	組織、指導和監察地方及某些工作場所的民防隊伍的建設，包括志願消防隊

註：地方政府的事權包括其地方自治事務和國家機關或其他地方政府委託的事務，如公共設施的管理和建設事務、地方稅收的管理等。

由於公共物品與服務的配置在地區間可能存在一定的外部性，且地方政府不能很好地從整體上把握全國經濟發展，因此，涉及面越廣泛的事務越應由高層級的政府機構進行管理，越具有地方特色、需要地方信息的事務越應由低層級的政

府機構進行管理，而中間層級的地方政府更多地負責協調上下級政府之間的關係。

（二）中央政府與地方政府的支出責任

在韓國中央政府、高級和低級地方政府中，中央政府的支出責任很大，需要對高級地方政府和低級地方政府給予轉移支付；高級地方政府主要負責協調各政府間橫向與縱向的關係，支出責任最小；低級地方政府的支出責任則介於兩者之間。從財政支出看，以2015財年為例，中央政府淨支出為281.70兆億韓元，占政府總支出的61.64%；高級地方政府淨支出為63.24兆億韓元，占政府總支出的13.84%；低級地方政府淨支出為112.09兆億韓元，占政府總支出的24.53%。根據表7-4，在2006至2015財年，中央政府淨支出占總支出的比重在59%~64%，且整體上呈下降的趨勢；而高級地方政府淨支出所占比重維持在13%~16%；低級地方政府淨支出所占比重維持在22%~26%，且整體呈上升的趨勢。可見，中央政府的支出責任在逐漸縮減，而地方政府的支出責任在逐漸擴大。這在一定程度上意味著中央政府對地方政府的控制權在逐漸減弱，地方政府的自主性在不斷加強。

表7-4　　　　　2006—2015財年韓國各級政府的財政支出情況

財政年度	中央政府總支出 金額（兆億韓元）	中央政府總支出 占總支出的比重（%）	政府間轉移支付 金額（兆億韓元）	政府間轉移支付 占總支出的比重（%）	中央政府淨支出 金額（兆億韓元）	中央政府淨支出 占總支出的比重（%）	高級地方政府淨支出 金額（兆億韓元）	高級地方政府淨支出 占總支出的比重（%）	低級地方政府淨支出 金額（兆億韓元）	低級地方政府淨支出 占總支出的比重（%）	總計 金額（兆億韓元）
2006	200.88	73.81	-26.77	10.47	174.11	62.76	40.37	14.00	62.93	22.67	277.42
2007	196.90	72.41	-23.71	9.65	173.19	60.52	45.62	14.55	67.38	22.68	286.20
2008	222.89	68.80	-27.09	8.28	195.81	61.04	48.25	15.94	76.75	23.54	320.80
2009	252.18	69.48	-32.33	8.44	219.85	59.50	53.60	15.04	96.06	23.92	369.51
2010	248.65	68.25	-29.19	8.75	219.47	61.30	51.37	14.50	87.21	26.00	358.04
2011	258.95	69.45	-28.68	8.15	230.27	61.98	53.40	14.35	87.83	24.36	371.50
2012	274.76	69.70	-31.65	7.72	243.11	61.80	55.20	14.37	95.06	23.64	393.37
2013	286.41	69.85	-31.16	8.05	255.24	61.38	58.49	14.03	102.12	24.17	415.85
2014	291.51	68.87	-32.50	7.49	259.01	61.51	57.69	14.06	104.38	24.56	421.08

表7-4(續)

財政年度	中央政府總支出 金額(兆億韓元)	中央政府總支出 占總支出的比重(%)	政府間轉移支付 金額(兆億韓元)	政府間轉移支付 占總支出的比重(%)	中央政府淨支出 金額(兆億韓元)	中央政府淨支出 占總支出的比重(%)	高級地方政府淨支出 金額(兆億韓元)	高級地方政府淨支出 占總支出的比重(%)	低級地方政府淨支出 金額(兆億韓元)	低級地方政府淨支出 占總支出的比重(%)	總計 金額(兆億韓元)
2015	319.39	69.88	-37.69	8.25	281.70	61.64	63.24	13.84	112.09	24.53	457.03

數據來源：韓國內政部（MOI）（http：//lofin.moi.go.kr/portal/main.do），「2006—2015 년도 지방재정연감（결산）」「5. 지방자치단체 세입·세출결산 총계 및 순계 비교（총괄）」「6. 지방자치단체 결산 경제성질별 순계분석（총괄）」；韓國企劃財政部（MOSF），*Summary of Financial Implementation for Financial Year* 2006—2015。數據經過整理。

根據政府間事權的劃分和支出責任的界定，各級政府的支出項目如下：

按用途對支出項目進行分類，此種情況下中央財政支出項目與地方財政支出項目差異較大。中央財政支出項目可以分為七類，即人工費支出、商品與服務支出（包括一般營運支出、差旅費、特別營運支出、業務推進支出、工作營運支出、研究開發支出）、經常性轉移支出（包括一般性補償支出、捐款、對私人部門及其他地方政府和國外的轉移支出）、資產收購支出（包括土地收購支出、建設成本支出、有形資產支出、無形資產支出、發放貸款、投資、儲備金和證券購買支出、存款支出）、償還貸款支出、轉移支付支出、預備金及其他支出。其中，經常性轉移支出是中央財政的第一大支出。各項支出在 2015 財年的實際發生額分別為 30.02 兆億韓元、21.44 兆億韓元、173.84 兆億韓元、32.04 兆億韓元、10.59 兆億韓元、50.99 兆億韓元、0.48 兆億韓元，在中央財政總支出中所占的比例分別為 9.40%、6.71%、54.43%、10.03%、3.31%、15.96%、0.15%（見表 7-5）。

表 7-5　　　　2015 財年韓國中央財政支出項目（按用途分類）

支出項目	預算（現值）(兆億韓元)	實際發生額(兆億韓元)	占總支出的比重(%)
總計	336.08	319.39	100.00
人工費支出 Personal Expenses	30.96	30.02	9.40
商品與服務支出 Goods & Services	24.21	21.44	6.71

表7-5(續)

支出項目	預算(現值)(兆億韓元)	實際發生額(兆億韓元)	占總支出的比重(%)
其中：一般營運	18.85	16.43	5.14
差旅費	0.68	0.65	0.20
特別營運	0.89	0.85	0.26
業務推進	0.19	0.19	0.06
工作營運	1.88	1.84	0.58
研究開發	1.72	1.50	0.47
經常性轉移支出 Current Transfers	177.36	173.84	54.43
其中：一般性補償	14.54	14.36	4.50
私人部門經常性轉移	11.31	10.31	3.23
地方政府經常性轉移	119.91	117.77	36.87
國外經常性轉移	1.30	1.27	0.40
捐款	30.30	30.13	9.43
資產收購支出 Asset Acquisition	36.32	32.04	10.03
其中：土地收購	3.47	3.35	1.05
建設成本	14.93	12.43	3.89
有形資產	11.07	10.34	3.24
無形資產	0.04	0.04	0.01
發放貸款	0.99	0.92	0.29
投資	2.71	2.66	0.83
儲備金和證券購買	0.03	0.03	0.01
存款	3.08	2.27	0.71
償還貸款支出 Repayment of Loans	11.76	10.59	3.31
轉移支付支出 Transfers	53.52	50.99	15.96
預備金及其他支出 Contingency & Other	1.97	0.48	0.15

數據來源：韓國企劃財政部（MOSF），*Summary of Financial Implementation for Financial Year* 2015。

地方財政支出按用途可以分為以下八類：①工資薪金支出。該類支出主要用於發放地方政府相關工作人員的基本工資和津貼，2015財年達19.97兆億韓元，占地方財政支出的8.15%。②商品與服務支出。該類支出是指維持地方政府正常運行的基本經費。2015財年，商品與服務支出為11.75兆億韓元，占地方財政支出的4.80%。③經常性轉移支出。該類支出是地方政府根據相關法規向公務員、民間人士、民間團體等支付的經費，包括一般性補償支出、移民與災害補償支出、獎勵金、養老金、賠償金、捐款、轉出金、貸款利息以及對私人部門、其他地方政府和國外的轉移支出。這類支出在地方財政支出中所占比重最大，2015財年為113.69兆億韓元，占地方財政支出的46.38%。④資本性支出。該類支出是地方政府的第二大支出項目，主要用於促進私人企業資本形成，如購置設備等，還用於財產購置以及私人部門、地方政府、公共事業、國外和其他資本性轉移。2015財年，該類支出達64.23兆億韓元，占地方財政支出的26.20%。⑤融資與投資支出。這類支出在地方財政支出中所占比例最小。2015財年，該類支出為2.94兆億韓元，占地方財政支出的1.20%。⑥保全財源支出。該類支出用於償還區域開發基金融資金、償還金融機關貸款、償還地方債、償還其他國內貸款、償還其他海外債務等。2015財年，該類支出為6.87兆億韓元，占地方財政支出的2.80%。⑦內部轉移支出。該類支出主要是用於教育費特別會計帳戶轉移支出和其他特別會計帳戶轉移支出，還用於基金帳戶轉移支出、存款、預付金本息償還支出和其他支出。2015財年，該類支出為23.31兆億韓元，占地方財政支出的9.51%。⑧預備金與其他支出。該類支出是用於無法預測的預算外支出或超出預算的支出。2015財年，該類支出為2.37兆億韓元，占地方財政支出的0.97%。2015財年，按用途分類的韓國地方政府財政支出結構如圖7-2所示。

按照政府層級的不同，地方政府的各類財政支出均可分為道級支出（高級地方政府）和郡級支出（低級地方政府）。由表7-6和表7-7可得，2015財年，韓國高級地方政府和低級地方政府的財政支出基本相當。而在低級地方政府中，市政府的支出所占比例最大，其次是郡政府，最後是區政府。在按用途分類的地方財政支出中，融資與投資支出、保全財源支出、內部轉移支出大部分由高級地方政府負擔，其所占比例分別為94.17%、73.81%和83.49%；而工資薪金支出、商品與服務支出則主要由低級地方政府發生，其所占比例分別為70.64%、72.08%。經常性支出、資本性支出、預備金及其他支出則由兩級地方政府平均

第七章 韓國地方政府的支出責任與地方稅收：實踐與啓示

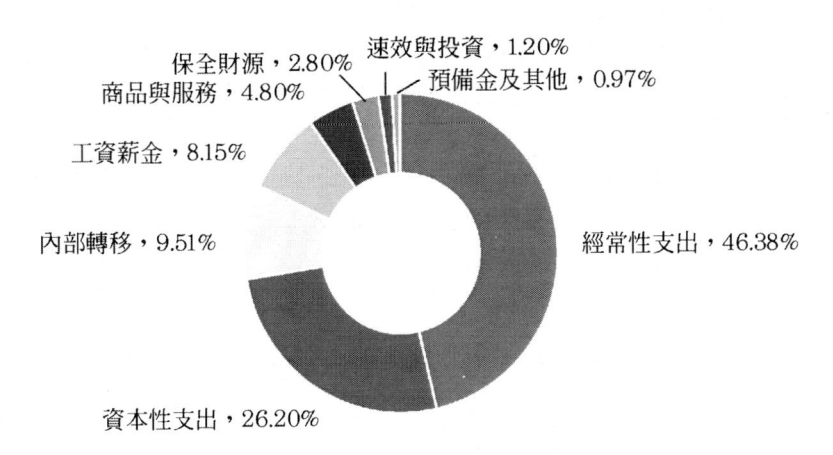

保全財源，2.80%
速效與投資，1.20%
商品與服務，4.80%
預備金及其他，0.97%
工資薪金，8.15%
內部轉移，9.51%
經常性支出，46.38%
資本性支出，26.20%

圖7-2　2015財年韓國地方政府財政支出結構（按用途分類）

數據來源：根據韓國內政部（MOI）（http://lofin.moi.go.kr/portal/main.do）的數據計算整理。

承擔。在低級地方政府方面，商品與服務支出、融資與投資支出、保全財源支出和內部轉移支出主要由市政府發生。資本性支出主要由市政府和郡政府承擔，而經常性支出則主要由市政府和區政府承擔。

表7-6　2015財年韓國地方財政支出項目（按用途分類）

支出項目	總支出（兆億韓元）	淨支出（兆億韓元）	轉移支付（兆億韓元）	占總支出的比重（%）
總計	245.12	175.33	-69.79	100.00
工資薪金支出 Wages & Salaries	19.97	19.97	0.00	8.15
商品與服務支出 Use of Goods & Services	11.75	11.75	0.00	4.80
其中：一般營運	7.11	7.11	0.00	2.90
差旅費	0.81	0.81	0.00	0.33
業務推進	0.24	0.24	0.00	0.10
事務執行	0.80	0.80	0.00	0.33
地方議會	0.21	0.21	0.00	0.09
材料費	2.08	2.08	0.00	0.85
研究開發	0.49	0.49	0.00	0.20
經常性轉移支出 Current Expenditure	113.69	68.84	-44.85	46.38

表7-6(續)

支出項目	總支出 (兆億韓元)	淨支出 (兆億韓元)	轉移支付 (兆億韓元)	占總支出的 比重 (％)
其中：一般性補償	25.57	25.57	0.00	10.43
移民與災害補償	0.03	0.03	0.00	0.01
獎勵金	0.95	0.95	0.00	0.39
養老金	3.30	3.30	0.00	1.35
賠償金	0.13	0.13	0.00	0.05
捐款	2.28	2.28	0.00	0.93
私人部門經常性轉移	31.30	31.30	0.00	12.77
地方政府經常性轉移	47.64	2.91	-44.73	19.43
轉出金	1.64	1.64	0.00	0.67
國外經常性轉移	0.02	0.02	0.00	0.01
貸款利息	0.83	0.70	-0.13	0.34
資本性支出 Capital Expenditure	64.23	52.22	-12.00	26.20
其中：設備費及附加	36.23	36.23	0.00	14.78
私人部門資本性轉移	6.56	6.56	0.00	2.68
地方政府資本性轉移	18.73	6.73	-12.00	7.64
公共事業資本性轉移	0.82	0.82	0.00	0.33
財產購置	1.78	1.78	0.00	0.73
其他資本性轉移	0.11	0.11	0.00	0.05
國外資本性轉移	0.00	0.00	0.00	0.00
融資與投資支出 Loan & Investment	2.94	1.41	-1.53	1.20
其中：發放貸款	2.32	0.80	-1.53	0.95
投資	0.62	0.62	0.00	0.25
保全財源 Financing	6.87	5.79	-1.08	2.80
其中：債務償還	6.41	5.33	-1.08	2.61
儲備金	0.46	0.46	0.00	0.19
內部轉移 In-Transaction	23.31	13.40	-9.91	9.51
其中：其他特別會計帳戶轉移	8.42	0.00	-8.42	3.43

表7-6(續)

支出項目	總支出（兆億韓元）	淨支出（兆億韓元）	轉移支付（兆億韓元）	占總支出的比重（%）
基金帳戶轉移	2.66	2.66	0.00	1.09
教育費特別會計帳戶轉移	10.10	10.10	0.00	4.12
存款	0.42	0.32	-0.10	0.17
預付金本息償還	1.51	0.12	-1.39	0.61
其他	0.20	0.20	0.00	0.08
預備金及其他 Contingency & Other	2.37	1.95	-0.41	0.97

數據來源：韓國內政部（MOI）（http：//lofin. moi. go. kr/portal/main. do），「2015 년도 지방재정연감 （결산）」「8. 지방자치단체 세출결산 품목성질별 총계 및 순계분석」。數據經過整理。

表 7-7　2015 財年韓國各級地方政府財政支出的構成情況（按用途分類）

支出項目	高級地方政府 金額（兆億韓元）	高級地方政府 占比（%）	低級地方政府 市 金額（兆億韓元）	市 占比（%）	郡 金額（兆億韓元）	郡 占比（%）	區 金額（兆億韓元）	區 占比（%）	總計 金額（兆億韓元）	總計 占比（%）
總計	127.80	52.14	62.30	53.10	29.41	25.07	25.61	21.83	117.32	47.86
工資薪金	5.86	29.36	6.48	45.92	3.43	24.32	4.20	29.76	14.11	70.64
商品與服務	3.28	27.92	4.73	55.81	2.09	24.65	1.66	19.53	8.47	72.08
經常性支出	61.36	53.97	26.90	51.39	9.10	17.39	16.34	31.21	52.34	46.03
資本性支出	28.92	45.02	19.42	55.00	13.01	36.85	2.88	8.15	35.31	54.98
融資與投資	2.77	94.17	0.11	65.72	0.06	32.87	0.00	1.41	0.17	5.83
保全財源	5.07	73.81	1.49	83.01	0.22	12.42	0.08	4.58	1.80	26.19
內部轉移	19.46	83.49	2.57	66.86	1.15	29.90	0.12	3.24	3.85	16.51
預備金及其他	1.09	46.08	0.60	46.79	0.34	26.99	0.33	26.22	1.28	53.92

數據來源：韓國內政部（MOI）（http：//lofin. moi. go. kr/portal/main. do），「2015 년도 지방재정연감 （결산）」「3. 지방자치단체 세입·세출결산 성질별 총계분석（총괄）」。數據經過整理。

按職能對支出項目進行分類，此種情況下中央與地方的財政支出項目較為相近。中央財政支出可以分為以下 16 類支出項目，即一般公共行政支出，公共秩序與安全支出，外交事務與民族統一支出，國防支出，教育支出，文化與觀光支

出，環境保護支出，社會福利支出，醫療健康支出，農、林、漁業及海洋事務支出，產業、中小企業與能源支出，交通運輸與物流支出，通信支出，國土與區域開發支出，科學技術支出，預備金支出。以 2015 財年為例，中央政府在一般公共行政上的支出最多，達 54.96 兆億韓元，占中央財政總支出的 17.21%；教育支出為第二大支出，達到 51.03 兆億韓元，占中央財政總支出的 15.98%。此外，中央政府在交通運輸與物流，國防，社會福利，農、林、漁業及海洋事務等方面也有較大的資金支出（見表 7-8）。

表 7-8　　　　2015 財年韓國各級政府財政支出項目（按職能分類）

支出項目	中央政府 金額（兆億韓元）	中央政府 占比（%）	地方政府 金額（兆億韓元）	地方政府 占比（%）	高級地方政府 金額（兆億韓元）	低級地方政府 金額（兆億韓元）
總計	319.39	100.00	245.12	100.00	127.80	117.32
一般公共行政支出 General Public Administration	54.96	17.21	30.99	12.64	24.03	6.96
其中：立法與選舉管理	0.81	0.25	0.47	0.19	0.24	0.23
國家行政支出*	0.53	0.16	—	—	—	—
地方行政與財政支援	36.21	11.34	12.46	5.08	11.56	0.91
財政與金融支出	14.41	4.51	4.65	1.90	4.15	0.49
政府資源管理*	0.73	0.23	—	—	—	—
一般行政支出	2.27	0.71	13.41	5.47	8.08	5.33
公共秩序與安全支出 Public Order & Safety	16.40	5.14	4.35	1.77	2.60	1.75
其中：憲法和法院*	1.65	0.52	—	—	—	—
法律及檢控*	3.23	1.01	—	—	—	—
警察服務	9.04	2.83	0.01	0.01	—	0.01
海岸*	1.17	0.37	—	—	—	—
災難防治與民防	1.31	0.41	3.43	1.40	1.71	1.72
消防	—	—	0.90	0.37	0.89	0.01
外交事務與民族統一支出 Foreign Affairs & National Unification*	2.33	0.73	—	—	—	—
其中：統一	0.33	0.10	—	—	—	—

第七章 韓國地方政府的支出責任與地方稅收：實踐與啟示

表7-8（續）

支出項目	中央政府 金額（兆億韓元）	中央政府 占比（%）	地方政府 金額（兆億韓元）	地方政府 占比（%）	高級地方政府 金額（兆億韓元）	低級地方政府 金額（兆億韓元）
外交與貿易	2.00	0.63	-	-	-	-
國防支出 National Defense*	37.70	11.80	-	-	-	-
其中：軍隊管理	15.55	4.87	-	-	-	-
電力維持	11.17	3.50	-	-	-	-
防衛能力改善	10.78	3.37	-	-	-	-
軍務行政	0.19	0.06	-	-	-	-
教育支出 Education	51.03	15.98	12.03	4.91	10.41	1.63
其中：幼兒與中小學教育	40.85	12.79	11.39	4.65	10.09	1.30
高等教育	9.47	2.96	0.22	0.09	0.20	0.02
終身與職業教育	0.61	0.19	0.42	0.17	0.11	0.30
普通教育*	0.10	0.03	-	-	-	-
文化與觀光支出 Culture & Tourism	3.26	1.02	11.52	4.70	5.23	6.29
其中：文化藝術	1.83	0.57	3.12	1.27	1.27	1.85
觀光	0.45	0.14	2.13	0.87	0.83	1.30
體育	0.11	0.04	4.60	1.88	2.38	2.22
文化遺產	0.61	0.19	1.22	0.50	0.57	0.65
文化與旅遊一般支出	0.27	0.08	0.46	0.19	0.18	0.28
環境保護支出 Environmental Protection	10.17	3.19	21.30	8.69	7.98	13.33
其中：水資源管理	3.65	1.14	15.89	6.48	6.44	9.44
廢棄物管理	0.31	0.10	3.72	1.52	0.62	3.10
大氣管理	0.31	0.10	0.62	0.25	0.48	0.14
自然保護	0.52	0.16	0.44	0.18	0.15	0.29
海洋保護	0.20	0.06	0.08	0.03	0.04	0.04
環境保護一般支出	5.18	1.62	0.56	0.23	0.24	0.31
社會福利支出 Social Welfare	37.02	11.59	74.94	30.57	38.72	36.22
其中：基本生活保障	9.40	2.94	14.57	5.94	9.22	5.34

153

表7-8(續)

支出項目	中央政府 金額(兆億韓元)	中央政府 占比(%)	地方政府 金額(兆億韓元)	地方政府 占比(%)	高級地方政府 金額(兆億韓元)	低級地方政府 金額(兆億韓元)
弱勢群體支援	2.22	0.69	10.69	4.36	6.23	4.45
公共養老金*	3.05	0.95	–	–	–	–
保育、家庭和女性	5.41	1.69	22.50	9.18	10.35	12.15
老年人與青少年	8.76	2.74	23.40	9.55	10.57	12.83
勞動力	2.12	0.66	0.90	0.37	0.43	0.47
愛國人士與退役軍人	4.46	1.40	0.36	0.15	0.07	0.29
住宅	0.91	0.28	1.62	0.66	1.48	0.14
社會福利一般事務	0.70	0.22	0.90	0.37	0.35	0.55
醫療健康支出 Health	8.26	2.59	4.30	1.75	1.98	2.32
其中：健康和醫療服務	1.68	0.52	4.15	1.69	1.92	2.23
健康保險*	6.23	1.95	–	–	–	–
食品與藥品安全	0.36	0.11	0.15	0.06	0.06	0.09
農、林、漁業及海洋事務支出 Agriculture, Forestry, Fishery & Maritime Affairs	23.99	7.51	17.61	7.18	7.14	10.47
其中：農業與農村	19.68	6.16	13.08	5.34	5.07	8.01
林業與山村	2.65	0.83	2.92	1.19	1.30	1.63
漁業與水產漁村	1.51	0.47	1.61	0.66	0.77	0.84
食品工業*	0.15	0.05	–	–	–	–
產業、中小企業與能源支出 Industries & SMEs & Energy	12.65	3.96	5.00	2.04	2.65	2.35
其中：產業金融援助	0.34	0.11	0.32	0.13	0.23	0.09
產業技術支持	0.91	0.28	0.14	0.06	0.11	0.03
貿易與引資	0.64	0.20	0.62	0.25	0.36	0.26
產業振興與升級	4.51	1.41	2.55	1.04	1.31	1.23
能源與資源開發	4.60	1.44	0.54	0.22	0.28	0.26
產業與中小企業一般事務	1.65	0.52	0.84	0.34	0.35	0.48

第七章 韓國地方政府的支出責任與地方稅收：實踐與啓示

表7-8(續)

支出項目	中央政府 金額(兆億韓元)	中央政府 占比(%)	地方政府 金額(兆億韓元)	地方政府 占比(%)	高級地方政府 金額(兆億韓元)	低級地方政府 金額(兆億韓元)
交通運輸與物流支出 Traffic and Physical Distribution	39.76	12.45	20.88	8.52	11.89	8.99
其中：公路	19.18	6.01	8.22	3.35	4.01	4.21
鐵路*	14.26	4.47	–	–	–	–
城市鐵路	1.56	0.49	3.35	1.37	2.57	0.78
海洋運輸和港口	2.69	0.84	0.27	0.11	0.19	0.08
航空運輸及機場	0.10	0.03	0.01	0.00	0.00	0.00
公共交通、物流及其他	1.96	0.61	9.03	3.68	5.10	3.93
通信支出 Communication*	6.92	2.17	–	–	–	–
其中：廣播通信	0.30	0.09	–	–	–	–
郵政	6.62	2.07	–	–	–	–
國土與區域開發支出 National Land & Regional Development	8.21	2.57	16.85	6.87	7.13	9.71
其中：水資源	2.44	0.76	3.02	1.23	1.33	1.70
地區和城市	4.92	1.54	12.44	5.08	5.41	7.03
產業園區	0.85	0.27	1.38	0.56	0.39	0.99
科學技術支出 Science & Technology	6.28	1.97	0.40	0.16	0.38	0.02
其中：技術開發	2.25	0.71	0.01	0.00	0.01	0.00
科學技術研究開發支持	3.44	1.08	0.11	0.05	0.10	0.01
科學技術一般事務	0.58	0.18	0.28	0.11	0.27	0.01
預備金支出 Reserve Funds	0.46	0.14	–	–	–	–
其他支出 Others	–	–	24.94	10.17	7.67	17.27

註：*標註的支出為中央政府特有的支出項目。

數據來源：대한민국정부，「2015년도 국가결산보고서」；韓國企劃財政部（MOSF），Summary of Financial Implementation for Financial Year 2015。韓國內政部（MOI）（http://lofin.moi.go.kr/portal/main.do），기능별 단체별 세출결산。數據經過整理。

地方財政支出項目則在中央財政支出項目的基礎上，去除了外交事務與民族

統一支出、國防支出、通信支出三項中央政府特有的支出，共分為14類支出項目，具體如下：①一般公共行政支出。該類支出主要用於地方行政與財政支援支出、一般行政支出、立法與選舉管理支出、財政與金融支出，主要由高級地方政府承擔。2015財年，該類支出達到30.99兆億韓元，占地方財政總支出的12.64%，是地方政府的第二大支出項目。②公共秩序與安全支出。該類支出包括警察支出、災難防治與民防支出兩類。2015財年，該類支出為4.35兆億韓元，占地方政府總支出的1.77%。③教育支出。該類支出主要由高級地方政府承擔，且絕大多數用於幼兒與中小學教育支出，此外還用於高中教育支出和終身與職業教育支出。2015財年，教育支出為12.03兆億韓元，占地方政府總支出的4.91%，其中幼兒與中小學教育支出占教育支出的94.68%。④文化與觀光支出。2015財年，該類支出達11.52兆億韓元，占地方政府總支出的4.70%。⑤環境保護支出。該類支出主要用於水資源的管理支出，此外還用於廢棄物管理支出、大氣管理支出、自然保護支出、海洋保護支出和一般支出。2015財年，該類支出為21.30兆億韓元，占地方政府總支出的8.69%。⑥社會福利支出。2015財年，該類支出為74.94兆億韓元，占地方政府總支出的30.57%，是地方政府的第一大支出項目。⑦醫療健康支出。該類支出包括健康與醫療服務支出、食品與藥品安全支出兩大類，主要用於前者。2015財年，該類支出為4.30兆億韓元，占地方政府總支出的1.75%。⑧農、林、漁業及海洋事務支出。該類支出主要用於農業。2015財年，該類支出為17.61兆億韓元，占地方政府總支出的7.18%，其中農業支出占該類支出的74.26%。⑨產業、中小企業與能源支出。該類支出主要是為了促進相關產業發展和扶持中小企業能源與資源開發。2015財年，該類支出為5.00兆億韓元，占地方政府總支出的2.04%。⑩交通運輸支出。該類支出主要用於公路建設和公共交通、物流等。2015財年，該類支出達20.88兆億韓元，占地方政府總支出的8.52%。⑪國土與區域開發支出。該類支出主要用於地區和城市開發，此外還用於水資源和產業園區的開發。2015財年，該項支出為16.58兆億韓元，占地方政府總支出的6.87%。⑫科學技術支出。這類支出在地方財政支出中所占比例最小，且主要由高級地方政府承擔。2015財年，該類支出為0.40兆億韓元，占地政府總支出的0.16%。⑬預備金支出。該類支出是為應對自然災害等緊急情況而預留的流動資金。2015財年，該類支出為零。⑭其他支出。該類支出在2015財年為24.94兆億韓元，占地方政府總支出的

10.17%。2015 財年韓國地方政府財政支出結構如圖 7-3 所示。

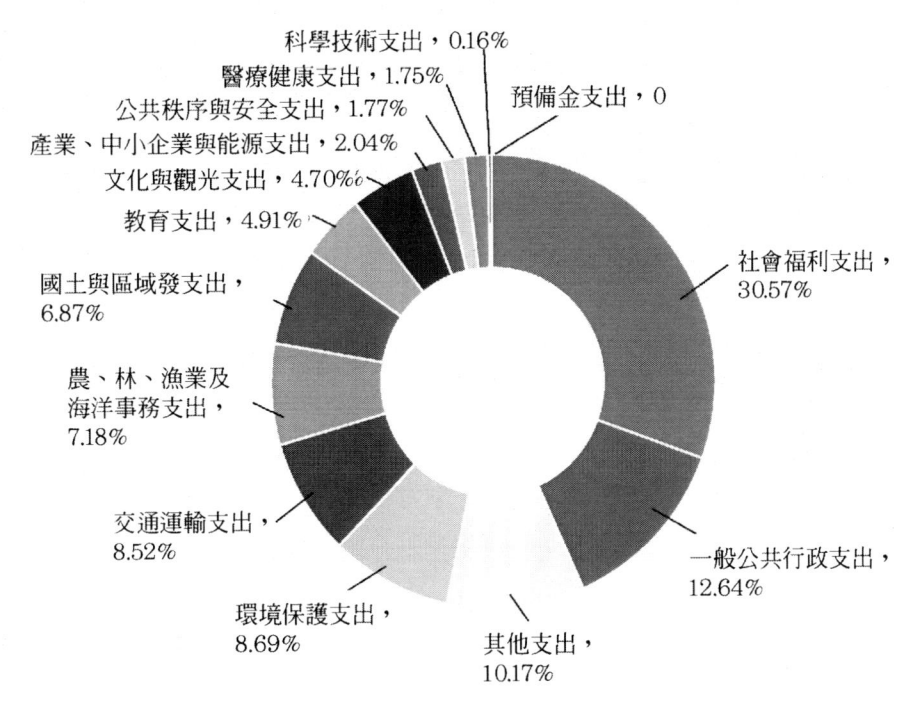

圖 7-3　2015 財年韓國地方政府財政支出結構（按職能分類）

數據來源：根據韓國內政部（MOI）（http://lofin.moi.go.kr/portal/main.do）的數據計算整理。

由表 7-8 和表 7-9 可得，在按職能分類的地方財政支出中，一般公共行政支出、教育支出和科學技術支出大部分由高級地方政府承擔，其所占比例分別為 77.54%、86.48% 和 94.75%；而環境保護支出、國土與區域開發支出以及其他支出由低級地方政府承擔，其所占比例分別為 62.55%、57.66% 和 69.26%。在低級地方政府方面，一般公共行政支出，教育支出，文化與觀光支出，環境保護支出，產業、中小企業與能源支出，交通運輸支出和科學技術支出主要由市政府承擔；公共秩序與安全支出、醫療健康支出、國土與區域開發支出主要由市政府和郡政府承擔；而社會福利支出，農、林、漁業及海洋事務支出和其他支出則主要由市政府和區政府承擔。

表 7-9　2015 財年韓國各級地方政府財政支出的構成情況（按職能分類）

支出項目	高級地方政府 金額（兆億韓元）	高級地方政府 占比（%）	市 金額（兆億韓元）	市 占比（%）	郡 金額（兆億韓元）	郡 占比（%）	區 金額（兆億韓元）	區 占比（%）	總計 金額（兆億韓元）	總計 占比（%）
總計	127.80	52.14	62.30	53.10	29.41	25.07	25.61	21.83	117.32	47.86
一般公共行政支出	24.03	77.54	3.74	53.79	1.72	24.66	1.50	21.56	6.96	22.46
公共秩序與安全支出	2.60	59.80	0.80	45.67	0.74	42.32	0.21	12.01	1.75	40.20
教育支出	10.41	86.48	1.01	61.92	0.25	15.24	0.37	22.85	1.63	13.52
文化與觀光支出	5.23	45.41	3.59	57.15	1.98	31.45	0.72	11.40	6.29	54.59
環境保護支出	7.98	37.45	8.61	64.64	3.70	27.79	1.01	7.58	13.33	62.55
社會福利支出	38.72	51.67	17.14	47.32	5.41	14.94	13.67	37.74	36.22	48.33
醫療健康支出	7.14	40.52	4.53	43.27	5.75	54.88	0.19	1.85	10.47	59.48
農、林、漁業及海洋事務支出	1.98	46.07	1.05	45.45	0.53	23.07	0.73	31.48	2.32	53.93
產業、中小企業與能源支出	2.65	52.95	1.56	66.37	0.58	24.75	0.21	8.88	2.35	47.05
交通運輸支出	11.89	56.93	6.60	73.35	1.40	15.60	0.99	11.05	8.99	43.07
國土與區域開發支出	7.13	42.34	5.53	56.98	3.34	34.38	0.84	8.64	9.71	57.66
科學技術支出	0.38	94.75	0.02	97.91	0.00	0.95	0.00	1.14	0.02	5.25
預備金支出	0.00	0.00	0.00	0.00	0.00	0.00	0.00	0.00	0.00	0.00
其他支出	7.67	30.74	8.10	46.91	4.01	23.19	5.17	29.91	17.27	69.26

數據來源：韓國內政部（MOI）（http://lofin.moi.go.kr/portal/main.do），「기능별 단체별 세출결산」。數據經過整理。

值得一提的是，韓國的地方政府，特別是市政府和區政府，承擔了超過自身財力的社會福利支出負擔，而這些支出責任基本上是由中央政府轉嫁的。其中最典型的指標是嬰幼兒保育、家庭和女性支出，基本生活保障支出，老年人與青少年支出。以2015財年為例，社會福利支出為74.94兆億韓元，占地方財政總支出的30.57%。其中，嬰幼兒保育、家庭和女性支出為22.50兆億韓元，占社會福利支出的30.02%，占地方財政總支出的9.18%；老年人與青少年支出為23.40兆億韓元，占社會福利支出的31.23%，相較於2014財年26.59%的比例漲幅較大；基本生活保障支出為14.57兆億韓元，占社會福利支出的19.44%，相較於2014年21.31%的比例略有下降。截至2015年年底，在嬰幼兒保育、家庭和女性支出這一項上，地方政府負擔率為66.93%，且高級地方政府和低級地方政府各承擔一半左右；在老年人與青少年支出方面，地方政府負擔率高達72.76%，且主要由低級地方政府承擔；而在基本生活保障支出方面，地方政府負擔比例達60.78%，且主要由高級地方政府承擔。近幾年來，雖然韓國地方財政的負擔在一定程度上減少了，但是仍然承擔著近三分之二的財政支出。韓國前總統樸槿惠於2015年1月26日在首席秘書官會議上曾表示，2014年韓國的稅收收入不振，但福利支出需求卻日益增加，中央和地方的財政都比較艱難。[①] 可見，韓國中央政府與地方政府的財權和事權並沒有很好的匹配，在一定程度上損害了地方政府的自主性和責任性。

三、韓國的地方稅收

（一）中央政府與地方政府的財政收入

在韓國中央政府、高級地方政府和低級地方政府中，中央政府的淨收入占總收入的比重較大，超過總收入的一半；高級地方政府淨收入的占比則在二到三成；低級地方政府的淨收入占比最小，略低於兩成。由表7-10可知，在2006至2015財年，中央政府淨收入占總收入的比重基本維持在55%至59%；高級地方

[①] 何路曼. 韓將對地方政府進行大規模監察　糾正預算浪費問題［EB/OL］.（2015-03-23）［2016-05-21］. http://www.chinanews.com/gj/2015/03-23/7150192.shtml.

政府淨收入所占比重基本維持在 22% 至 26%，且呈上升趨勢；低級地方政府淨收入所占比重維持在 17% 至 22%，下降趨勢明顯。

以 2015 財年為例，中央政府淨收入為 290.44 兆億韓元，占政府總收入的 56.07%，略高於當年中央政府淨支出，差額為 8.74 兆億韓元；高級地方政府淨收入為 134.51 兆億韓元，占政府總收入的 25.97%，超過同年高級地方政府淨支出的 71.27 兆億韓元；低級地方政府淨支出為 93.00 兆億韓元，占政府總收入的 17.95%，與當年低級地方政府淨支出的差額為 19.09 兆億韓元。可見，韓國各級政府的直接財政收入的分配和支出責任並不完全一致，尤其是高級地方政府和低級地方政府。由於高級地方政府需要對中央政府與低級地方政府之間，或者兩個以上低級地方政府之間共同參與的事務進行協調和管理，因此高級地方政府擁有高於其財政支出占比的財政收入份額是必要的，且利於更高效的政府間事務的管理。

表 7-10　　　　　　2006—2015 財年韓國各級政府的財政收入情況

財政年度	中央政府總收入 金額（兆億韓元）	占比（%）	政府間轉移支付 金額（兆億韓元）	占比（%）	中央政府淨收入 金額（兆億韓元）	占比（%）	高級地方政府淨收入 金額（兆億韓元）	占比（%）	低級地方政府淨收入 金額（兆億韓元）	占比（%）	總計 金額（兆億韓元）
2006	206.21	64.59	26.77	8.39	179.45	56.20	77.37	24.23	62.46	19.56	319.28
2007	216.04	62.79	23.71	6.89	192.33	55.90	83.54	24.28	68.21	19.82	344.08
2008	232.18	62.61	28.17	7.60	204.01	55.01	89.51	24.14	77.29	20.84	370.81
2009	261.34	63.95	32.33	7.91	229.01	56.04	99.41	24.33	80.25	19.64	408.67
2010	261.22	65.55	29.16	7.31	232.06	58.24	95.99	24.09	70.43	17.68	398.48
2011	270.50	65.32	28.68	6.92	241.82	58.40	100.59	24.29	71.69	17.31	414.10
2012	282.37	64.95	31.65	7.28	250.72	57.67	105.62	24.29	78.42	18.04	434.76
2013	292.87	63.90	31.16	6.80	261.71	57.10	112.15	24.47	84.46	18.43	458.32
2014	298.74	63.55	32.50	6.92	266.24	56.63	118.22	25.15	85.64	18.22	470.10
2015	328.13	63.35	37.69	7.28	290.44	56.07	134.51	25.97	93.00	17.95	517.95

數據來源：韓國內政部（MOI）（http://lofin.moi.go.kr/portal/main.do），「2006—2015 년도 지방재정연감（결산）」「5. 지방자치단체 세입·세출결산 총계 및 순계 비교（총괄）」「6. 지방자치단체 결산 경제성질별 순계분석（총괄）」；韓國企劃財政部（MOSF），*Summary of Financial Implementation for Financial Year* 2006—2015。數據經過整理。

（二）中央政府的財政收入構成

韓國中央政府的財政收入有兩種分類方式：一種是按會計帳戶類別將其分為一般會計收入和特別會計收入；另一種則按用途將其分為經常性收入和資本性收入。其中，經常性收入又可以分為稅收收入和稅外收入。資本性收入又可以分為出售固定資產收入、出售存貨收入、出售土地和無形資產收入三類。一般來說，經常性收入是中央財政收入的主體，所占比重一直超過97%。經常性收入則以稅收收入為主。稅收收入一般是稅外收入的2至3倍（見表7-11）。

表7-11　　　　2015財年韓國中央政府的經常性收入項目

收入項目	預算（現值）（兆億韓元）	實際發生額（兆億韓元）	占總收入的比重（%）
總收入 Gross Revenue	328.02	328.13	100.00
稅收收入 Tax Revenue	215.73	217.89	66.40
國內稅 Internal Tax	183.09	185.24	56.45
關稅 Customs Duty	8.55	8.50	2.59
國防稅 Defense Tax	0.00	0.00	0.00
交通・能源・環境稅 Transportaion・Energy・Environment Tax	13.92	14.05	4.28
教育稅 Educational Tax	5.18	4.87	1.48
農村發展特別稅 Special Tax for Farming and Fishing Villages	3.70	3.82	1.17
綜合房地產稅 Comprehensive Real Estate Tax	1.28	1.40	0.43
稅外收入 Non-Tax Revenue	112.28	110.24	33.60
企業特別會計帳戶中的營業收入 Operating Revenues for Corporate Special Account	7.46	6.17	1.88
財產收入 Property Income	2.45	2.46	0.75
經常性轉移 Current Transfer	10.83	9.47	2.89
商品與服務銷售收入 Sales of Goods & Services	3.75	2.12	0.65
進口附加 Receipts Tied to Expenses	0.31	0.36	0.11

表7-11(續)

收入項目	預算（現值）（兆億韓元）	實際發生額（兆億韓元）	占總收入的比重（%）
公共財產銷售收益 Sales Proceeds of Government Owned Properties	1.50	1.33	0.40
融資與貸款 Treasury Loan & Sub lease Loan	1.57	1.76	0.54
借款和盈餘基金 Borrowing & Excess Fund	0.44	0.01	0.00
跨年度收入 Carry-over from previous Year	1.16	7.02	2.14
政府內部收入及其他 Trust from Other & Others from Other A/C	82.82	79.55	24.24

數據來源：韓國企劃財政部（MOSF），*Summary of Financial Implementation for Financial Year* 2015。

(三) 地方政府的財政收入構成

韓國地方政府的財政收入可以分為地方稅收收入、地方稅外收入、轉移支付收入和地方債收入（地方債券及預置金回收）四大類，且前兩類收入屬於地方自身的財政收入。其中，地方稅外收入是一種自籌經費的收入，可分為經常性稅外收入和臨時性稅外收入兩類。經常性稅外收入包括財產租賃收入、使用費收入、手續費收入、事業收入、徵收交付金收入和利息收入，臨時性稅外收入包括財產出售收入、盈餘金收入、結轉金收入、轉入金收入、預收金和預付金收入、融資金本金收入、負擔金收入、雜項收入和跨年度收入。轉移支付收入包括地方讓與金（於2005年1月被廢止）、地方交付稅、調整交付金及財政保全金、補助金。其中，調整交付金及財政保全金又包括調整交付金和財政保全金兩類，補助金又包括國庫補助金和市道補助金兩類。

為了改進原有收入項目的分類方式，韓國地方財政收入的結構在2014年主要有兩大變化：一是原收入項目「地方債券及預置金回收」拆分為「地方債券」和「預置金回收」兩項；二是新開設了一個收入項目「保全收入及內部轉移且」，並入了新拆分的「預置金回收」以及原臨時性稅外收入中的結轉金收入、盈餘金收入、轉入金收入、預收金和預付金收入、融資金本金收入[①]。從2014財

---

① http：//www.kipf.re.kr/TaxFiscalPubInfo/Fiscal-PublicFinance。

年起，地方財政的臨時性稅外收入僅包括財產出售收入、負擔金收入、其他收入和跨年度收入四項。因此，地方財政收入中的稅外收入由原來的三成左右減少至一成左右，2015財年僅占地方財政收入的8.93%，而臨時性稅外收入也減少明顯，由2013財年的53.19%兆億韓元降至2015財年的11.12兆億韓元。與此同時，新增的收入項目「保全收入及內部轉移」在2015財年的收入為59.11兆億韓元，在總收入中所占比重為19.88%。2014—2015財年韓國地方政府的財政收入構成如表7-12所示。

表7-12　　　　　　2014—2015財年韓國地方政府的財政收入構成

收入項目	2014財年 金額（兆億韓元）	占比（%）	2015財年 金額（兆億韓元）	占比（%）
總計	267.26	100.00	297.30	100.00
地方稅收入 Local Tax Revenue	62.63	23.43	71.91	24.19
稅外收入 Non-Tax Revenue	24.05	9.00	26.56	8.93
經常性稅外收入 Current Non-Tax Revenue	13.84	5.18	15.44	5.19
其中：財產租賃收入	0.65	0.24	0.57	0.19
使用費收入	7.14	2.67	7.50	2.52
手續費收入	1.12	0.42	1.24	0.42
事業收入	2.75	1.03	3.61	1.21
徵收交付金收入	1.07	0.40	1.35	0.45
利息收入	1.12	0.42	1.18	0.40
臨時性稅外收入 Temporary Non-Tax Revenue	10.21	3.82	11.12	3.74
其中：財產出售收入	1.32	0.50	2.42	0.82
罰款收入	—	—	3.60	1.21
負擔金收入	2.91	1.09	0.64	0.22
其他收入	5.14	1.92	3.55	1.20
跨年度收入	0.83	0.31	0.91	0.30
地方交付稅 Current Transfers	35.92	13.44	34.99	11.77

表7-12(續)

收入項目	2014 財年 金額(兆億韓元)	占比(%)	2015 財年 金額(兆億韓元)	占比(%)
調整交付金及財政保全金 Metropolitan City Revenue Sharing & Province Revenue Sharing	8.67	3.24	10.07	3.39
其中：調整交付金	3.78	1.41	4.48	1.51
財政保全金	4.88	1.83	5.59	1.88
補助金 Subsidies	78.79	29.48	88.24	29.68
其中：國庫補助金	67.45	25.24	76.23	25.64
市道補助金	11.34	4.24	12.01	4.04
地方債 Local Borrowing	5.35	2.00	6.42	2.16
保全收入及内部轉移	51.85	19.40	59.11	19.88

數據來源：韓國内政部（MOI）(http：//lofin.moi.go.kr/portal/main.do)，「2014—2015 년도 지방재정연감 （결산）」「5-1. 지방자치단체 세입총계 및 순계규모」。數據經過整理。

　　由表7-13可知，就各市、道財政收入占地方財政收入的比重來看，由於經濟發展水準不同，地區之間差異較大。以2015財年為例，京畿道的財政收入在全國財政收入中的比重最高，為19.95%，收入為59.31兆億韓元。首爾特別市位居第二，其地方財政收入主要來自地方稅收收入，其次是轉移支付收入。該市財政收入合計為41.64兆億韓元，占比為14.01%。此外，地方財政收入較高的地方政府還有慶尚北道、慶尚南道和全羅南道，但它們所占比重僅為8.50%、7.89%和6.63%，與位居前兩位的京畿道和首爾特別市相差較大。財政收入最低的為濟州特別自治道，蔚山廣域市次之，它們的地方財政收入分別為4.86兆億韓元和5.57兆億韓元，所占比重分別為1.63%和1.87%（世宗特別自治市於2012年7月1日才正式成立，先不予比較）。此外，兩者的收入主要來自轉移支付收入。這說明它們對中央政府或者上一級地方政府的依賴程度較高，不利於相關地區地方自治的開展。

表 7-13　　　　　　　2015 財年韓國各地財政總收入結構　　　　單位：兆億韓元

行政區劃	總收入	地方稅收收入	地方稅外收入	轉移支付收入 合計	地方交付稅	補助金	調整交付金及財政保全金	地方債券	保全收入及內部轉移
全國	297.30	71.91	26.56	133.30	34.99	10.07	88.24	6.42	59.11
首爾特別市	41.64	17.97	4.44	11.46	0.33	2.24	8.89	0.83	6.93
世宗特別自治市	1.57	0.51	0.17	0.42	0.19	—	0.22	0.02	0.46
廣域市合計	61.93	16.32	6.10	26.26	4.36	2.39	19.51	2.64	10.61
釜山廣域市	17.05	4.78	1.30	7.58	1.06	0.69	5.84	0.56	2.82
大邱廣域市	11.50	2.86	0.85	5.19	1.07	0.44	3.67	0.33	2.26
仁川廣域市	14.10	3.73	2.39	5.26	0.81	0.51	3.93	0.91	1.81
光州廣域市	6.91	1.55	0.48	3.33	0.60	0.27	2.45	0.42	1.13
大田廣域市	6.80	1.63	0.49	3.08	0.56	0.27	2.25	0.28	1.33
蔚山廣域市	5.57	1.76	0.59	1.83	0.26	0.21	1.36	0.12	1.26
道合計	192.16	37.11	15.85	95.16	30.10	5.44	59.63	2.92	41.11
京畿道	59.31	17.89	7.29	20.38	3.02	2.92	14.44	1.08	12.67
江原道	14.77	1.59	0.99	8.94	3.70	0.19	5.05	0.29	2.95
忠清北道	12.19	1.88	0.69	6.85	2.41	0.29	4.15	0.21	2.54
忠清南道	16.99	2.84	1.14	8.97	2.98	0.42	5.57	0.22	3.82
全羅北道	15.59	1.80	0.86	9.70	3.26	0.25	6.20	0.32	2.90
全羅南道	19.72	2.00	1.05	12.35	4.73	0.22	7.41	0.22	4.10
慶尚北道	25.28	3.45	1.86	14.26	5.37	0.42	8.47	0.30	5.40
慶尚南道	23.46	4.54	1.64	11.44	3.62	0.73	7.09	0.21	5.64
濟州特別自治道	4.86	1.12	0.33	2.26	1.02	—	1.24	0.07	1.08

數據來源：韓國內政部（MOI）（http://lofin.moi.go.kr/portal/main.do），「2015년도 지방재정연감（결산）」「4. 지방자치단체 세입·세출결산 단체별 총계분석（총괄）」。數據經過整理。

由各地方政府財政收入占地方財政總收入的比重來看（見圖 7-4），韓國地方政府的橫向政府間的財政狀況非常不平衡。產生此類現象的原因，除了上述提到的各地經濟發展水準不同之外，還包括一些地區財政收入過度依賴中央政府或上級地方政府的轉移支付。地方政府對中央政府或上級地方政府撥款的過度依賴，會增加政府官員的尋租空間（如受賄），從而導致參與直接審議預算的議員傾向於利用自己的職權給自己所在的地區爭取預算。那些只得到較少預算的地區

往往沒有足夠的資金在第二年為當地爭取更高的預算，以致各地的政府收入差距越來越大，不利於地區的長遠發展。

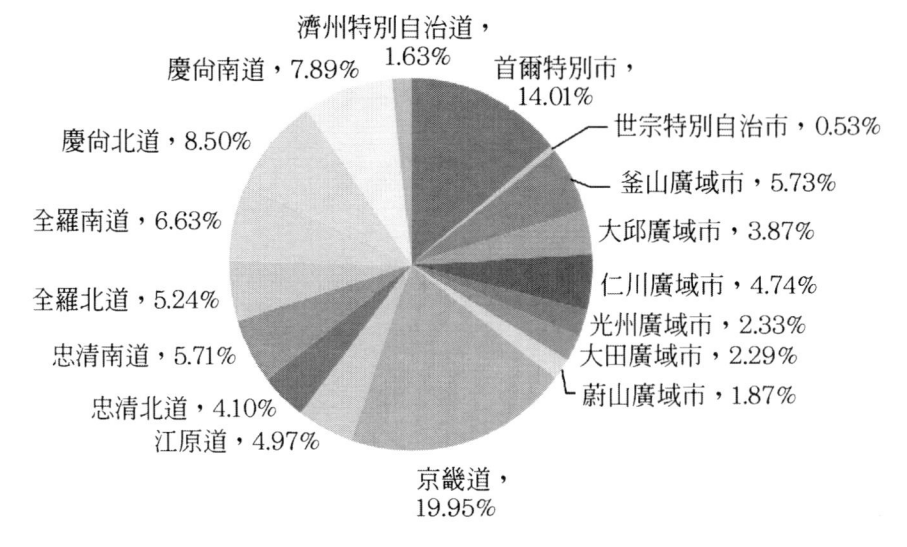

圖 7-4　2015 財年韓國各地方政府財政收入結構

數據來源：根據韓國內政部（MOI）（http://lofin.moi.go.kr/portal/main.do）的數據計算整理。

按照政府層級的不同，地方政府的各類財政收入可分為道級收入（高級地方政府）和郡級收入（低級地方政府）。由表 7-14 可知，2015 財年韓國高級地方政府和低級地方政府的財政收入基本相當。在低級地方政府的財政收入中，市政府的收入所占比例最大，其次是郡政府，最後是區政府。在地方財政收入中，稅收收入和地方債收入主要來自高級地方政府，其所占比例分別為 69.63% 和 90.08%。由此可見，地方債券基本上由高級地方政府發行。地方交付稅、稅外收入、保全收入及內部轉移主要來自低級地方政府，其所占比例分別為 71.60%、60.41% 和 54.78%。與此同時，調整交付金及財政保全金則只來源於低級地方政府，2015 財年為 10.07 兆億韓元。稅收收入、稅外收入、地方債收入主要來自市政府；地方交付稅、保全收入及內部轉移主要來自市政府與郡政府；調整交付金及財政保全金主要來自市政府和區政府。

表 7-14　　　　　2015 財年韓國各級地方政府財政收入構成情況

收入項目	高級地方政府 金額（兆億韓元）	高級地方政府 占比（%）	低級地方政府 市 金額（兆億韓元）	低級地方政府 市 占比（%）	低級地方政府 郡 金額（兆億韓元）	低級地方政府 郡 占比（%）	低級地方政府 區 金額（兆億韓元）	低級地方政府 區 占比（%）	低級地方政府 總計 金額（兆億韓元）	低級地方政府 總計 占比（%）
總計	145.88	49.07	81.71	53.96	39.08	25.81	30.63	20.23	151.42	50.93
稅收收入	50.07	69.63	14.76	67.57	2.29	10.47	4.80	21.97	21.84	30.37
稅外收入	10.52	39.59	11.07	68.97	2.37	14.77	2.61	16.26	16.05	60.41
地方交付稅	9.94	28.40	12.21	48.73	12.20	48.71	0.64	2.57	25.05	71.60
調整交付金及財政保全金	–	–	4.47	44.39	1.12	11.14	4.48	44.47	10.07	100.00
補助金	42.85	48.56	20.42	44.99	10.86	23.92	14.11	31.09	45.39	51.44
地方債券	5.78	90.08	0.53	83.87	0.06	10.14	0.04	6.00	0.64	9.92
保全收入及內部轉移	26.73	45.22	18.25	56.37	10.18	31.43	3.95	12.20	32.38	54.78

數據來源：韓國內政部（MOI）（http://lofin.moi.go.kr/portal/main.do），「2015 년도 지방재정연감（결산）」「3. 지방자치단체 세입·세출결산 성질별 총계분석（총괄）」。數據經過整理。

（四）中央政府與地方政府的稅權劃分

韓國設置中央政府、高級地方政府（包括特別市、特別自治市、廣域市和道）、低級地方政府（包括高級地方政府管轄的區、市、郡及其派出機構）三級政府。韓國實行中央政府、高級地方政府、低級地方政府三級徵稅制度，且在中央政府和地方政府之間實行徹底的分稅制，不設置共享稅。

韓國實行的分稅制非常徹底，且其地方政府擁有的稅收權力非常有限。由於中央政府通過制定《地方稅法》《地方稅法實施條例》等相關法律法規，對高級地方政府和低級地方政府兩級形式上的所有地方稅的稅收要素進行了詳細規定，因而，地方政府只享有部分的稅收管理權。稅收立法權、徵收權和管理權高度集中於中央政府。

國稅（中央稅）主要分為國內稅和關稅。其中，國內稅主要來自所得稅。截至 2012 年，國內稅包括個人所得稅、公司所得稅、法人稅、遺產和贈與稅（繼承和贈與稅）、增值稅、酒稅、印花稅、特別消費稅（個別消費稅）、證券交

易稅、交通能源環境稅、關稅、鄉村發展特別稅（農漁村特別稅）、教育稅、綜合不動產稅和跨年度收入。地稅主要是對財產進行課稅，可以分為所得稅、消費稅、財產賦稅及其他稅四大類。截至 2015 年，地方徵收的稅收共有 11 種，包括購置稅、登記執照稅、休閒稅、區域資源設施稅、地方消費稅、地方教育稅、居民稅、地方所得稅、財產稅、車輛稅和菸草消費稅。

由表 7-15 和圖 7-5 可知，地稅收入占總稅收收入的五分之一左右。以 2015 年為例，國稅與地稅收入分別占總稅收收入的 75.43% 與 24.57%，顯示出國稅地稅分配比例嚴重失衡。此外，由表 7-15 可知，隨著社會經濟的發展，近年來，韓國的國稅和地稅收入均大幅度增長。在 2006 至 2015 年，國稅收入總額增長較快，年均增長率為 5.78%。與此同時，地稅收入也逐年增長，且增長幅度略高於國稅，年均增長率達 7.19%。雖然，從 2013 年開始，國稅收入占總稅收收入的比重略有下降，但在 2006—2015 年，國稅所占比重一直接近八成。這反應出地方政府對中央政府的依賴並沒有明顯減弱，形成了地方政府財政過度依賴中央政府財政撥款的局面，使中央政府可以從立法、司法和行政各個方面滲透地方管理，不利於地方自治的開展，也為政府官員提供了尋租的機會。

表 7-15　　　　　　　　　　2006—2015 年韓國稅收基本情況

年份 項目	2006	2007	2008	2009	2010	2011	2012	2013	2014	2015
國稅收入 （兆億韓元）	138.04	161.46	167.31	164.54	177.72	192.38	203.01	201.91	205.52	217.89
地稅收入 （兆億韓元）	41.29	43.52	45.48	45.17	49.16	52.30	53.94	53.78	61.73	70.98
稅收總額 （兆億韓元）	179.34	204.98	212.79	209.71	226.88	244.68	256.95	255.69	267.24	288.86
國稅收入占 總稅收收入 的比重（%）	76.97	78.77	78.63	78.46	78.33	78.63	79.01	78.97	76.90	75.43
地稅收入占 總稅收收入 的比重（%）	23.03	21.23	21.37	21.54	21.67	21.37	20.99	21.03	23.10	24.57

數據來源：根據韓國國家統計局（KOSIS）（http：//kosis.kr/eng/）的數據計算整理。

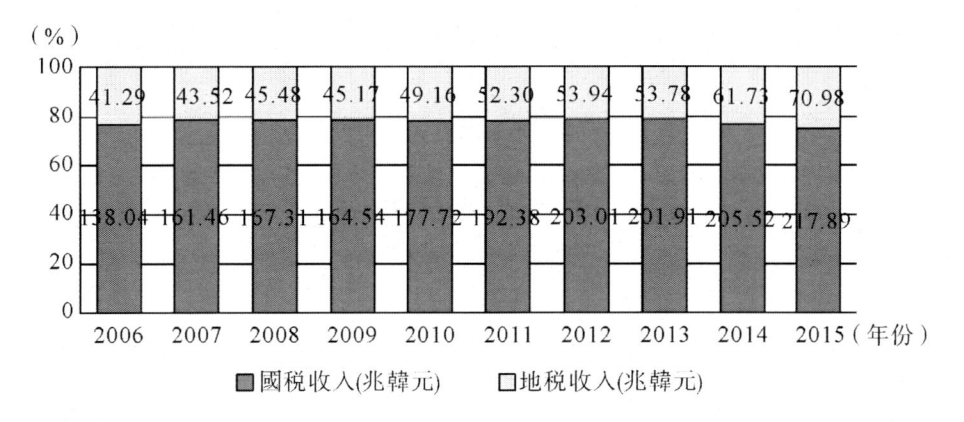

图 7-5　2006—2015 年韩国政府税收入结构

数据来源：根据韩国国家统计局（KOSIS）（http://kosis.kr/eng/）的数据计算整理。

（五）不同层级地方政府的主要税种

在韩国的地方税体系中，地方税的税种在过去几年经历了一系列的变化。根据表 7-16 可知，2009 年，韩国的地方税税种共有 15 种，分别为购置税、登记税、执照税、休闲税、区域发展税、公共消防设施税、地方教育税、居民税、财产税、车辆税、屠宰税、菸草消费税、燃油税、城市规划税和营业场所税。2010 年，地方政府新开征地方消费税和地方所得税，同时取消了营业场所税。由此，地方税增加至 16 种。2011 年，登记税和执照税合并为登记执照税，同时区域发展税和公共消防设施税合并为区域资源设施税。此外，政府于同年还取消了屠宰税、燃油税和城市规划税的征收。由此，截至 2015 年，韩国的地方税共有 11 大税种。

表 7-16　　　　　　　　2009—2015 年韩国地方税结构变化情况

地方税税种	2009 年	2010 年	2011—2015 年
购置税 Acquisition Tax	征	征	征
登记执照税 Registration and License Tax	不征	不征	征
登记税 Registration Tax	征	征	不征
执照税 License Tax	征	征	不征
休闲税 Leisure Tax	征	征	征

表7-16(續)

地方稅稅種	2009年	2010年	2011—2015年
地方消費稅 Local Consumption Tax	不徵	徵	徵
區域資源設施稅 Regional Resource Facilities Tax	不徵	不徵	徵
區域發展稅 Regional Development Tax	徵	徵	不徵
公共消防設施稅 Common Firefighting Facilities Tax	徵	徵	不徵
地方教育稅 Local Education Tax	徵	徵	徵
居民稅 Residence Tax	徵	徵	徵
地方所得稅 Local Income Tax	不徵	徵	徵
財產稅 Property Tax	徵	徵	徵
車輛稅 Automobile Tax	徵	徵	徵
農業所得稅 Agricultural Income Tax／耕地稅 Farmland Tax	不徵	不徵	不徵
屠宰稅 Butchery Tax	徵	徵	不徵
菸草消費稅 Tobacco Consumption Tax	徵	徵	徵
綜合土地稅 Aggregate Land tax	不徵	不徵	不徵
燃油稅 Motor Fuel Tax	徵	徵	不徵
城市規劃稅 City Planning Tax	徵	徵	不徵
營業場所稅 Workshop Tax	徵	不徵	不徵

註：綜合土地稅於2005年被納入房產稅而廢止。
資料來源：韓國內政部（MOI），2016 *Statistical Yearbook of Local Tax*。

由表7-17可知，地方稅主要有所得稅、消費稅和財產賦稅三類。其中，最重要的幾種地方稅包括購置稅、登記稅、地方消費稅、地方教育稅、居民稅、地方所得稅、財產稅、車輛稅、菸草消費稅、燃油稅和城市規劃稅。此外，地方稅還包括跨年度收入。這是由韓國某年的地方稅一般不能在一個財政年度內完全徵收造成的。地方政府的徵收率一般無法達到100%，因此存在一些以往年度應收未收的稅收需要在以後年度進行徵收，從而成為當年地方稅的組成部分。

表 7-17　　　　　　　　　2009—2015 年韓國地方稅稅收結構

	稅種	2009 年 金額（千億韓元）	2009 年 占比（%）	2010 年 金額（千億韓元）	2010 年 占比（%）	2011 年 金額（千億韓元）	2011 年 占比（%）	2012 年 金額（千億韓元）	2012 年 占比（%）	2015 年 金額（千億韓元）	2015 年 占比（%）
當前會計年度	購置稅	66.44	14.71	68.25	13.88	138.77	26.53	138.02	25.59	208.10	29.32
	登記執照稅	-	-	-	-	12.42	2.38	12.46	2.31	18.31	2.58
	登記稅	71.31	15.79	73.70	14.99	-	-	-	-	-	-
	執照稅	0.73	0.16	0.76	0.16	-	-	-	-	-	-
	休閒稅	10.02	2.22	10.67	2.17	10.72	2.05	11.29	2.09	10.89	1.53
	地方消費稅	-	-	26.79	5.45	29.61	5.66	30.34	5.62	60.03	8.46
	區域資源設施稅	-	-	-	-	8.13	1.55	8.83	1.64	13.51	1.90
	區域發展稅	0.91	0.20	0.95	0.19	-	-	-	-	-	-
	公共消防設施稅	5.91	1.31	6.50	1.32	-	-	-	-	-	-
	地方教育稅	47.94	10.61	48.71	9.91	49.67	9.50	50.81	9.42	58.15	8.19
	居民稅	75.52	16.72	2.23	0.45	2.62	0.50	2.97	0.55	15.02	2.12
	地方所得稅	-	-	81.45	16.57	94.78	18.12	102.60	19.02	127.84	18.01
	財產稅	44.23	9.79	48.17	9.80	76.17	14.56	80.49	14.92	92.94	13.09
	車輛稅	28.34	6.27	31.20	6.35	64.90	12.41	65.93	12.22	70.72	9.96
	屠宰稅	0.56	0.12	0.58	0.12	0.05	0.01	-	-	-	-
	菸草消費稅	30.11	6.67	28.75	5.85	27.85	5.33	28.81	5.34	30.35	4.28
	綜合土地稅	0.01	0.00	-0.01	0.00	-	-	-	-	-	-
	燃油稅	32.87	7.28	31.69	6.45	-	-	-	-	-	-
	城市規劃稅	22.69	5.02	24.65	5.01	0.05	0.01	0.03	0.01	0.00	0.00
	營業場所稅	8.08	1.79	-0.01	0.00	-	-	-	-	-	-
	合計	445.68	98.67	485.05	98.67	515.72	98.61	532.58	98.74	705.86	99.45
跨年度收入		6.00	1.33	6.55	1.33	7.28	1.39	6.80	1.26	3.92	0.55
總計		451.68	100	491.60	100	523.00	100	539.38	100	709.78	100

數據來源：韓國國家統計局（KOSIS）（http://kosis.kr/eng/），*Tax Revenue by Tax Item*。數據經過整理。

自 2011 年登記稅與執照稅合併為登記執照稅後，韓國政府對徵收範圍進行了改革，使稅收收入占地方稅總收入的比重明顯下降。2010 年，韓國將部分居民稅劃至地方所得稅中，因此居民稅收入自 2010 年起大幅下降，占地方稅總收入的比重從 2009 年的 16.72% 下降至 2010 年的 0.45%，之後也一直保持在 5% 至

6%的比重。車輛稅占地方稅總收入的比重從2011年起大幅增加，其稅收收入幾乎為前一年的兩倍。城市規劃稅收入占地方稅總收入的比重也大幅下降，從2009年的5.02%和2010年的5.01%下降至2011年的0.01%。

由圖7-6可知，2015年，韓國地方政府的購置稅收入占地方稅總收入的比重最大，達到29.32%。地方所得稅、財產稅和車輛稅分別構成地方稅的第二、第三和第四大收入，占比分別為18.01%、13.09%和9.96%。此外，地方教育稅、地方消費稅、菸草消費稅也在地方稅中佔有比較重要的地位。

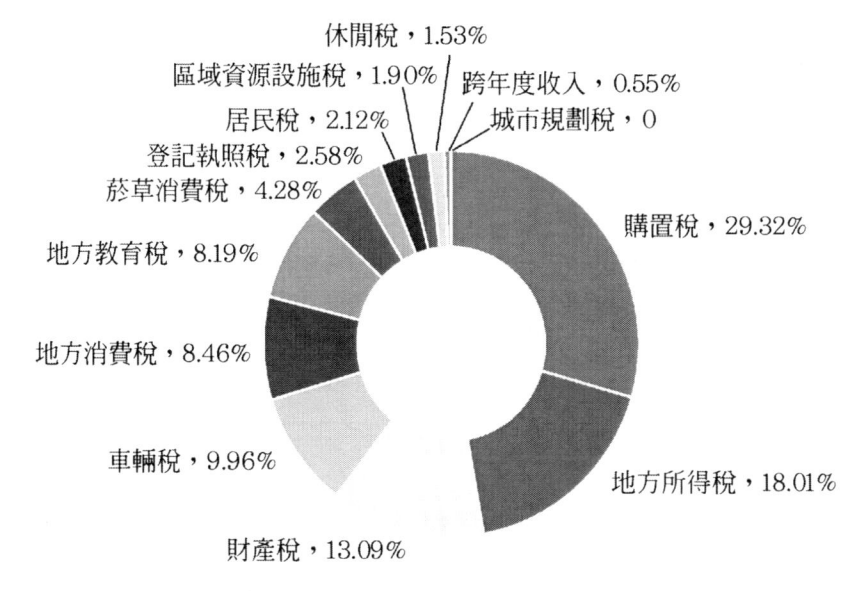

圖7-6 2015年韓國地方稅收入結構

數據來源：根據韓國國家統計局（KOSIS）（http://kosis.kr/eng/）的數據計算整理。

由表7-18和圖7-7可知，韓國各市、道地方稅收入占地方稅總收入的比重差異較大。2011年至2015年，京畿道和首爾特別市一直是地方稅收入最高的行政區劃單位，且這兩大地區的稅收總和幾乎占地方稅總收入的一半。由此可見，韓國各層級橫向政府間的發展也處於十分不平衡的狀態。

表 7-18　2011—2015 年韓國各地稅收收入占地方稅總收入的比重

行政區劃	2011 年 金額（千億韓元）	占比（%）	2012 年 金額（千億韓元）	占比（%）	2013 年 金額（千億韓元）	占比（%）	2014 年 金額（千億韓元）	占比（%）	2015 年 金額（千億韓元）	占比（%）
首爾特別市	129.14	24.69	134.37	24.91	129.81	24.14	145.03	23.50	170.39	24.01
世宗特別自治市	–	–	1.19	0.22	2.17	0.40	3.87	0.63	5.12	0.72
釜山廣域市	33.53	6.41	33.86	6.28	34.01	6.32	39.73	6.44	47.85	6.74
大邱廣域市	19.24	3.68	20.73	3.84	21.48	3.99	25.92	4.20	28.63	4.03
仁川廣域市	27.90	5.33	27.55	5.11	28.56	5.31	32.21	5.22	37.28	5.25
光州廣域市	11.37	2.17	12.03	2.23	12.21	2.27	14.28	2.31	15.54	2.19
大田廣域市	13.33	2.55	13.21	2.45	12.58	2.34	15.49	2.51	16.27	2.29
蔚山廣域市	13.75	2.63	14.93	2.77	14.14	2.63	16.11	2.61	17.60	2.48
京畿道	129.58	24.78	132.89	24.64	133.01	24.73	152.16	24.65	178.86	25.20
江原道	12.72	2.43	13.45	2.49	13.31	2.47	14.74	2.39	15.94	2.25
忠清北道	13.71	2.62	14.44	2.68	14.32	2.66	16.84	2.73	18.85	2.66
忠清南道	22.98	4.39	23.07	4.28	22.26	4.14	26.25	4.25	28.36	4.00
全羅北道	14.07	2.69	14.56	2.70	14.57	2.71	16.42	2.66	17.97	2.53
全羅南道	15.80	3.02	16.22	3.01	15.99	2.97	17.51	2.84	20.03	2.82
慶尚北道	23.98	4.58	24.99	4.63	25.64	4.77	29.64	4.80	34.51	4.86
慶尚南道	36.09	6.90	35.05	6.50	36.05	6.70	41.95	6.80	45.35	6.39
濟州特別自治道	5.81	1.11	6.84	1.27	7.69	1.43	9.09	1.47	11.24	1.58
全國	523.00	100	539.38	100	537.79	100	617.25	100	709.78	100

數據來源：韓國國家統計局（KOSIS）（http：//kosis.kr/eng/），*Rate of Local Tax Collection by Metropolitan City Province*。數據經過整理。

按照所屬地方自治團體的不同，地方稅可以分為道稅和市郡稅。其中，購置稅、登記執照稅（含登記稅、執照稅）、休閒稅、地方消費稅、區域資源設施稅（含區域發展稅、公共消防設施稅）、地方教育稅屬於道稅；而居民稅、地方所得稅、財產稅、車輛稅、菸草消費稅以及已經廢止的農業所得稅、屠宰稅、燃油稅、城市規劃稅和營業場所稅則屬於市郡稅。

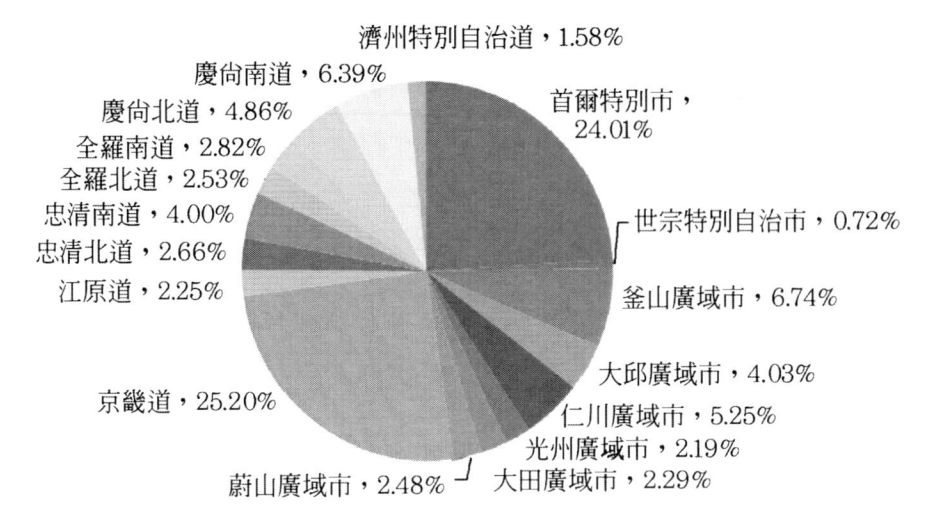

圖 7-7　2015 年韓國各地方政府地方稅收入占全國地方稅總收入的比重

數據來源：根據韓國國家統計局（KOSIS）（http：//kosis.kr/eng/）的數據計算整理。

　　對於高級地方政府來說，首爾特別市、世宗特別自治市以及其他廣域市徵收幾乎所有的地方稅。其中，首爾特別市自 2008 年起徵收特別市財產稅，自 2011 年起開始徵收居民稅和地方所得稅，但不徵收登記執照稅；世宗特別自治市自 2012 年成立之後也開始徵收特別市財產稅，但不徵收休閒稅。在其他廣域市中，蔚山廣域市不徵收休閒稅，光州廣域市和大田廣域市不徵收登記執照稅。道級政府徵收購置稅、登記執照稅、休閒稅、地方消費稅、區域資源設施稅、地方教育稅。其中，休閒稅僅在京畿道、慶尚南道、忠清南道和濟州特別自治道進行徵收；區域資源設施稅僅在慶尚南道進行徵收。

　　對於低級地方政府來說，首爾特別市、廣域市下轄的大都市自治區徵收的地方稅僅包括購置稅、登記執照稅和財產稅。廣域市下轄的郡及道下轄的市徵收居民稅（財產類和職員類）、地方所得稅、財產稅、車輛稅、菸草消費稅以及廢止之前的農業所得稅、屠宰稅、燃油稅、城市規劃稅和營業場所稅；道下轄的郡不僅徵收上述稅種，還徵收區域資源設施稅。

　　若按照是否指定用途，地方稅則可以分為普通稅（ordinary tax）和專款專用稅（earmarked tax，或稱為目的稅，objective tax）。其中，區域資源設施稅（區域發展稅、社區公共設施稅）、地方教育稅、都市規劃稅屬於專款專用稅，其他的屬於普通稅。圖 7-8 描述了 2015 年韓國地方稅按照是否指定用途的分類情況。

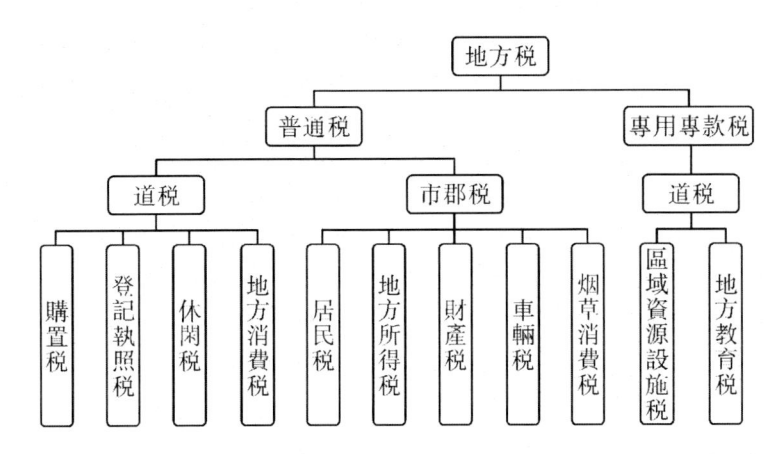

圖 7-8　2015年韓國地方稅的分類（按是否指定用途）

資料來源：韓國內政部（MOI），2016 *Statistical Yearbook of Local Tax*。

（六）主要地方稅種概述

1. 購置稅（財產取得稅）

韓國的購置稅以購買、交換或者繼承方式取得不動產、機動車、重型機器設備、樹木、船舶、航空器、採礦資格、捕魚資格、高爾夫俱樂部會員資格、馬術俱樂部會員資格、綜合體育中心會員資格的人為應稅對象，並以財產獲得時的申報價格為稅基。若應稅對象通過分期付款購置建築物，則稅基為每年的分期付款額。稅率一般為財產價值或分期付款額的2%，但是別墅、高爾夫球場、高檔住宅、豪華輪船和奢侈娛樂場所的取得，按正常稅率的5倍徵收，即適用稅率為10%。此外，地方政府可依據地方法令，在50%的幅度內對法定標準稅率進行調整。

2003年年底之前的國外投資者新建或擴建的建築物仍適用2%的稅率；在一些特定的、控制人口增長的地區，如首爾中心區域，商用的應稅對象適用6%的稅率；排量在1.0L以下的非商用汽車免徵購置稅。

由於存在跨年度收入，因此研究各地方稅的應納稅額比實際徵收稅額更能反應出當年稅收的情況。由圖7-9可知，韓國的購置稅應納稅額總體上呈現出上升的態勢。其中，2011年全國地方政府應徵收的購置稅稅額比前一年幾乎翻了一番。其中，以車輛價值、土地價值和房屋價值為稅基的應納稅額分別比上一年提

（千億韓元）

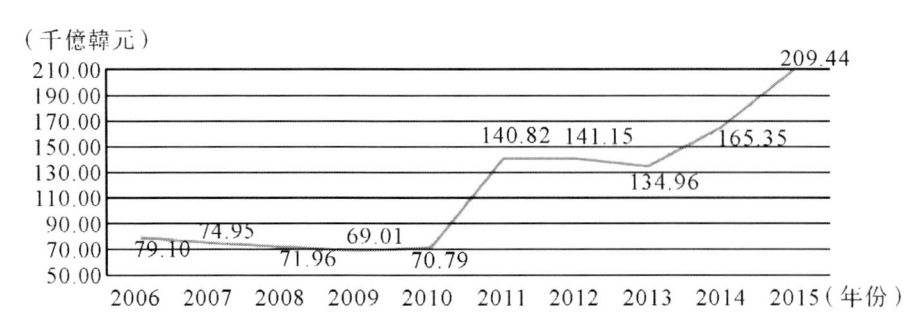

图 7-9　2006—2015 年韓國購置稅應納稅額

數據來源：根據韓國國家統計局（KOSIS）（http://kosis.kr/eng/）的數據計算整理。

高了 228.84%、150.04% 和 50.22%，以建築物價值為稅基的應納稅額比上一年提高了 43.83%。這可能與韓國自 2008 年金融危機之後，為了快速恢復經濟而減免房屋購置稅稅率，放寬了房產轉讓制度有關。此外，2015 年，全國地方政府應徵收的購置稅應納稅額也增長明顯，增長率達 26.66%。

韓國的購置稅的稅基來源主要集中在土地、建築物、房屋和車輛四類。2015 年，來自土地、建築物、房屋、車輛和其他稅基的購置稅應納稅額占總購置稅應納稅額的比重分別為 34.80%、15.13%、30.31%、18.11% 和 1.65%。可見，土地購置稅的規模最大。京畿道購置稅最多，達到了 56.86 千億韓元，首爾特別市購置稅位居第二，達到了 45.50 千億韓元。兩者合計的購置稅占全國購置稅的比重為 48.87%，接近一半。此外，在廣域市方面，以房屋價值為稅基的購置稅最多；在道方面，以土地價值為稅基的購置稅最多。

2. 地方消費稅

韓國的地方消費稅是一種增值稅的附加稅。其納稅人為增值稅的納稅人，稅基為增值稅收入，稅率為 5%。2015 年，韓國地方消費稅的收入總額為 60.03 千億韓元，占當年地方稅實際徵收的總收入的 8.46%，而且各地的徵收率均達到 100%。由圖 7-10 可知，京畿道和首爾特別市實際徵收的地方消費稅額占比最高，比重分別達到 18.19% 和 16.29%。

韓國的增值稅自設立起便實行消費型增值稅，其徵稅範圍與中國略有不同，是對銷售商品、提供勞務以及進口商品徵收的一種稅，而不包括轉讓特定無形資產（如轉讓專利、非專利技術、商譽、商標、著作權等）。其納稅人是在韓國境內銷售應稅商品、提供勞務或進口商品的個人、企業、集團、基金會或其他政府

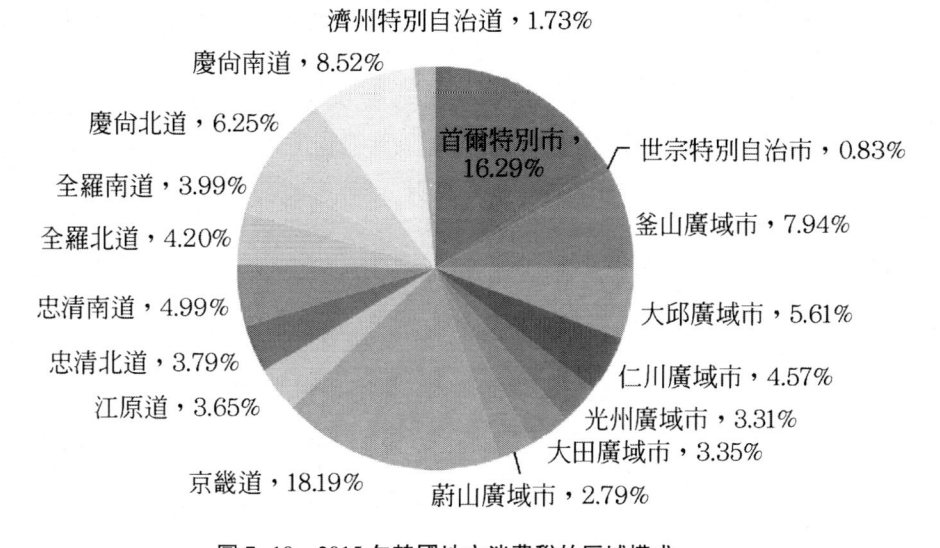

第七章 韓國地方政府的支出責任與地方稅收：實踐與啓示

圖 7-10　2015 年韓國地方消費稅的區域構成

數據來源：韓國內政部（MOI），2016 *Statistical Yearbook of Local Tax*。數據經過整理。

規定的非法人組織。增值稅是一種價外稅，進項稅額可以扣除。其稅基為銷售應稅商品、提供勞務或進口商品而獲得的貨幣或者非貨幣報酬。韓國的增值稅實行10%的單一比例稅率，從價徵稅。同時，韓國還規定了零稅率的適用範圍和免稅項目。

韓國增值稅零稅率的適用範圍包括出口的商品、韓國境外提供的勞務、國際海運和航空運輸服務、為外匯收入者提供的其他商品或勞務、軍工企業生產的軍事裝備、提供給武裝部隊的石油製品和地鐵建設的勞務。

增值稅法定的免徵項目共有四大類，即基本生活必需品和勞務、社會福利、文化藝術等非營利性的貨物與勞務、其他貨物和勞務。實施免稅的貨物和勞務不得扣除其進項稅額，但是納稅人可以選擇放棄免稅而抵扣進項稅額。

3. 地方教育稅

韓國的地方教育稅是為了提高地方教育質量而徵收的稅金。同地方消費稅一樣，地方教育稅也是一種附加稅。2015年，地方政府實際徵收的地方教育稅稅額達到58.15千億韓元，占當年地方稅實際徵收的總收入的8.19%，而且各地的徵收率均在95%以上。其中，京畿道徵收的地方教育稅稅額占總地方教育稅的比重最大，達到28.03%。首爾特別市徵收的地方教育稅稅額位於第二，達到了總

地方教育稅稅額的 22.33%。

納稅人為購置稅、登記執照稅（登記稅）、休閒稅、居民稅（均等類）、財產稅、菸草消費稅和汽車稅的納稅人，稅基即為購置稅、登記執照稅（登記稅）、休閒稅、居民稅（均等類）、財產稅、菸草消費稅和非營業用轎車的汽車稅的稅收收入。地方教育稅的具體稅率如表 7-19 所示。此外，根據實際情況，地方政府可依據地方法令，在 50%的幅度內對法定標準稅率進行調整。

表 7-19　　　　　　　　　　韓國地方教育稅稅率表

納稅人	稅基	標準稅率
登記執照稅納稅人	依據《地方稅法》徵收的登記執照稅稅額	20%
休閒稅納稅人	依據《地方稅法》徵收的休閒稅稅額	40%
居民稅納稅人	依據《地方稅法》徵收的居民稅稅額	10%或20%
財產稅納稅人	依據《地方稅法》徵收的財產稅稅額	20%
菸草消費稅納稅人	依據《地方稅法》徵收的菸草消費稅稅額	50%
非營業用轎車的汽車稅納稅人	依據《地方稅法》徵收的非營業用轎車的汽車稅稅額	30%

註：2009 年之前，稅基為「依據《地方稅法》徵收的休閒稅稅額」的稅率為 60%。人口超過 50 萬的城市應納的以「依據《地方稅法》徵收的居民稅額」為稅基的地方教育稅稅率為 20%。

資料來源：韓國企劃財政部（MOSF），2010 *Korean Taxation*。

韓國的地方教育稅的稅基來源主要集中在依據《地方稅法》徵收的購置稅稅額、財產稅稅額、菸草消費稅稅額和非營業用轎車的汽車稅稅額。2015 年，韓國地方教育稅應納稅額為 60.27 千億韓元，其中上述稅基來源的稅額在總地方教育稅中所占比重分別為 25.58%、20.43%、22.41%和 18.36%。而稅基為居民稅稅額的地方教育稅規模最小，僅占總地方教育稅的 0.84%。

4. 地方所得稅

韓國的地方所得稅於 2010 年 1 月開始徵收。2015 年，地方政府實際徵收的地方所得稅稅額為 127.84 千億韓元，占當年地方稅實際徵收的總收入的 18.01%。與之前提到的幾種稅種相比，地方所得稅在各地的徵收率偏低，徵收率最低的為仁川廣域市，僅為 92.87%。其中，首爾特別市的實際徵收額最大，為 42.60 千億韓元，比重達 33.32%；京畿道的實際徵收額位列第二，為 29.08 千億韓元，比重達 22.74%。

地方所得稅的徵稅範圍基本上由居民稅劃歸而來。因此，地方所得稅一般可分為兩類：一類是對上述所得稅的附加徵收，另一類是對地方雇員的月工資總額的徵收。此外，該稅也可由地方政府依據地方法令對法定標準稅率進行調整，且調整幅度在50%之內。韓國地方所得稅的稅率表如表7-20所示。

表7-20　　　　　　　　　　韓國地方所得稅稅率表

納稅人	稅基	稅率（%）
個人所得稅納稅人	個人所得稅稅額	10
企業所得稅納稅人	企業所得稅稅額	10
農業所得稅納稅人	農業所得稅稅額	10
每年7月1日前登記註冊營業場所的個人和法人，支付職員工資薪金的個體戶	雇員的月工資總額	0.5

資料來源：韓國企劃財政部（MOSF），2010 *Korean Taxation*。

地方所得稅的法定免稅項目主要有兩類：一類是雇員人數不超過50人的單位和個人；另一類是納稅人為中央機關、地方政府及其下屬協會或由上述組織全額出資的公司，或者是駐韓外國政府組織、駐韓國際組織和外國援助代表團，或者是宗教團體、慈善團體、學術團體等非營利組織。由於目前農業所得稅已被廢止，因此地方所得稅的稅基僅來自個人所得稅稅額、企業所得稅稅額和雇員的月工資總額。

5. 財產稅

韓國的財產稅是對持有財產所徵收的稅金。2015年，地方政府實際徵收的財產稅稅額達到92.94千億韓元，占當年地方稅實際徵收的總收入的13.09%。財產稅在各地的徵收率比較低，徵收率最低的是忠清北道，僅為94.21%。此外，首爾特別市的財產稅實際徵收額最大，為29.36千億韓元，占全國財產稅實際徵收額的31.59%；京畿道的實際徵收額位列第二，為25.14千億韓元，占全國財產稅實際徵收額的27.05%。

財產稅的稅目包括土地、建築物、房屋、船舶和航空器。其納稅人即為每年6月1日持有上述徵稅對象的人。稅基為徵稅對象的現行標準價值。財產稅的免稅項目包括：①財產稅額小於2,000韓元；②納稅人為國家、地方政府或外國政府；③徵稅對象是宗教團體、教育團體等非營利組織直接使用的財產。此外，地方政府可依據地方法令，在2.3%的幅度內對法定標準稅率進行調整。財產稅的

稅率採用比例稅率，屬於從價稅，其稅基與稅率表見表7-21。

表7-21　　　　　　　　　韓國財產稅的稅基與稅率

稅目		稅基	稅率(%)
土地	一般超額累進稅率	5,000萬韓元及以下	0.2
		5,000~10,000萬韓元	0.3
		10,000萬韓元以上	0.5
	特殊超額累進稅率	20,000萬韓元及以下	0.2
		20,000~100,000萬韓元	0.3
		100,000萬韓元以上	0.4
	單獨稅率	①旱田、水田、果園牧草地	0.07
		②高爾夫球場或奢侈娛樂項目用地	4
		③非①和②類用地	0.2
建築物		①高爾夫課程和奢侈娛樂用建築物	4
		②工廠建築物	0.5
		③非①和②類建築物	0.25
房屋		別墅	4
	普通房屋	4,000萬韓元及以下	0.15
		4,000~100,000萬韓元	0.3
		100,000萬韓元以上	0.5

資料來源：①韓國企劃財政部（MOSF），2010 *Korean Taxation*。②胡華．韓國地方財政研究［M］．北京：經濟科學出版社，2014：100-102。資料經過改動和整理。

韓國財產稅的稅基來源主要集中在土地、建築物和房屋。如表7-22所示，2014年，韓國財產稅應納稅額為95.88千億韓元。其中，來自土地、建築物、房屋、船舶和航空器的財產稅應納稅額占總財產稅應納稅額的比重分別為49.79%，14.52%，35.50%，0.15%和0.04%。首爾特別市沒有來自船舶的財產稅，而其來自土地和房屋的財產稅所占比重高，分別占46.35%和44.02%。

表 7-22　　　　　　　　　2014 年韓國財產稅應納稅額構成

類別	全國 金額(千億韓元)	全國 占比(%)	首爾特別市 金額(千億韓元)	首爾特別市 占比(%)	廣域市 金額(千億韓元)	廣域市 占比(%)	道 金額(千億韓元)	道 占比(%)
土地	47.73	49.79	13.91	46.35	9.34	46.50	24.48	53.48
建築物	13.92	14.52	2.85	9.51	3.42	17.00	7.65	16.71
房屋	34.04	35.50	13.21	44.02	7.23	35.97	13.61	29.72
船舶	0.15	0.15	0.04	0.12	0.09	0.45	0.02	0.04
航空器	0.04	0.04	0.00	0.00	0.02	0.08	0.02	0.05

數據來源：韓國內政部（MOI），2015 Statistical Yearbook of Local Tax。數據經過整理。

6. 車輛稅（汽車稅/機動車稅）

韓國的車輛稅是對汽車持有者和機動車消耗的燃油徵收的稅金，主要是為了緩解交通擁堵，降低汽車帶來的對道路、環境等的損害，使負的外部性部分內部化。2015 年，地方政府實際徵收的車輛稅稅額達到 70.72 千億韓元，占當年地方稅實際徵收總收入的 9.96%。車輛稅在各地的徵收率比較低，徵收率最低的為京畿道，僅為 91.62%，但其實際徵收額卻最大，為 16.11 千億韓元，比重達 22.79%。

根據徵稅範圍的不同，車輛稅可以分為兩類，即所有類和駕駛類。所有類的納稅人是登記的機動車持有者，而駕駛類的納稅人是消耗燃油的機動車持有者。所有類的財產稅的稅率是定額稅率，屬於從量稅（見表 7-23）。

表 7-23　　　　　　　韓國車輛稅（所有類）的稅目與稅率

稅目	子稅目	稅率（每年）商業用	稅率（每年）非商業用
小型汽車	發動機排量 0.8 升及以下	18 韓元/毫升	80 韓元/毫升
小型汽車	發動機排量大於 0.8 升小於等於 1 升	18 韓元/毫升	100 韓元/毫升
小型汽車	發動機排量大於 1 升小於等於 1.6 升	18 韓元/毫升	140 韓元/毫升
小型汽車	發動機排量大於 1.6 升小於等於 2 升	19 韓元/毫升	200 韓元/毫升
小型汽車	發動機排量大於 2 升小於等於 2.5 升	19 韓元/毫升	220 韓元/毫升
小型汽車	發動機排量在 2.5 升以上	24 韓元/毫升	–

表7-23(續)

稅目	子稅目	稅率（每年）	
		商業用	非商業用
公共汽車	快捷公共汽車	100,000 韓元/輛	–
	大型特許公共汽車	70,000 韓元/輛	–
	小型特許公共汽車	50,000 韓元/輛	–
	其他大型公共汽車	42,000 韓元/輛	115,000 韓元/輛
	其他公共汽車	25,000 韓元/輛	65,000 韓元/輛
卡車	貨物載重量 1 噸及以下	6,600 韓元/輛	28,500 韓元/輛
	貨物載重量大於 1 噸小於等於 2 噸	9,600 韓元/輛	34,500 韓元/輛
	貨物載重量大於 2 噸小於等於 3 噸	13,500 韓元/輛	48,000 韓元/輛
	貨物載重量大於 3 噸小於等於 4 噸	18,000 韓元/輛	63,000 韓元/輛
	貨物載重量大於 4 噸小於等於 5 噸	22,500 韓元/輛	79,500 韓元/輛
	貨物載重量大於 5 噸小於等於 8 噸	36,000 韓元/輛	130,500 韓元/輛
	貨物載重量大於 8 噸小於等於 10 噸	45,000 韓元/輛	157,500 韓元/輛
特殊車輛	大型特殊車輛	36,000 韓元/輛	157,500 韓元/輛
	小型特殊車輛	13,500 韓元/輛	58,500 韓元/輛
	三輪以下小型機動車	3,300 韓元/輛	18,000 韓元/輛
	其他機動車	20,000 韓元/輛	100,000 韓元/輛

資料來源：①韓國企劃財政部（MOSF），2010 *Korean Taxation*。②胡華. 韓國地方財政研究［M］. 北京：經濟科學出版社，2014：105-106。資料經過改動和整理。

2016 年 7 月 28 日，韓國企劃財政部公布了韓國稅法修正案。其中，為了緩解普通民眾的燃油費負擔，提倡使用小排量的輕型汽車，規定即日起至 2018 年 12 月 31 日，排量在 1 升以下的非商用汽車可以得到每年最多 10 萬韓元的稅收返還。

韓國車輛稅收入主要來自所有類車輛稅中的小型汽車和駕駛類車輛稅。如表 7-24 所示，2015 年，韓國車輛稅應納稅額為 75.95 千億韓元。其中，稅目為財產類中的小型汽車、卡車、公共汽車、特殊汽車、三輪以下小型機動車及其他機動車、駕駛類中的機動車燃油的車輛稅收入占全國車輛稅總收入的比重分別為 49.45%、1.28%、0.56%、0.07%、0.02%和48.63%。

首爾特別市的來自小型汽車的所有類車輛稅規模最大，占首爾特別市總車輛

稅收入的53.96%。廣域市和道的駕駛類的機動車燃油稅規模最大,分別占廣域市和道的總的車輛稅收入的49.55%和49.24%。

表7-24　　　　　　　　2015年韓國車輛稅應納稅額構成

類別		全國		首爾特別市		廣域市		道	
		金額(千億韓元)	占比(%)	金額(千億韓元)	占比(%)	金額(千億韓元)	占比(%)	金額(千億韓元)	占比(%)
所有類	小型汽車	37.55	49.45	6.19	53.96	10.22	48.85	21.14	48.54
	卡車	0.97	1.28	0.09	0.76	0.22	1.03	0.67	1.53
	公共汽車	0.43	0.56	0.06	0.56	0.10	0.46	0.27	0.61
	特殊汽車	0.05	0.07	0.00	0.03	0.02	0.09	0.03	0.07
	三輪以下小型機動車及其他機動車	0.01	0.02	0.00	0.03	0.00	0.01	0.01	0.01
駕駛類:機動車燃油		36.93	48.63	5.13	44.66	10.37	49.55	21.44	49.24

數據來源:韓國內政部(MOI),2016 *Statistical Yearbook of Local Tax*。數據經過整理。

其中,對一些服務於社會的車輛,如國防、交警、火警、救護、垃圾收集、道路工程等,或者是郵政、電話、電報服務用車及外交使館用車免徵車輛稅。此外,對於剛剛購買或者即將報廢的車輛,依據車輛的保有天數計算的稅額少於2,000韓元時,同樣免徵車輛稅。

四、結論與啟示

韓國與中國一樣,都是中央集權與地方分權相結合的單一制國家。韓國的政府結構、政府間事權與支出責任的劃分以及地方收入的來源、稅種的設立與劃分,對中國相關制度的建立與實施都有一定的借鑑意義。

第一,合理確定政府財政收支結構,保證各級政府財權與事權相匹配。歷年來,韓國政府的總收入均大於總支出,且差額平均約為45兆億韓元。其中央政府與地方政府在總收入上的比例約為65:35,中央政府與地方政府在總支出上的比例約為70:30。韓國政府在總收支之間存在一定的差額,在很大程度上是由於各級地方政府之間存在轉移支付。考慮轉移支付,歷年來,韓國中央和地方政府

的淨收入均大於淨支出，中央與地方政府的財政支出的分配比例大概為60：40，財政收入的分配結構也大致相同。其稅收收入主要集中於中央政府，國稅與地稅的比例約為80：20。由於地區間經濟發展水準不同，各市、道的財政收入差異較大，韓國的中央政府需要通過宏觀調控手段來均衡各地區間的財政收入，而調控手段的實施需要足夠的財源支撐和保證。

在中國，根據2015年全國財政決算[①]，中央一般公共預算收入與地方本級收入的比例約為45：55；中央一般公共預算支出與地方本級支出的比例約為46：54，中央與地方的稅收收入的比例約為50：50。考慮中央稅收返還和轉移支付，中央與地方財政收入的比例約為10：90，中央本級支出與地方實際支出的比例約為17：83，中央與地方的稅收收入的比例約為55：45。特別地，地方一般公共預算支出中的37%來自中央的財政撥款。從中央進行稅收返還和轉移支付前後中央與地方財政收支比例的變化可以得出，中央政府擁有較大的財權，可以實現較強的宏觀調控能力。此外，對比中央與地方政府的各項支出及其稅收返還和轉移支付的情況，筆者發現國防等應該完全由中央政府承擔的支出，在財政撥款之後卻仍有2.1%的支出由地方政府承擔；高等教育等外部性較強的公共物品，中央政府的支出比例略高於30%，承擔比例偏低。

因此，中國應該在保證中央政府能夠有效實行宏觀調控的前提下，適當調低中央政府的財權，將部分財政收入來源下調至地方政府；中央政府通過委託等方式下調事權的同時，應該通過財政撥款的方式匹配相應的資金，以保證地方政府日常業務活動的開展。此外，在公共物品與服務提供方面，應該提高中央政府事權與支出責任的承擔比例，中央政府應完全承擔提供全國性公共物品與服務的資金。

第二，通過法律約束和規範中央政府和地方政府事權與支出責任的劃分。韓國通過法律對中央和地方政府的事權與支出責任進行了約束和規範。韓國的《大韓民國憲法》《地方自治法》和《地方自治法施行令》均對地方政府與中央政府之間的職權劃分做出了明確的規定，且後兩者十分詳細地規定了地方政府的具體職責範圍，清晰界定了各級地方政府之間職權劃分的標準和處理國家事務的限制，並指出若管轄權出現衝突，低級地方政府享有管理的優先權。與此同時，

---

① 中華人民共和國財政部網站（http：//yss.mof.gov.cn/2015js/）。

《地方財政法》和《地方交付稅法》對中央與地方政府之間以及地方與地方政府之間的轉移支付制度進行了規範。由此，中央政府與地方政府可以各司其職，有利於各級政府事權的規範化、法律化，提高行政效率。

在中國，各層級政府間事權與支出責任的劃分依據主要來自政府的規範性文件，法律約束較弱。《中華人民共和國憲法》作為一部綱領性的文件，僅從整體上對中央與地方政府的事權進行了劃分，而且並未規定地方各級政府所獨有或可獨立行使的事權，在實際工作中適應性較弱。2014年修正後的《中華人民共和國預算法》也未對政府間事權和支出責任的劃分做出具體規定。目前，中央與地方事權和支出責任的劃分依據主要來自《國務院關於實行分稅制財政管理體制的決定》（國發〔1993〕85號），法律約束力較弱，而且在執行過程中隨意性較大，容易出現新增事權下沉給下級政府，委託事權轉移支付不匹配的現象。

因此，中國應該基於地方優先、經濟行政、責任明晰、地方特色整合原則，借鑑韓國經驗，推進政府間財政關係的立法，完善財政管理體制。一方面，中國應逐步完善《中華人民共和國地方各級人民代表大會和地方各級人民政府組織法》和《中華人民共和國預算法實施條例》，明確各級地方政府間的職權劃分，詳細規定各地方政府的具體職責範圍，實現事權與支出責任的法律化和規範化。另一方面，中國應制定財政法、地方財政法等一系列基本法律，使政府間事權和支出責任以法律形式固定下來，減少執政行為的隨意性。

第三，根據公共產品與服務的特徵屬性合理規劃中央與地方政府的事權與支出責任。對於韓國的三級政府來說，中央政府主要承擔全國性事務以及外部性較強的地方性事務，如事關民族存亡或者與國家發展直接相關的事務等；低級地方政府主要承擔外部性較弱的地方性事務，如增進居民福利的事務、與地方發展密切相關的事務以及興建和管理環境工程等；高級地方政府主要是對上下級政府以及同級政府之間的關係進行協調。2014年，韓國中央政府除了獨自承擔外交、國防和通信事務之外，還與地方政府共同承擔並主要負責公共秩序與安全服務、教育、醫療健康、產業企業與能源、交通運輸以及科學技術方面的事務。與此同時，地方政府主要負責文化與觀光、環境保護、社會福利、國土與區域開發等與居民生活緊密相關的事務。

在中國，政府間事權和支出責任劃分還不夠合理。教育支出中的高等教育、科學技術支出中的科學技術普及、醫療衛生與計劃生育支出中的傳染病醫院和福

利醫院，均為外部性較強的地方性事務，其支出責任應該主要由中央政府承擔，而在實際工作中卻主要由地方政府承擔。雖然中央政府通過轉移支付承擔了部分支出責任，但地方政府特別是縣級政府配套壓力較大。教育支出中的退役士兵能力提升支出，社會保障和就業支出中的部隊供應、義務兵優待、農村籍退役士兵老年生活補助等支出作為國防支出的配套措施，屬於全國性公共產品，其支出責任應歸屬於中央政府，實踐中卻完全由地方政府承擔。此外，農林水支出中的節能環保支出、國土海洋氣象等支出均具有明顯的正外部性，其支出責任也應主要由中央政府承擔，而在實際中卻主要由地方政府承擔。由此可知，中國地方財政的壓力較大。

因此，應基於公共物品與服務的特徵屬性，並借鑑韓國政府的經驗，合理劃分中國各級政府間的事權和支出責任。一方面，對於全國性公共產品與服務，如國防及其配套措施、節能環保、國土海洋氣象等，無論是中央政府管理還是委託地方政府管理，相關支出應全部由中央政府承擔。另一方面，對於外部性較強的地方性公共產品與服務，如高等教育、科學技術普及、傳染病醫院和福利醫院等，相關支出應大部分由中央政府承擔，同時地方政府根據其地區財政能力小部分承擔。

第四，建立科學合理的地方政府收入結構，形成穩定的地方政府收入來源。韓國地方政府自身的財政收入，即地方稅收收入和地方稅外收入，大概僅占地方財政總收入的一半。這說明地方政府需要通過中央政府或者上級地方政府的財政轉移支付和發行地方債才能獲得足夠的財政收入，保證財政體系正常運行。中央對地方的財政撥款，在減輕地方財政支出負擔的同時，一定程度上約束了地方財政資金的使用範圍，限制了地方政府的自主性。此外，地方政府對中央政府或上級地方政府撥款的過度依賴，會增加政府官員的尋租空間（如受賄等），從而導致參與直接審議預算的議員傾向於利用自己的職權給行賄者或者自己所在的地區爭取預算。那些預算較少的地區往往也沒有足夠的資金為來年爭取更高的預算，以致各地的政府收入差距越來越大，不利於地區的長遠發展。

在中國現行的財政體制下，地方政府的收入主要包括稅收收入、非稅收入、中央稅收返還和轉移支付收入。其中，前兩者統稱為地方本級收入。2015年，在中國地方政府的財政收入中，地方本級收入約占60%，中央稅和轉移支付收入約占40%。可見，在一定程度上，中國地方政府的自主性程度高於韓國地方政

府。針對中國幅員遼闊、地區經濟發展不平衡的實際,中央政府確實需要足夠的收入來保證宏觀調控能力的發揮。地方政府不應過度依賴中央政府的財政撥款,應適當增強地方政府的財政自主性,同時建立科學合理、規範有序、約束有力的轉移支付制度、地方債發行和管理制度等,使地方政府形成科學的收入結構和穩定的收入來源,促進地方的可持續發展。

第五,合理設立地方稅和地方主體稅種,完善地方稅收結構,健全地方稅收體系。雖然韓國在中央政府和地方政府之間實行徹底的分稅制,但是地方政府擁有的稅收權力非常有限。由於中央政府通過制定相關法律法規,對高級和低級地方政府所有的地方稅進行了詳盡的規定,因而地方政府只享有部分的稅收管理權,稅收立法權、徵收權和管理權仍然高度集中於中央政府。韓國的稅收收入整體上呈現「倒金字塔」結構,即中央政府的稅收收入大於高級地方政府,高級地方政府的稅收收入大於低級地方政府。韓國中央政府將一些稅基廣闊、來源穩定的稅種歸屬於中央稅,如所得稅(包括個人所得稅、公司所得稅、法人稅、財產與贈與稅)、增值稅等,而地方稅則以財產(包括土地、建築物、房屋和車輛等)為徵稅對象。其中,高級地方政府的稅收來源主要為購置稅、地方消費稅、地方教育稅和地方所得稅;低級地方政府的稅收來源主要為地方所得稅、財產稅和車輛稅。雖然地方稅的稅基比較穩定,但增長較為緩慢,因此隨著經濟增長,地方稅的稅收收入可能越來越無法滿足地方政府的支出責任。韓國政府將稅收收入集中於中央,再通過轉移支付等方式分配給各地區,在一定程度上會降低地方的自主性,削弱地方的積極性,不利於地方自治的開展。

因此,應基於各層級政府的事權與支出責任,合理設立與劃分地方稅。中國目前正處於營業稅全面改徵增值稅的關鍵階段,原來作為地方稅主體稅種的營業稅被全面取消。這將對地方財政收入帶來巨大衝擊。雖然國家出抬了相關過渡性政策來保證地方的財政收入,但這畢竟不是長久之計,還可能會導致地方政府對中央政府的過度依賴,因此需要盡快確定地方政府的主體稅種,健全地方稅收體系,使得地方政府的財權與事權相匹配,保證地方政府財政健康、可持續發展。

參考文獻

[1] 樓繼偉. 中國政府間財政關係再思考 [M]. 北京：中國財政經濟出版社, 2013.

[2] 博德, 岳媛媛, 李建軍. 稅收與分權 [J]. 公共經濟與政策研究, 2015 (2): 44-49.

[3] 格魯伯. 財政學 [M]. 北京：機械工業出版社, 2015.

[4] 魏加寧, 李桂林. 日本政府間事權劃分的考察報告 [J]. 經濟社會體制比較, 2007 (2): 41-46.

[5] 郭冬梅. 日本近代地方財政制度的形成 [J]. 現代日本經濟, 2007, 153 (3): 11-16.

[6] 崔成, 明曉東. 日本財稅體制及借鑒 [J]. 中國經貿導刊, 2015 (1): 51-55.

[7] 李紹剛, 左正, 李柏青, 等. 日本財稅及相關經濟制度研修報告（四）[EB/OL]. (2009-10-29) [2016-05-20]. http://tfs.mof.gov.cn/zhengwuxinxi/faguixinxifanying/200910/t20091029_224837.html.

[8] 李克平. 澳大利亞財政轉移支付制度 [J]. 經濟社會體制比較, 1996 (3): 56-60.

[9] 陳賀菁, 鄧力平. 澳大利亞稅制改革述評及其啟示 [J]. 亞太經濟, 2002 (6): 23-26.

[10] 沃倫, 葛夕良, 黃黎明. 澳大利亞稅制及其稅收政策（上）[J]. 經濟資料譯叢, 2002 (3): 79-89.

[11] 沃倫, 黃黎明, 葛夕良. 澳大利亞稅制及其稅收政策（下）[J]. 經濟資料譯叢, 2002 (3): 90-102.

[12] 謝旭人. 澳大利亞的政府事權劃分及財政轉移支付制度 [J]. 財政研

究，1994（18）：52-60.

［13］郭向軍，宋立. 澳大利亞政府事權財權劃分的經驗及啟示［J］. 宏觀經濟管理，2006（6）：7-74.

［14］許文娟. 澳大利亞土地稅制對中國的啟示［J］. 西部論壇，2010（3）：34-38.

［15］劉樊德. 澳大利亞的稅制改革［J］. 當代亞太，2000（8）：10-16.

［16］辛普森，李淑蓉，張志勇，等. 澳大利亞的稅制改革［J］. 國際稅收，1989（2）：10-15.

［17］李萬慧. 被誤讀的澳大利亞財政轉移支付制度［J］. 地方財政研究，2012（7）：77-80.

［18］斯比德，鄭文輝，張海燕. 建立具有國際競爭力的澳大利亞稅制［J］. 稅務研究，2005（8）：91-94.

［19］饒立新. 印花稅國際比較［J］. 涉外稅務，2009（12）：39-42.

［20］成軍. 中央與地方政府間的支出事項及責任劃分研究［J］. 經濟研究參考，2014（16）：44-48.

［21］安秀梅. 中央政府與地方政府責任劃分與支出分配研究［J］. 經濟體制改革，2006（6）：10-15.

［22］多利，馬歇爾. 澳大利亞地方政府：改革與創新［M］. 孫廣廈，譯. 長春：吉林大學出版社，2009.

［23］德國政府間財政關係考察報告［EB/OL］.（2008-06-20）［2016-07-15］. http://yss. mof. gov. cn/zhengwuxinxi/guojijiejian/200806/t20080620_47613. html.

［24］德國財政預算制度及政府間財政關係［EB/OL］.（2008-10-20）［2016-02-05］. http://yss.mof.gov.cn/zhengwuxinxi/guojijiejian/200810/t2008/020_82834.html.

［25］黑勒. 德國公共預算管理［M］. 趙陽，譯. 北京：中國政法大學出版社，2013.

［26］趙建軍. 論印度財政改革及對中國的啟迪［J］. 南亞研究（季刊），2004（1）：22-29.

［27］李琳. 印度財政改革的借鑑意義［J］. 中國財經信息資料，2007（2）：

46-48.

[28] 鄭前程.印度地方財政現狀探析［J］.理論月刊,2004（9）：54-56.

[29] 文富德.印度財政稅收的發展、改革與經驗教訓［J］.南亞研究（季刊）,2015（1）：94-101.

[30] 徐坡嶺,鄭燕霞.財政分權下中印地方債務的產生機制［J］.亞太經濟,2012（3）：30-36.

[31] 陳為群.亞洲四國中央與地方財政分配關係的比較研究［J］.當代經濟科學,1994,16（6）：90-93.

[32] 王啓友.印度中央與地方財政關係的變革啟示［J］.經濟導刊,2007（9）：64-66.

[33] 任曉.當代各國政治體制——韓國［M］.蘭州：蘭州大學出版社,1998.

[34] 胡華.韓國地方財政研究［M］.北京：經濟科學出版社,2014.

[35] 周春生,陳倩倩,汪杰貴.韓國地方政府管理［M］.北京：科學出版社,2015.

[36] 宋彪,張允楨.韓國中央與地方的財權關係［J］.經濟法學評論,2003（0）：374-410.

[37] 廣西財政廳課題組.政府間事權與支出責任劃分研究［J］.經濟研究參考,2015（47）：13-19.

國家圖書館出版品預行編目（CIP）資料

外國地方政府支出責任與地方稅收：實踐與啟示 / 李建軍 等 著.
-- 第一版. -- 臺北市：崧博出版：財經錢線文化發行, 2019.07
　　面；　公分
POD版

ISBN 978-957-735-844-8(平裝)

1.地方財政 2.稅收

566.9　　　　　　　　　　　　　　　　　　　　108006473

書　　名：外國地方政府支出責任與地方稅收：實踐與啟示
作　　者：李建軍 等 著
發 行 人：黃振庭
出 版 者：崧博出版事業有限公司
發 行 者：財經錢線文化事業有限公司
E - m a i l：sonbookservice@gmail.com
粉絲頁：　　　　　　網址：
地　　址：台北市中正區重慶南路一段六十一號八樓 815 室
8F.-815, No.61, Sec. 1, Chongqing S. Rd., Zhongzheng Dist., Taipei City 100, Taiwan (R.O.C.)
電　　話：(02)2370-3310　傳　真：(02) 2370-3210
總 經 銷：紅螞蟻圖書有限公司
地　　址: 台北市內湖區舊宗路二段 121 巷 19 號
電　　話:02-2795-3656 傳真:02-2795-4100　網址：
印　　刷：京峯彩色印刷有限公司（京峰數位）
　　本書版權為西南財經大學出版社所有授權崧博出版事業股份有限公司獨家發行電子書及繁體書繁體字版。若有其他相關權利及授權需求請與本公司聯繫。

定　　價：380元
發行日期：2019 年 07 月第一版
◎ 本書以 POD 印製發行